Robert L. Harman (Hg.)
Werkstattgespräche Gestalttherapie

PH
V

In den Gesprächen mit erfahrenen und weltbekannten GestalttherapeutInnen geht Robert L. Harman der Frage nach, wie GestalttherapeutInnen über ihre Praxis reflektieren. Seine Idee lautet: Eine lebendige Praxis kann eine lebendige Theorie fördern und umgekehrt. Schüler von Fritz und Lore Perls – (den Begründern der Gestalttherapie) – wie Erving und Miriam Polster, Joseph Zinker, Gary Yontef usw. sprechen über ihren reichen Erfahrungsschatz. Den Interviewer interessiert besonders, wie die Therapie-Erfahrungen die Theorien über den Menschen und über den Heilungsprozeß beeinflussen können.

Der Interview-Stil macht das Buch zu einer lebendigen Lektüre nicht nur für Fachleute, sondern für alle, die sich für die (gestalt-)therapeutische Praxis und die hinter ihr stehende Theorie interessieren. Das Buch enthält neben den Interviews das kommentierte Transkript einer Gestalttherapie-Sitzung. Anhand dieses Transkripts kann sich der Leser ein Bild davon machen, wie Gestalttherapie »funktioniert«. Es wird deutlich, daß Theorie und Praxis Hand in Hand gehen müssen, um eine wirkungsvolle und heilsame Arbeit leisten zu können.

Robert L. Harman

ist der Gründer des »Gestalt Institute of Central Florida«, Direktor des »Counseling and Testing Center« der Universität von Florida und Mitarbeiter des »American Board of Professional Psychology«.

Robert L. Harman (Hg.)

WERKSTATTGESPRÄCHE GESTALTTHERAPIE

Mit Gestalttherapeuten im Gespräch

Herausgegeben von Anke und Erhard Doubrawa

Peter Hammer Verlag
Eine Edition des Gestalt-Instituts Köln /
GIK Bildungswerkstatt

Originaltitel: *Gestalt Therapy Discussions with the Masters,*
Charles C Thomas – Publisher, Springfield, Illinois, USA 1990.
Aus dem Amerikanischen von Stefan Blankertz, ausgenommen

- Interview mit Erving Polster: Deutsche Erstveröffentlichung unter dem Titel »Die Verwandlung des Gewöhnlichen in das Bemerkenswerte. Ein Interview« in: Gestaltkritik 1/2000 – Zeitschrift des Gestalt-Instituts Köln/GIK Bildungswerkstatt. Aus dem Amerikanischen von Ludger Firneburg.
- Interview mit Miriam Polster: Deutsche Erstveröffentlichung unter dem Titel »Was es wert ist, getan zu werden, ist es auch wert, schlecht getan zu werden. Ein Interview« in: Gestaltkritik 2/2000 – Zeitschrift des Gestalt-Instituts Köln/GIK Bildungswerkstatt. Aus dem Amerikanischen von Ludger Firneburg.

Dieses Buch ist Gregory Harman und Timothy Harman gewidmet.

Die Deutsche Bibliothek - CIP Einheitsaufnahme
Ein Titeldatensatz für die Publikation ist bei
Der Deutschen Bibliothek erhältlich.

Umschlaggestaltung: Magdalene Krumbeck
Herausgeber der Edition GIK im Peter Hammer Verlag:
Anke und Erhard Doubrawa
Satz: Edition GIK – Buchproduktion
Druckerei: Koninklijke Wöhrmann, Zutphen
Printed in the Netherlands
ISBN 3-87294-892-X

Inhalt

Die »Werkstattgespräche Gestalttherapie« sind ein ungewöhnliches Buch: In ihren Gesprächen mit dem Gestalttherapeuten Robert L. Harman begründen erfahrene und engagierte GestalttherapeutInnen ihre praktische Arbeit theoretisch. Eigenartigerweise ist im amerikanischen Kontext etwas anderes an diesem Buch ungewöhnlich als im deutschen – eine Beobachtung, die wir hier kurz erläutern wollen.

Im amerikanischen Kontext gilt, wie die Interviewten ebenso wie der Interviewer immer wieder bedauernd hervorheben, die Gestalttherapie vornehmlich als ein Arsenal von Techniken – Techniken, hinter denen (angeblich) nicht viel Theorie steht, sondern hemdsärmeliger Pragmatismus: z.B. »Hot Seat« und »Empty Chair« (zur Arbeit mit »Polaritäten«, für Rollenspiele mit »nicht-integrierten« und »abgespaltenen« Aspekten der eigenen Person und auch mit abwesenden Menschen) werden eingesetzt, wenn die TherapeutInnen meinen, diese Techniken würden ihnen – oder bestenfalls den KlientInnen – im Moment nützen.

Robert L. Harman, der Interviewer, macht in seiner Einleitung deutlich, worum es ihm geht: Er möchte mit den Interviews – mit den »Diskussionen mit den Meistern der Gestalttherapie« wie er das Buch im amerikanischen Original in landestypischer Pathetik betitelt hat – zeigen, daß hinter der Gestalttherapie eine Theorie steht, die den Praktikern auch *bewußt* ist. Es geht ihm also *nicht* um eine Theorie, die der Praxis unterstellt oder ihr übergestülpt wird, sondern die eine Unterstützung für die Praxis der GestalttherapeutInnen darstellt.

In Deutschland tritt die amerikanische Theoriearmut der Gestalttherapie nicht so sehr zu tage. Dies hängt vor allem mit der verdienstvollen Arbeit von Hilarion Petzold zusammen: Er hat die Gestalttherapie maßgeblich nach Deutschland gebracht und dabei von Anfang an darauf geachtet, daß dabei die Aufarbeitung der Theorie nicht zu kurz kommt. Heike Portele, Frank-M. Staemmler, Heinz-Peter Dreitzel, Reinhard Fuhr und Martina Gremmler-Fuhr, Milan Sreckovic und Stefan Blankertz sind, um nur einige zu nennen, deutsche Autoren, die auf jeweils eigene Weise an der Baustelle der Theorie der Gestalttherapie mitwirken.

Gleichwohl ist auch im deutschen Kontext das Buch von Harman ungewöhnlich: Normalerweise sprechen die deutschen TherapeutInnen nicht so gern über ihre Praxis, sondern viel lieber über abstrakte Konzepte. Die deutsche Leserin und der deutsche Leser müssen zwar nicht mehr davon überzeugt werden, daß es überhaupt eine Theorie der Gestalttherapie gibt, aber sehr wohl davon, daß die Theorie *Praxisrelevanz* besitzt.

Die ungewöhnliche Anregung, die von Harmans Werkstattgesprächen für uns ausgeht, lautet: Reflektiert gemeinsam eure Praxis. Es geht also nicht um eine Theorie im Sinne der deutschen akademischen Tradition von Stoffhuberei,

Textauslegung und Anmerkungsapparat, sondern darum, die eigene Praxis aufzuklären und zu verbessern.

Gleichwohl gibt es natürlich auch in Deutschland das Phänomen, daß in der Praxis unter Gestalttherapie manchmal nicht viel mehr verstanden wird als die Anwendung von Phantasiereisen oder anderen Techniken. Was die Lektüre der Interviews uns lehren kann, ist, daß nicht die Anwendung der Techniken an sich problematisch gesehen werden muß, sondern die Beliebigkeit, die daraus resultiert, wenn die TherapeutInnen keine theoretische Leitlinie haben, um die jeweils zueinander passenden Techniken auszuwählen. Die Theorie sollte kein »Aushängeschild« sein, um sich nach außen hin für sein Tun zu rechtfertigen. Die Aufgabe der Theorie ist es vielmehr, den TherapeutInnen eine Orientierung für ihre Praxis zu geben.

Aber – verbaut nicht ein solcher Rückgriff auf die Theorie die Spontaneität der TherapeutInnen? Sagt die Gestalttherapie nicht, daß die TherapeutInnen sich vom existentiellen Augenblick leiten lassen sollen, von der Wahrnehmung von Bedürfnissen und deren Befriedigung, daß es aber nicht darum geht, sich theoretischen Normen zu unterwerfen? Hat Fritz Perls uns nicht aufgefordert »Lose your mind and come to your senses!«?

Die Interviewten beschreiben in den vorliegenden Werkstattgesprächen, eine wie harte Arbeit es ist, »zu Sinnen zu kommen«, vor allem, wenn man dabei verantwortlich mit den KlientInnen umgehen möchte. Ohne theoretische Selbstreflexion einfach »drauflostherapieren« führt nicht zu einem wachen Gewahrsein, sondern dazu, irgendeinem Trott zu folgen, der zufällig aus dem eigenen Hintergrund auftaucht. Die zum Teil massiven Vorbehalte gegen die Beschäftigung mit der Theorie der Gestalttherapie, die in deutschen Ausbildungsgruppen ebenfalls zu spüren ist, ist in diesem Sinne auch ein Widerstand gegen das Sich-Öffnen dem Unbekannten, dem Ungewöhnlichen, dem Neuen, dem Nichtnormierten gegenüber: »Theoriefeinde sind die eigentlichen Konformisten,« behauptet Stefan Blankertz (Gestalt begreifen, Wuppertal 2000: Peter Hammer, S. 32).

Insofern verfolgt die Veröffentlichung der Harman-Interviews auch ein didaktisches Ziel: Sie präsentieren einen leicht lesbaren und meist auch leicht verständlichen Zugang zur Theorie der Gestalttherapie. Auf eine einladende Weise zeigen sie, wie Theorie und Theoriebildung diskursiv entwickelt werden können. Das kann und soll uns GestaltistInnen Mut machen. Mut, uns explizit mit der Theorie der Gestalttherapie zu beschäftigen. Mut, dies gemeinsam mit KollegInnen zu tun, mit denen wir durch Reflexion der Praxis die Theorie entwickeln.

Gerade unter GestalttherapeutInnen ist der Erfahrungsaustausch nicht unproblematisch. Man läßt sich wohl bei der Arbeit nicht gern von anderen über die Schulter blicken. Gestalttherapie wird vor allem von Individualisten betrieben. Weil man in der Gestalttherapie zudem ausdrücklich als Person anwesend ist, eigene Wahrnehmungen und Gedanken zum therapeutischen Prozeß beisteuert, scheinen GestalttherapeutInnen auch besonders verletzbar zu sein, wenn jemand anderes Kommentare über ihre Arbeit abgibt.

Das Sich-Einigeln bedeutet jedoch unter anderem, daß man keine Unterstützung von den KollegInnen erhält, wenn man mal nicht weiter weiß. Insofern ist das Buch von Harman interessant für alle, die Gestalttherapie lernen: Es gibt ein Beispiel, daß und wie man sich über Praxis verständigen kann.

Ein besonderer Leckerbissen in dieser Hinsicht ist das Transkript der gestalttherapeutischen Sitzung am Ende des Buches: Keine knallige Arbeit eines Superhelden der Gestalttherapie, der in fünf Minuten Megafortschritte bei der Klientin erzielt, sondern eine ruhige Arbeit, die auf kleinen Schritten basiert. Die dazwischen gestreuten Kommentare zeigen, wie die Theorie hier die Praxis anleitet.

Natürlich hat die lebendige Form des Buches, das offene Gespräch, auch seine Schattenseiten: Die Gedanken werden oft nur angerissen, werden nicht systematisch entfaltet und erklärt. Hier sind die LeserInnen aufgefordert, sich durch eigene Überlegungen und Verbindungslinien das zu ergänzen, was fehlt.

Für die Übersetzung war es schwierig, einen Stil zu finden, der einerseits das Umgangssprachliche des Originals nicht verschleiert und andererseits dennoch das theoretische Weiterarbeiten mit und an den Texten ermöglicht. Wo es unserer Meinung nach für das Textverständnis im Deutschen unerläßlich war, die Texte durch Erklärungen oder sogar Interpretationen zu ergänzen, haben wir das in eckigen Klammern [ ] getan.

Wir hoffen, daß Sie, liebe LeserInnen, das Buch ebenso mit Interesse wie mit Genuß verschlingen werden.

Erhard Doubrawa und Stefan Blankertz

Einleitung

Die folgenden Kapitel in diesem Buch basieren auf einer Reihe von Interviews, die ich mit bekannten GestalttherapeutInnen geführt habe. Mein Ziel war es, eine Diskussion über die Theorie der Gestalttherapie in Gang zu bringen. Viele Psychotherapeuten sind sich über die gute theoretische Fundierung der Gestalttherapie nicht im klaren. Stattdessen verbinden sie mit Gestalttherapie nur unsere wohlbekannten Techniken - und meinen, das sei genug, um die Gestalttherapie zu verstehen. Als Leser dieses Buches werden Sie dagegen entdecken, daß unsere Methode tatsächlich mit einer fundierten Theorie begründet ist und daß wir uns über dieses Thema auch austauschen können.

Die erfahrenen Gestalttherapeuten, die für dieses Buch interviewt wurden, verfügen über die Theorie, die die Anwendung der Gestalttherapie begründet. An bestimmten Punkten diskutieren wir praktische Anwendungsbeispiele des Gestaltansatzes, um theoretische Zusammenhänge deutlicher zu machen. Der Hauptteil unserer Diskussion betrifft jedoch die Theorie der Gestalttherapie.

Alle in diesem Buch interviewten GestalttherapeutInnen stimmen darin überein, daß die theoretische Fundierung der Gestalttherapie hauptsächlich in dem Werk »Gestalt Therapy: Excitement and Growth« [dt. »Gestalttherapie: Grundlagen«] zu finden ist, das Perls, Hefferline und Goodman 1951 geschrieben haben. Obwohl es sich gut verkaufte, ist es [in den USA] vergriffen [Anm. des Übers.: Das war 1990. 1994 hat die »Gestalt Journal Press« eine Neuauflage herausgebracht]. Ich vermute, daß es nicht viele gelesen und noch weniger verstanden haben. Autoren von Lehrtexten über Theorien der Psychotherapie beispielsweise übergehen das Werk meist oder verdrehen seinen Inhalt.

Es ist fast 40 Jahre her, daß Perls, Hefferline und Goodman ihr Werk publizierten, mit dem alles angefangen hat. Ich hoffe, daß das vorliegende Buch helfen wird, ein neues Schlaglicht auf die Theorie der Gestalttherapie zu werfen, daß es Klarheit über Konzepte verschafft, die schwer zu beschreiben sind, und daß unsere Theorie des »Verbindlich-Seins« [commitment] deutlich wird.

Manchmal geht die Person des Interviewten bei der Übertragung des gesprochenen in das geschriebene Wort verloren. Es mag etwa schwierig sein, in den gedruckten Seiten die Eleganz von Miriam Polster zu bemerken, die Selbstsicherheit von Bob Resnick, die Verbindlichkeit von Gary Yontef, die Lebendigkeit von Erv Polster, die Gradlinigkeit von Edward Smith, die Wärme von Lois Brien, die Kreativität von Joseph Zinker oder meine eigene Erregung während der Interviews. Das Verbindende zwischen den Interviewten, das man leicht wahrnehmen kann, ist ihr gemeinsames und ernsthaftes Verständnis von der Gestalttherapie.

Trotz der Gemeinsamkeiten unter GestalttherapeutInnen gibt es auch einige heilsame Differenzen. Darum fügt auch jede(r) GestalttherapeutIn ihre oder seine eigene Sicht der theoretischen Fundierung hinzu. Miriam Polster betont die Einbettung der Therapiesitzung in den Alltag des Klienten. Außerdem spricht sie über die Wichtigkeit des Rückzugs, die wir oft übersehen, weil wir den Kontakt in den Vordergrund stellen.

Edward Smith betont das »Lernen durch Handeln« und, ähnlich wie Miriam Polster, den Gesamtzusammenhang des Lernens. Für ihn bedeutet der Gesamtzusammenhang des Lernens, daß der Klient das, was er in der Therapie lernt, in seinem Alltag anwenden kann.

Therapeutische Techniken und Alltagserfahrung zusammenzubringen, fasziniert Erving Polster. In seinem Interview weist Polster darauf hin, daß seiner Meinung nach viele Gestalttherapeuten den »Hier-und-Jetzt«-Ansatz überstrapazieren. Er arbeitet auch Schlüsselkonzepte der Gestalttherapie heraus: Bewußtheit, Kontakt und Experiment.

Joseph Zinker erweitert die Definition von Gewahrsein [awareness], betont die Schönheit der klaren Beobachtung und stellt das Experiment in den Hintergrund. Dies ist eine interessante Entwicklung, denn in einem Buch von 1977 betonte Zinker das Experiment. In gleicher Weise wie Zinker ist auch Lois Brien von der Wichtigkeit des Gewahrseins überzeugt, nicht nur als therapeutisches Werkzeug, sondern auch als Essenz der Gestalttherapie.

Die Frage, was zur Gestalttherapie gehört und was nicht, interessiert Bob Resnick. In seinem Interview beschreibt er, was seiner Meinung nach die Gestalttherapie von anderen Ansätzen unterscheidet. Er ist auch daran interessiert, wie die Gestalttherapie größere Gruppen von Menschen beeinflussen könnte. Resnicks Kollege, Gary Yontef, spricht über Gestalttherapie als dialogischen Ansatz. Ein Ich-Du-Dialog könnte in der Gestalttherapie als »Moment des vollständigen Kontaktes« definiert werden.

Das letzte Kapitel dieses Buches ist das Transkript einer gestalttherapeutischen Sitzung. Der Gestalttherapeut war Louis Garzetta, und die Sitzung fand statt, während ich mich in einer Gestalt-Supervision für Fortgeschrittene befand. Die Therapiesitzung zeigt, in wie unterschiedlicher Weise die theoretischen Konzepte der Gestalttherapie in der Praxis angewendet werden können. An Stellen, wo es angemessen erschien, haben Dr. Garzetta und ich Kommentare in das Transkript der Sitzung eingefügt. Diese Kommentare sollen ein klares Bild davon geben, wie stark das, was der Therapeut tut, von seiner theoretischen Orientierung bestimmt wird.

Ich hoffe, daß dieses Buch das Verständnis für die Theorie der Gestalttherapie erweitern wird. Darüber hinaus hoffe ich, daß es die Leser dabei anregt und fasziniert.

H: Vielleicht habe ich hier und da ein paar Fragen, aber ich möchte, daß du frei assoziierst, was dir zur Gestalttherapie einfällt. An welche theoretischen Konzepte denkst du?

E: Das erste, woran ich bei »Gestalttherapie« denke, ist, daß sie unter Therapeuten eher im Ruf steht, nicht viel mit Theorie zu tun zu haben. Die meisten Leute, denke ich, verbinden mit Gestalttherapie ein paar spezifische Techniken, die ihnen vorgeführt worden sind. Wenn ich an einen therapeutischen Ansatz denke, suche ich immer nach einigen grundlegenden Aussagen, die alle diese Ansätze machen – ausgeprochen oder unausgesprochen. Man kann an die therapeutischen Schulen auf unterschiedlichen Ebenen herangehen.

1. Eine Ebene ist der philosophische Hintergrund. Was ist die Philosophie hinter dem Ansatz der Therapie?
2. Eine zweite Ebene ist die Theorie der Persönlichkeit – wie funktionieren Menschen? Was ist die Natur des Menschen?
3. Eine dritte Ebene ist die Theorie der Psychopathologie oder was schiefläuft im natürlichen Prozeß des Lebens.
4. Die vierte Ebene ist eine Theorie der Psychotherapie oder »was man tun soll« bzw. »was man versucht, wenn man mit jemandem arbeitet«, der nicht so funktioniert, wie er es möchte.
5. Und schließlich gibt es ein Arsenal von Techniken.

Um einen therapeutischen Ansatz zu verstehen, glaube ich, daß man alle fünf Ebenen verstehen, alle Fakten kennen muß. Meine Erfahrung ist jedoch, wie schon gesagt, daß die Leute, wenn ich ihnen im Workshop sage, daß ich Gestalttherapeut bin, annehmen, daß es sich bei »Gestalt« hauptsächlich um ein paar Techniken handelt. Die meisten Leute verbinden damit beispielsweise den »leeren Stuhl«.

H: Die Idee mit den fünf Ebenen gefällt mir. Aber laß' uns einen Moment innehalten. Wie ist es deiner Meinung nach dazu gekommen, daß man uns mit einem Arsenal von Techniken identifiziert? Manch einer meint gar, wie hätten keine Theorie. Wie ist es deiner Meinung nach dazu gekommen?

E: Ein Grund ist, daß die Gestalttherapie im akademischen Rahmen keine prominente Rolle gespielt hat. Das hat sich in den letzten Jahren geändert. Aber früher wurde Gestalttherapie an den Hochschulen nicht gelehrt. Sie wurde nicht in universitären Seminaren behandelt. Sie war nicht Gegenstand der akademischen Lehre, bei der es um Theorie geht. Stattdessen verbreitete sich die Gestalttherapie unter den Therapeuten durch Workshops. Besonders Fritz und seine ersten Schüler bildeten Therapeuten aus, indem sie die interessierten Personen einfach bei ihren Arbeiten zuschauen ließen. Sie zeigten, wie sie arbeiteten. Jeder konnte kommen, das beobachten oder sogar mitmachen. Das, was sie dabei zu sehen bekamen, war hauptsächlich die Methode. Man sprach wenig über die Theorie. Das verhinderte, daß über die Theorie der Gestalttherapie gesprochen wurde.

H: Das wurde von Bemerkungen begleitet wie: »Wir tun lieber etwas, als darüber zu sprechen.« Manche fanden das toll, andere schreckte es ab.

E: Ja, einige Techniken waren hoch dramatisch. Fritz Perls hatte eine Ader für Dramatik. Andere auch. Jim Simkin, denke ich, war so dramatisch wie Fritz. Er regte mich wirklich auf. Er sprach nur sehr wenig über die Gestalttherapie. Sein Wort war »schwätzen«. Er arbeitete eine Weile und fragte dann: »Okay, will einer drüber schwätzen?« Er beschränkte das dann auf ein paar Minuten. Oft verwandelte er es, wenn einer anfing, über die Therapie zu sprechen, in eine [therapeutische] Arbeit. So ist es, denke ich, gekommen, daß Gestalt eher mit Techniken identifiziert wird.

H: Sehe ich auch so, und es scheint, als hätten wir den Zug verpaßt. Die Höhepunkt der Popularität der Gestalttherapie lag in den späten 1960ern und frühen 1970ern, als der Workshop-Ansatz vorherrschte. Immer noch werden wir damit identifiziert und bekommen das Technik-Label aufgedrückt, als ob wir nichts Substantielles zu sagen hätten. Irgendwie ist es uns nicht gelungen, denjenigen, die ein ernsthaftes Interesse an Gestalttherapie oder Psychotherapie haben, zu vermitteln, daß es eine gute theoretische Grundlage für die Gestalttherapie gibt.

E: Ja, auf allen Ebenen.

H: Willst du auf die fünf Ebenen, die du aufgezählt hast, eingehen?

E: Ja. Zuerst die philosophische Ebene. Die Gestalttherapie hat ihre Wurzeln in der Existenzphilosophie. Mir kommen da viele Gedanken auf einmal, so als würde eine Tür geöffnet und alles purzelt heraus. Die Existenzphilosophie, wie sie von der Gestalttherapie aufgenommen und verarbeitet worden ist, konzentriert sich darauf, daß »Existenz« das Ursprüngliche sei. [Nach J. P. Sartre] geht [im Menschen] die Existenz der Essenz voraus. Existenz ist das grundlegend Gegebene, ist das Sein. In der Weise, wie die Gestalttherapie dies gebraucht hat, heißt das: Es müssen die Verantwortlichkeiten beim Leben und Sich-Entscheiden betrachtet werden. Betont wird, daß wir Organismen sind, die auswählen, sich entscheiden, die verantwortlich sind für das, was sie entscheiden, und was daraus folgt. Es gibt einige grundlegende existentielle Dimensionen der Erfahrung. Das sind Dauer, Ausmaß und Gewahrsein. Dauer heißt die Zeit, Ausmaß heißt die Dimension des Raums, und Gewahrsein ist eine Dimension des Bewußtseins. Daß wir existieren, heißt dann, daß unsere Existenz eine Erfahrung ist, im Raum, in der Zeit und in einem Körper zu sein. Die Gestalttherapie nutzt diese existentiellen Dimensionen, indem sie sich in erster Linie auf die Erfahrung des »Jetzt« konzentriert, der gegebenen Zeit. Wir konzentrieren uns auf das »Jetzt« – Vergangenheit und Zukunft werden als Referenzen angesehen, auf die sich der Moment der Erfahrung, das »Jetzt«, bezieht. Das »Jetzt« ist der Nullpunkt, die Balance zwischen Vergangenheit und Zukunft.

H: Laß' mich an dieser Stelle zu einem anderen Thema springen, Edward. Ich glaube, deine Vorstellung von Zeit und Raum lassen sich mit Gewahrsein zusammenfassen. Man weiß innerlich, wo man in Zeit und Raum steht, wo man sich befindet und so weiter. Macht das für dich Sinn?

E: Ja, Gewahrsein paßt – aber nur zum Teil. Es ist das »Gewahren« des Hier und Jetzt. Die Vorstellung ist, daß das Leben »geschieht«. Leben ist der gegenwärtige Moment. Der Gestaltansatz besteht dann darin, eine Erinnerung an einen vergangenen Moment oder eine Vorwegnahme eines zukünftigen Momentes zu vergegenwärtigen, so daß er im Jetzt erfahren werden kann. Was ist meine gegenwärtige Erfahrung mit der Erinnerung? Was ist meine gegenwärtige Erfahrung mit meiner Phantasie über die Zukunft? Ich lebe im Jetzt, da es unmöglich für mich ist, zurückzukehren und das, was ich letzten Abend gegessen habe, noch mal zu essen, oder das Frühstück von morgen jetzt zu essen. In einer der alten Kung-Fu-Serien im Fernsehen gab es einen Satz, den ich mag. Der alte Meister sagt: »In der Vergangenheit zu leben, ist Verrat an der Gegenwart. Aber die Vergangenheit zu ignorieren, ist Verrat an der Zukunft.« Das finde ich toll. Der Schwerpunkt liegt darauf, im Jetzt zu leben und die Vergangenheit als Wegweiser zu nehmen, wie ich jetzt leben soll. Meine Erfahrungen und meine Vorwegnahmen sind Wegweiser.

H: Also, die Vergangenheit nicht ignorieren, aber sich darauf konzentrieren, wie ich jetzt von ihr beeinflußt werde. Kann ich beispielsweise die Erinnerung an das Essen von gestern abend nutzen, um meine Wahl jetzt zu treffen?

E: Ja, genau. Etwas, das Fritz geschrieben hat, hat mich sehr beeindruckt: seine Idee, »Typen« von Philosophien zu bilden und sie mit dem Existentialismus zu vergleichen. Er sagt, daß es, vereinfacht gesprochen, drei Kategorien von philosophischen Ansätzen gibt: »Darüber-Philosophie« [aboutism], »Soll-Philosophie« [shouldism] und »Existential-Philosophie«.

»Darüber-Philosophie« ist die Wissenschaft. Es ist ein philosophisches System, um eine Wissenschaft zu entwickeln, die die Dinge studiert, die die Dinge nicht erfährt und die sich nicht mit der Erfahrung des Seins beschäftigt, sondern die Welt studiert und über sie redet.

»Soll-Philosophien« sind moralischer Art, religiöse Philosophien, die Regeln entwickeln. Sie sagen etwa: »So sollst du leben. Wenn du gut leben willst, sollst du dies tun und das lassen.«

Die »Existential-Philosophie« konzentriert sich dagegen darauf, was ist, weniger auf das, was sein sollte oder was sein könnte. Zur »Existential-Philosophie« gehört auch eine Methode, die Phänomenologie. Ich will nicht vorgreifen und jetzt über Therapie reden, aber die phänomenologische Therapie-Methode entspringt dieser Philosophie.

H: Ich will dich was zur Gestaltpsychologie fragen. Wie siehst du den Zusammenhang mit der Gestalttherapie?

E: Nun gut, laß' mich grad' die philosophischen Grundlagen zu Ende führen und dann komme ich auf diese Frage zurück. Der andere philosophische Einfluß auf die Gestalttherapie ist der östliche Einfluß. Der taoistische Zen-Einfluß. Einige Aspekte davon, besonders die taoistische Vorstellung von der Harmonie des Universums. Das Ideal des Daseins in Harmonie mit dem Universum, mit dem, was ist. Das ist ein östlicher Einfluß. Auch das Ideal, nicht gegen das zu verstoßen, was in der Welt los ist – im Strom des Lebens mitzuschwimmen, im Strom der Erfahrung, sich dem nicht entgegenzustellen, nicht gegen das zu kämpfen, was ist. Wie Barry Stevens ihr Buch genannt hat: »Don't push the river« (1972). [Treib den Fluß nicht an.] Der Fluß fließt von selbst. Kämpfe nicht gegen den Strom. Laß' dich von ihm treiben. Es gibt im Taoismus auch die Haltung, den Weg zu klären, anstatt sich den Weg zu bahnen, ein Ereignis zu erzwingen. Räume die Hindernisse aus dem Weg und erlaube eine natürliche Entwicklung. Viel von dieser Philosophie ist in die Technik der Gestalttherapie übersetzt worden, nach dem Hindernis zu suchen, nach der Selbstbehinderung. Wir befürworten, die Person ihre Verantwortung für die Selbstbehinderung spüren zu lassen, spüren zu lassen, daß sie in der Lage ist, sich zu behindern oder es sein zu lassen, anstatt die Person anzuregen, ein Ereignis herbeizuführen.

Nun gut, jetzt hast du nach der Gestaltpsychologie gefragt. Das ist die Stelle, von der ich glaube, daß die Gestalttherapie auch im akademischen Rahmen ernster genommen worden wäre, wäre die Verbindung zur Gestaltpsychologie mehr herausgestellt und entwickelt worden. Ganz sicher gibt es eine historische Verbindung, die Perls in »In and Out the Garbage Pail« klar gemacht hat. Er spricht zum Beispiel über seinen Kontakt mit Kurt Goldstein, einem der frühen Theoretiker der organismischen Sichtweise. Die organismischen Theoretiker waren in Gestaltpsychologie geschulte Leute, die die Gestaltpsychologie auf die Persönlichkeitstheorie anwendeten. Fritz hatte auch einige andere Gestaltpsychologen gelesen. Er widmete die erste Ausgabe von »Ego, Hunger, and Aggression« Max Wertheimer. Die Gestaltpsychologie ist in die Standardtheorie der Psychologie aufgenommen worden und wird heute nicht mehr als separate Strömung identifiziert, ausgenommen in historischen und systematischen Seminaren. Manche Aspekte sind sogar sehr gut aufgenommen worden, besonders bezüglich der Wahrnehmung, des Studiums der sinnlichen Wahrnehmung.

H: Ich denke, der Gestaltpsychologie ist es ähnlich gegangen wie der Gestalttherapie. Viel von ihr ist in die allgemeine Praxis und die allgemeine Technik aufgenommen worden. Man realisiert aber nicht, woher es kommt. Die Leute mögen etwas tun, was wirklich seine Wurzeln in der Gestalttherapie hat, wie sie von Fritz und anderen entwickelt worden ist. Oder: In der Psychologie als akademischer Disziplin haben bestimmte Konzepte ihre Wurzeln in der Gestaltpsychologie, aber man weiß heute nicht mehr, wo die Ideen herkommen.

E: Ja. Das ist eine interessant Parallele. – Eines der wichtigsten Konzepte der Gestaltpsychologie, das in die Gestalttherapie aufgenommen worden ist, ist die Vollendung der unfertigen Situation. Die grundlegende Idee lautet, daß wir eine Spannung erzeugen, wenn es zu keiner Vollendung kommt, einer Vollendung der Wahrnehmung. Wir erkennen dann das Ganze nicht. Die Spannung ist der Antrieb zur Vollendung. Zum Beispiel: Wir sehen eine Reihe von Punkten und erkennen eine Linie, bilden eine Linie aus dem Muster. Oder wir erkennen ein Lebensthema. Oder wir vollenden eine emotional unabgeschlossene Situation. Da stimmen Gestaltpsychologie und Gestalttherapie überein. Es gibt da eine interessante Pointe. Als Fritz einmal über einige andere Therapeuten sprach, die von der Existenzphilosophie beeinflußt worden sind, sagte er, daß sie anscheinend einen größeren Rahmen brauchten, um ihre Position zu verteidigen, ein religiöses System wie Judentum oder Christentum, oder sonst etwas. Fritz dagegen fand, das existentielle Thema sei, sich für die Vollendung, den Abschluß, die Geschlossenheit der Gestalt zu entscheiden. Das scheint eine einfache Sache zu sein, die er aus der Gestaltpsychologie genommen hat – die Ansicht, daß meine Freiheit und meine Entscheidung letztlich die Vollendung meiner Gestalten ist.

H: Es ist aber interessant, daß die Gestaltpsychologen – die wenigen, die sich noch als solche bezeichneten -, die Gestalttherapie ziemlich scharf abgelehnt haben. Ich erinnere an Mary Henles berühmten Artikel im »American Psychologist«, wo sie sagt, daß es im Prinzip keine Verbindung zwischen Gestaltpsychologie und Gestalttherapie gebe. Ich weiß nicht, ob es einen persönlichen Konflikt gab zwischen ihr und Fritz und Laura Perls.

E: Würde mich nicht wundern.

H: Mich auch nicht. Würde Sinn machen.

E: Ich erinnere mich, daß Fritz in »In and Out the Garbage Pail« sagt, daß die akademischen Gestaltpsychologen ihn nie akzeptiert hätten. – Das andere wichtige Element der Gestaltpsychologie, das in der Gestalttherapie verwendet wird, ist die Ansicht, Lernen geschehe über Entdecken. Das Aha-Erlebnis des Entdeckens, der Vervollständigung einer Gestalt, der Erkenntnis eines Musters, ist eine Alternative zu dem Modell des Lernens durch Verstärkung. Das behavioristische Modell der Verstärkungs-Theorie ist zur Standard-Lerntheorie in den Universitäten geworden, während die gestaltpsychologische Lerntheorie nebensächlich oder zu einer Theorie der Wahrnehmung umdefiniert wurde. Lernen schließt ein, daß man Zusammenhänge erkennt und Aha-Erlebnisse hat, die das Thema, das Bild, das Ganze abrunden. Dies wird heute eher als zweitrangig behandelt, als zweitrangig gegenüber der Verstärkung. Ich denke, daß das ein Unglück ist, aber so ist es nun mal. Einige Jahre früher, 1974, habe ich einen Artikel über die Beziehung zwischen Gestalttpsychologie und Gestalttherapie in »Counseling Psychologist« mitverfaßt. Patricia Emerson war die Koautorin. Ich empfehle diesen Artikel.

H: Gibt es darüber auch ein Kapitel in deinem Buch?

E: Etwas Material findet sich in »The Roots of Gestalt Therapy« (Smith, 1976), mein Beitrag in dem Sammelband »The Growing Edge of Gestalt Therapy«. Ich habe dort dargelegt, was Fritz meiner Meinung nach aus der Gestaltpsychologie und der organismischen Theorie entnommen hat.

H: Behandelt dein Artikel in »The Counseling Psychologist« diese gleichen Wurzeln der organismischen Theorie und Gestaltpsychologie?

E: Ja, Pat und ich gehen detailliert auf einige Themen ein, wo es klare Parallelen zur Gestalttherapie gibt. Ich sehe ganz klar in der Gestaltpsychologie eine Wurzel der Gestalttherapie. Wir benutzen deren Lerntheorie und deren Theorie der Wahrnehmung. Die ganze Sache mit der abgeschlossenen Gestalt kommt von daher.

H: Das trifft besonders auf Laura Perls zu, die vielleicht enger mit den frühen Gestaltpsychologen zusammen gearbeitet und auf diesem Gebiet ihre Doktorarbeit verfaßt hat. Natürlich hat sie da was draus gezogen. – Gibt es noch mehr zur Philosophie zu sagen?

E: Scheint so, als sei es ziemlich zusammenhanglos, was ich gesagt habe und was ich darüber denke. Vielleicht kann ich im Transkript was dazu ergänzen.

H: Klang nicht zusammenhanglos. Alles sehr durchdacht.

E: Prima. Ich denke, es ist genug zu dem Thema. – Nun zur Theorie der Persönlichkeit. Die Theorie der Persönlichkeit, die die Gestalttherapie verfolgt, ist, denke ich, grundsätzlich eine organismische Theorie. Sie bezieht sich stark auf Goldstein und Maslow. In dem Essay »The Roots of Gestalt Therapy« spreche ich über die besonderen Aspekte, die Gelb und Angyal zusätzlich zu Maslow und Goldstein zur organismischen Theorie beigetragen haben. Fritz kannte sich mit dieser Theorie gut aus. Kurz gesagt geht diese Theorie davon aus, daß eine gesunde Funktion Integration und Ganzheit verlangt. Die organismische Theorie basiert auf der Arbeit von General Jan Smuts, einem südafrikanischen Staatsmann, der ein Buch mit dem Titel »Wholism and Evolution« [Holismus und Evolution] geschrieben hat. »Holismus« leitet sich von dem Griechischen Wort »holos« ab, das Vollständigkeit oder Ganzheit heißt. Man funktioniert als organische Einheit, wenn man gesund funktioniert, wenn man in einer gesunden, normalen Weise funktioniert, in einer natürlichen Weise. In der Gestalttherapie sprechen wir viel über fragmentierte Persönlichkeit, über abgespaltene Aspekte der Persönlichkeit, Teile der Persönlichkeit, die in der Vergangenheit gelassen worden sind, oder darüber, wie die Teile, die nicht integriert sind, schlecht zusammen arbeiten.

H: Gibt es auch Löcher in der Persönlichkeit?

E: Ja, es gibt Löcher in der Persönlichkeit. Also, die Definition der krankhaften und der normalen Funktion stammt aus der organismischen Theorie.

H: Vielleicht bin ich nicht richtig über deinen Werdegang informiert: Hast du nicht mal Seminare zusammen mit Erwin Straus gemacht, als du in Kentucky warst?

E: Hab' ich.

H: Ich habe oft einen Slogan von ihm benutzt, um die organismische Theorie zu verdeutlichen. Er sagt: »Der Mensch denkt – nicht das Gehirn.« Das scheint das Wesen der Sache zu treffen.

E: Tut es. Das war ein wichtiger Teil meiner Einstimmung auf die Gestalttherapie. Als ich mich in der Universität auf meine Doktorprüfung vorbereitete, ging ich in die Universitätsbuchhandlung und schaute in den Regalen, was ich über Psychologie noch nicht wußte und was ich noch für meine Prüfung lernen mußte. Die Prüfungen waren damals sehr allgemein. Die ganze Fakultät konnte Fragen stellen. Es durften auch Fragen aus dem klinischen Bereich sein. Das Thema war weit gefaßt. Ich stieß auf das Buch »Gestalt Therapy« von Perls, Hefferline und Goodman. Ich schaute es mir an. Dann ging ich zu meinem Tutor und fragte ihn, ob ich das Buch für die Prüfung lesen sollte. Er antwortete: »Nein, scher dich nicht drum. Sie sind verrückt.« Darum las ich es damals nicht. Trotzdem glaube ich, daß die Zeit, die ich am Lexington Hospital mit Dick Griffith, Erling Eng und Erwin Straus verbracht habe, etwa durch die Teilnahme an den Konferenzen über Phänomenologie, die sie veranstalteten, mich auf eine Art der Erfahrung und des Denkens eingestimmt hat, die mit dem Gestaltansatz gut vereinbar ist. So war ich bereit für die Gestalttherapie, obwohl ich nicht wußte, was sie ist. Ich wußte nicht, was sie ist, bis ich an die Georgia State University kam, um zu lehren und zu lernen, was sie ist. Natürlich war meine unmittelbare Reaktion, als ich anfing, über Gestalttherapie zu lesen: »Klar. Das paßt.« Meine Erfahrung sagte mir, daß ich zum ersten Mal von einem existentiellen Therapeuten las, der wirklich sagte, was eine existentielle Therapie ist. Die existentiellen Therapeuten, von denen ich vorher gelesen hatte, waren interessant, aber ich bekam nie ein Gefühl dafür, wie existentielle Therapie funktioniert. Fritz hat mir einen großen Dienst erwiesen, indem er nicht nur theoretische Abhandungen, sondern auch Transkripte publiziert hat, in denen er zeigte, wie eine existentielle Therapie wirklich gemacht wird. Er operationalisierte die existentielle Therapie. Er zeigte, wie man die phänomenologische Methode in einem therapeutischen Zusammenhang verwendet.

H: Wenn man an die damaligen Umstände denkt, erforderte das viel Mut. Es gab nicht viele, die sagten: »Das ist meine Arbeit, Leute. Schaut sie euch an und findet heraus, was ihr dazu denkt.« Ich meine, es war ein großes Geschenk und eine mutige Sache außerdem, seine Arbeit vor den Leuten auszubreiten, in Seminaren, auf Mitschnitten, in Büchern und so weiter. Das gab es damals sonst kaum. Es war üblich, daß die Therapeuten darüber sprachen, was sie taten, es aber nicht zeigten.

E: Richtig. Die psychoanalytische Tradition war, daß die Analyse ein sehr privates, geheimes Geschehen darstellt. Sie mußte in einem abgeschlossenen Raum stattfinden, die Tür geschlossen, niemand hatte einen Einblick, was da drin geschieht. Es gibt ein interessantes Konzept in Angyals Arbeit. Er spricht von der Mehrdeutigkeit, mit der jedes Phänomen im Bereich des Menschen betrachtet werden kann: die Perspektive des gesunden oder funktionalen Wertes, die Perspektive der nicht-funktionalen oder pathologischen Aspekte. Jedes Phänomen kann aus jeder dieser Perspektiven betrachtet werden. Das ist die Qualität, die in der Gestalttherapie aufgenommen worden ist, nämlich daß das Geschehen phänomenologisch betrachtet werden kann, ohne es gleich als gut oder schlecht, krank oder gesund oder was immer, zu bezeichnen, sondern das Phänomen als Phänomen anzuerkennen.

Eine weitere Sache, die Fritz von seiner Arbeit mit Goldstein übernommen hat, war, daß er um die Wichtigkeit einer präzisen Sprache wußte. Goldstein hatte mal etwas darüber gesagt, wie man Geschmacklosigkeit durch das Studium der Worte heilen kann, dadurch, die genaue Bedeutung der Worte anzuerkennen. Dies führt dazu, den Wert des »logos« [griechisch: Wort] anzuerkennen, die volle Bedeutung, die Worte vermitteln und die Worte enthalten. Wenn es zwei Phänomene gibt, die wir mit dem selben Wort bezeichnen, ihnen also das gleiche Wort zuschreiben, dann wird unser Denken unpräzise. Wir denken dann, die zwei Dinge seien ein und dasselbe. Wir brauchen verschiedene Worte, um die Verschiedenheit von zwei Phänomenen zu erkennen. Fritz schenkte dem Gebrauch von präzisen Worten viel Aufmerksamkeit: Dinge präzise zu bezeichnen, genau zu sein, sogar die Ursprünge der Worte in Betracht zu ziehen, die Etymologie der Worte zu beachten, die Bedeutung, die sie über die Zeiten hinweg transportieren. Das sind einige der Dinge, die er meiner Meinung nach aus der organismischen Position der Gestaltpsychologie zog. Das ist der Grundstein der Persönlichkeitstheorie. Wir funktionieren als ein Ganzes, wenn wir natürlich funktionieren. Die Definition der Pathologie lautet: Wir zerfallen in Stücke. Das therapeutische Ziel ist das Zusammenfügen der Person, ist es, den Prozeß der Reintegration anzustoßen. Das ist jetzt sehr allgemein.

Ich glaube nicht, daß wir an dieser Stelle in eine detaillierte Analyse einsteigen sollten. Eine detaillierte Analyse findet sich in meinem Buch »The Body in Psychotherapy«, wo ich das Kontakt-Rückzug-Modell [auch als »Gestaltwelle« bezeichnet] entwickele. Ich benutze das Kontakt-Rückzug-Modell als die Einheit der natürlichen Funktion und betrachte dann vier pathologische Mechanismen, die als Selbstbehinderungen im Kontakt-Rückzug-Zyklus an sieben verschiedenen Stellen fungieren.

H: Die Frage scheint an diesem Punkt zu passen: In Perls' erstem Buch – »Ego, Hunger, and Aggression« – behandelt er den oralen Widerstand, die orale

Charakterstruktur. Ist das deiner Meinung nach ein Beitrag zur Theorie der Gestalttherapie?

E: Meines Wissens wird das nicht anerkannt. Trotzdem denke ich, daß es ein Beitrag ist, angesichts der Arbeit, die Fritz und einige seiner Schüler geleistet haben. Wichtig daran ist, daß es ein interessantes Modell oder eine Metapher ist, um den Prozeß der Introjektion zu verstehen. Die Idee besteht darin, daß die Dinge geschluckt und nicht assimiliert werden, wenn jemand nicht das Stadium der Entwicklung erreicht hat, in welchem er seine Zähne benutzt, das Stadium des Beißens und Kauens.

H: Heißt Beißen und Kauen analog bei Erwachsenen, daß sie etwas durchdenken und verstehen, bevor sie es übernehmen? Ohne das würde es so sein, als schluckten sie unzerkaute Stücke?

E: Das ist richtig.

1. Im ersten oder pre-dentalen Stadium ist es vollständige Introjektion. In diesem Stadium findet gar keine Zerstörung des Materials statt. Wir müssen das Material in dem Sinne zerstören, daß wir es zergliedern, um es uns zu eigen machen zu können. Wenn es aufgesogen wird, kommt es in großen Stücken rein und das führt zu Verstopfung. Wenn es sich bei dem Material um Nahrungsmittel handelt, gibt es echt eine Verstopfung. Wenn es sich gleichsam um geistiges Material handelt, wird es auch nicht assimiliert und es kommt zu einer Verstopfung im übertragenen Sinne. Man kann mit der Verstopfung auf zweierlei Art umgehen. Entweder man reinigt sich durch Übergeben. Das ist das mechanische Lernen durch Wiederholung. Ich erinnere mich, daß ich in der Grundschule Gedichte lernen und aufsagen mußte. Ich erinnere mich, daß ich lernte, Worte zu sagen, deren Bedeutung ich nicht verstand. Ich hatte keine Ahnung, was ich da sagte. Ich machte nur diese Laute und gab die Worte wieder, die ich als Ganzes geschluckt hatte. Das Gedicht war komplett introjiziert. Eine Möglichkeit, die Verstopfung zu überwinden, ohne sich zu übergeben, besteht darin, Durchfall zu kriegen. Umgangssprachlich heißt das dann, »jemanden bescheißen«. Das ist Projektion, das Material, das du introjiziert hast, wird projiziert.
2. Das nächste Stadium nach dem Saugstadium ist das Beißstadium. Nur die Schneidezähne werden benutzt. Die Dinge werden nicht als Ganzes geschluckt. Stücke werden abgebissen. Aber trotzdem werden die Dinge nicht hineichend zerstört, um sie richtig zu assimilieren. In diesem Fall handelt es sich um eine teilweise Introjektion. Bei geistigem Material bedeutet das, daß einiges verstanden, aber nicht das Ganze beherrscht wird. Manches von dem Material, das geistig unverdaulich ist, bleibt übrig und wird ausgekotzt oder über andere Leute ausgeschissen.
3. Im dritten Stadium, dem Stadium des Beißens und Kauens, wird das Material hinreichend zerstört. In dieser Form kann es assimiliert werden, wenn es gut schmeckt, wenn es richtig schmeckt, wenn es nahrhaft und

als Ganzes schmeckt. Andererseits sind wir, indem wir es kauen, auch in der Lage, eine Entscheidung zu treffen. Wir haben die Wahl: Schmeckt es mir richtig? Wenn es das nicht tut, kann es ausgespuckt anstatt runtergeschluckt werden. Wenn es gut schmeckt, kann es runtergeschluckt und zu einem Teil von einem selbst werden.

H: Das wichtigste daran ist die Wahlmöglichkeit und die Aufmerksamkeit, die man der Sache widmet. Paßt dies zu mir? Schmeckt es gut? Anstatt daß man sagt: »Oh, das machen alle anderen, also werde ich es auch machen.«

E: Ja. Fritz hat hier aufgehört, sein Modell weiterzuentwickeln, aber ich denke, man kann noch mehr dazu sagen. Dazu eine Anekdote. Vor vielen Jahren führte ich in Phoenix einen Workshop für die Arbeitsgruppe Psychotherapie der »American Psychological Association« (APA) durch. Jim Simkin kam in meinen Workshop. Das war, kurz nachdem ich »The Growing Edge of Gestalt Therapy« herausgegeben und das Kapitel »The Roots of Gestalt Therapy« geschrieben hatte. Ich fühlte mich also wie ein Missionar und predigte viel Theorie. In diesem Workshop ging es hauptsächlich um die Erklärung der Theorie, obwohl ich auch eine Demonstration durchführte. Jim Simkin saß hinten im Raum und hörte zu. Als ich das Referat über Theorie beendet hatte und eine Pause machen wollte, um dann zur praktischen Arbeit überzugehen, stand Jim auf und machte eine freundliche Bemerkung. Er hätte gemocht, was ich gesagt habe. Dann sagte er: »Eine wichtige Sache hast du vergessen, das ist die ganze Theorie der Stadien oraler Entwicklung. Kannst du dazu was sagen?« Also sprach ich darüber und dann erst fand Jim, daß die Präsentation vollständig war.

Ich meine, es gehört mehr zur Theorie der oralen Entwicklung, als was Fritz darüber geschrieben hat. Wenn ich an die Stadien der dentalen Entwicklung denke, gehört da mehr zu als das Zahnen. Auch die Speiseröhre gehört dazu, das ganze System der Nahrungsaufnahme. Mental gesehen sind wir Kühe, Wiederkäuer. Die Realität unseres »Systems der geistigen Nahrungsaufnahme« besteht darin, daß es uns möglich ist, Stücke abzubeißen und herunterzuschlucken, sie eine Weile gleichsam im »Magen« zu behalten, um sie dann wieder hoch kommen zu lassen, sie im positiven Sinne »wiederzukäuen«. Wiederkäuen ist meiner Meinung nach nicht notwendigerweise ein krankhafter Prozeß der Besessenheit. Es kann einfach Wiederkäuen sein wie bei den Kühen. Eine Kuh frißt, wenn genug da ist, sehr viel Gras und würgt es später wieder hoch, um es vollständig so zu zerstören, daß es wieder heruntergeschluckt und dann assimiliert werden kann. Das war auch meine Erfahrung mit der Gestalttherapie. Als ich anfing, Gestalttherapie zu studieren und Gestalt-Workshops zu besuchen, konnte ich das, was mir da angeboten wurde, nicht alles sofort durchkauen und assimilieren, weil es zu viel war. Mein erster Gestalt-Workshop war ein langes Wochenende mit Jim Simkin. Es passierte viel mehr, als ich verstehen und aufnehmen konnte. Meine emotionale Reaktion war: »Ich mag das und möchte mehr darüber lernen. Es passieren kraftvolle und gute Dinge, aber ich verstehe sie nicht.« An einiges konnte ich mich erinnern. Ich konnte mich an das erinnern, was er gesagt hatte, mich an Szenen aus der Arbeit erinnern. Bis heute kann ich die Arbeit, die er machte, wie einen Film ablaufen lassen. Später konnte ich dann das Erlebte wiederkäuen und mit anderen Leute über das teilweise introjizierte Material sprechen. Durch diesen Prozeß des Wiederkäuens kam ich zu Einsichten wie: »Oh, das hat Jim getan.« Ich setzte mich hin und las Bücher zur Gestalttherapie, Bücher mit der Theorie, und dachte an jene Szenen und Arbeiten, die Jim vorgeführt hatte, und dachte: »So war das. Er hat mit einem Projektor gearbeitet. Darum hat er das so und so gemacht. So funktioniert das.« Das ist etwas, über das Fritz nicht gesprochen hat. Wir sind wirklich Wiederkäuer. Vollständige Introjektion ist ein Problem. Das erste Stadium ist ein Problem, weil das aufgenommene Material überhaupt nicht assimiliert werden kann. Aber als geistige Wiederkäuer können wir unsere Schneidezähne gebrauchen, um schnell ein paar Stücke von etwas abzubeißen, und dann später für eine Weile darauf herumzukauen, es durchzukauen und assimilierbar zu machen.

H: Ja, da stimme ich dir zu. Die Analogie von der Nahrungsaufnahme, die sehr nahrhaft für uns ist, braucht eine lange Zeit der Verdauung. Wir können darauf herumkauen und unser Magen und seine Säfte werden es lange bearbeiten müssen, bevor wir die Nährstoffe daraus ziehen können. Ich hatte eine ganz ähnliche Erfahrung. Mein erster Gestalt-Workshop war ein Workshop mit Jim, der einen Monat dauerte. Als ich zurück kam, brummte mir der Schädel. Es kostete mich ein Jahr, glaube ich, um etwas von dem Material zu integrieren, zu verdauen, egal, ob Therapie oder Theorie. Wie du konnte ich erst später verstehen, was er gemacht hatte, als er mit jemandem arbeitete. Heute ist mir das klar. Ich bin froh, daß du die Sprache darauf gebracht hast. Es ist gut zu wissen, daß einiges von dem, mit dem wir arbeiten, besonders wenn wir etwas Neues ausprobieren, nicht ganz befriedigend ist. Vielleicht lehnen wir es ab, weil wir denken, es passe nicht zu uns, aber wenn wir damit arbeiten, es durchkauen, es durchdenken, können wir es aufnehmen.

Mit meiner Frage nach »Ego, Hunger, and Aggression« habe ich dich vielleicht etwas abgelenkt. Aber ich möchte das jeden von euch fragen. Manche Leute haben das Buch nicht einmal zur Kenntnis genommen, aber ich finde, daß es zu den wichtigen Beiträgen gehört.

E: Ich sage den Leuten, die in meine Workshops kommen und daran interessiert sind, sich mehr mit der Gestalttherapie zu beschäftigen, daß sie über sie lesen und die Theorie studieren sollen, nicht nur die Gestalttherapie erfahren. Beispielsweise ist die zweite Hälfte von »Gestalt Therapy«, der Teil, den Paul Gooman geschrieben hat, sehr wichtig. Es gibt solide Bücher über die Theorie der Gestalttherapie. Sehr wenig Menschen mit universitärem Hintergrund haben sie gelesen: Sie haben sie ignoriert. »Ego, Hunger, and Aggression« ist ein tolles Buch. Weil es, wie Fritz sagt, die Gründe darlegt für den Übergang von der klassischen Analyse zum Gestaltansatz. Es sind, wie ich denke, sehr gute Gründe.

H: Ich glaube, Edward, daß ein Thema des Buches – mal sehen, ob du damit übereinstimmst -, die Verabschiedung von der Beschäftigung mit dem Sexualtrieb ist, die in jener Zeit vorherrschte. An die Stelle dessen setzte es die Beschäftigung mit der oralen oder dentalen Aggression. Die Aggression, mit der sich Perls' Buch beschäftigte, hat vornehmlich mit dem Individuum zu tun, der Ernährung und Erhaltung des Individuums, im Gegensatz zur Arterhaltung, die das Ziel des Sexualtriebs ist. Das ist die Bruchstelle.

E: Ja, das ist ein interesanter Punkt. Ich stimme dir da zu. – Einige von Fritz' frühen Texten haben mich erfreut, wirklich sehr beeindruckt, einige davon aus den Jahren 1946 und 1947. Viele sind im »Gestalt Journal« erschienen und einige in John Stevens' Buch »Gestalt is«. Es ist interessant zu sehen, wie gut durchdacht Fritz in jener Zeit geschrieben hat, als er noch in der Tradition des sogenannten europäischen Stils schrieb. Er hat seinen Stil ziemlich geändert bis zu dem Zeitpunkt, an dem er seine Bücher von 1969 veröffentlichte: »In and Out the Garbage Pail« und »Gestalt Therapy Verbatim« und die späteren Bücher. Die früheren Bücher muß man, wie wir gesagt haben, durchkauen, durchdenken, noch mal lesen, wieder und wieder durcharbeiten.

H: Ich möchte dir eine Anekdote über Verdauen, Durchdenken und Wiederlesen erzählen. Einmal war Jim Simkin bei mir im Haus, um einen Workshop abzuhalten. Er neckte mich – aber mit einem ernsten Hintergrund –, als er einige Ausgaben von »Reader's Digest« bei mir herumliegen sah, weil ich den leichten Weg nehmen würde. Nicht das Ganze lesen und aufnehmen, sondern eine Kurzfassung. Er wies mich sanft zurecht. Das ist das Problem mit vielen Leuten, die Gestalttherapeuten sein wollen, nämlich daß sie die Gestalttherapie nicht lernen wollen. Sie wollen gehen, bevor sie krabbeln gelernt haben. Für Simkin hieß das, daß man Perls, Hefferline und Goodman und »Ego, Hunger, and Aggression« verstanden haben muß. – Nun, worüber möchtest du jetzt sprechen?

E: Über die Gestalttheorie der Therapie. Der Gestaltansatz ist, grundlegend gesprochen, ein wachstumsorientierter Ansatz, in welchem es nicht um »Kurieren« – Diagnostizieren und Verabreichung von Medizin – geht, sondern um Wachsen. Es hat eine Evolution in der Psychotherapie stattgefunden: In den frühen Tagen ging es um das Kurieren eines Symptoms, dann um die Veränderung der Charakterstruktur, schließlich – im existentialistisch-humanistischen Ansatz – um Wachstum der Person, um Wachstum des Individuums. Der Gestalttherapie ist es sicherlich um Wachstum zu tun.

H: Meiner Erfahrung nach fragten mich die Klienten, die zu mir kamen, als ich in den frühen 1970er Jahren die Gestaltausbildung machte, nach Wachstum, nach Selbsterkenntnis, nach Selbstverwirklichung. Obwohl sie nicht wußten, daß es genau das ist, was wir in der Gestalttherapie machten, wollten sie ihr Gewahrsein vergrößern, ihre Wahrnehmung schärfen. Das höre ich von Klienten nicht mehr. Die Leute, die heute zu mir kommen, wollen eine Pille. Sie konzentrieren sich nicht darauf, etwas über sich zu erfahren. Beobachtest du das auch, Edward?

E: Glaub' schon. Ich bin aber nicht sicher. Doch, es könnte sein, daß du recht hast, Bob. Der Auslöser kann das öffentliche Image der Gestalttherapie in den 1970ern sein. Das öffentliche Image bestand nicht nur darin, daß die Techniken gegenüber dem philosophischen und theoretischen Hintergrund herausgestellt wurden, sondern auch darin, die Gestalttherapie mit ihrer soziopolitischen Form zu identifizieren. In der Zeit, als wir, du und ich, zuerst mit der Gestalttherapie in Berührung kamen, befand sie sich in ihrem Goldenen Zeitalter. Es war der Höhepunkt der Human-Potential-Bewegung. Die »dritte Kraft« [nach Psychoanalyse und Behaviorismus] in der Psychologie kam als große Welle. Die humanistische Psychologie war etwas Neues, etwas Begeisterndes. Viele Leute, wie du und ich, waren davon begeistert und leicht dafür zu erwärmen. Die Zeiten haben sich gewiß geändert. Darum hat sich die soziopolitische Form der Gestalttherapie geändert. Die Reputation hinkt hinterher, wie das Reputationen so zu tun pflegen. Aber ich denke, was du gesagst hast, ist richtig. Auch ich höre die Leute nicht mehr die Sprache des Wachstums sprechen. Vor drei Wochen war ich in Esalen, eine Woche lang. Da habe ich diese Sprache wieder gehört. Ich habe mich gefreut, die Worte wieder zu vernehmen. Leute sprachen von Wachstum und sie benutzten die Sprache des Wachstums. Aber in Atlanta höre ich davon dieser Tage nicht viel. Ja, in den 1970er habe ich sie auch dort gehört, heute nicht mehr. Es hat einen Stimmungswechsel in unserer Kultur gegeben. Es ist zwar schwierig, die eigene Kultur als Ganzes zu betrachten, doch es scheint mir, als sei die kulturelle Norm wieder in eine konservative Position zurückgewechselt, eine weniger üppige Position. Das zeigt sich schon daran, wie sich viele Leute anziehen, selbst da gibt es eine Rückwendung in die Stilrichtungen der 1950er Jahre.

H: Ja, das ist interessant, Edward. Hier unten finden zwei Tagungen statt und es ist schwer zu sagen, wer zu den Psychotherapeuten gehört und wer zu der anderen Tagung. Zehn Jahre früher wäre das überhaupt nicht schwer gewesen – man hätte es an der Haartracht, an der Kleidung und all dem gesehen. Es hat eine Wandel gegeben. In der Psychotherapie geht es jetzt um Kurzzeittherapie, um Therapie in kürzester Zeit. Der Konsument fängt an, über Symptome nachzudenken: »Ich geht mal eben zum Therapeuten und hol mir kurz meine Dröhnung.« Ich denke natürlich, daß das ein Fehler ist. Die Leute sollten lernen, für sich selbst zu sorgen. Das tut man, indem man wächst und etwas über sich selbst lernt. Man wird nicht bloß ein Symptom los. Ich möchte nun darauf zurückkommen, daß du über den Wachstumsaspekt sprichst, wie du ihn siehst.

E: Ich möchte dir eine Anekdote erzählen. Ich habe das vor ein paar Tagen hier im Hotel erlebt. Einige Leute haben sich darüber unterhalten, daß dies Hotel so formal sei. Sie fanden das ungemütlich, denn es gibt im Hotel Kleidervorschriften. Als ich zur Toilette ging, sagte ich zu dem Mann neben mir, ich hätte noch nie in meinem Leben in Gegenwart von so viel grünem Marmor gepißt. Darauf sagte er sofort: »Das erinnert mich daran, wie Fritz einmal in ein derartiges Hotel gekommen ist. Er kam in ein sehr formales Hotel, wo alle Leute dunkle Anzügen anhatten. Fritz steckte in einem orangefarbenen Overall, war barfuß und hatte ein junges Mädchen am Arm. Er ging durch die Lobby, hielt lang genug inne, so daß sich jeder umdrehen und ihn sehen konnte, sagte ›Ha‹ und ging wieder raus.« Unsere Identität ist zum Teil aus Szenen wie dieser entstanden. Viele Leute haben von der Gestalttherapie durch Geschichten wie dieser gehört. Sie assoziieren mit der Gestalttherapie diese üppige Zeit, diese Tage der Blumenkinder. Die Tage der Blumenkinder sind zufällig der Beginn der Gestaltbewegung, so wurden wir mit einem soziopolitischen Stil und mit Techniken assoziiert. Nicht viele wollten »Ego, Hunger, und Aggression« kaufen und sich dem harten Studium unterziehen, um es assimilieren zu können.

H: Das ist eine Tatsache. Ich habe zwei Paperbackexemplare von Perls, Hefferline und Goodman verschlissen und alles unterstrichen, was wichtig ist. Dann habe ich sie zusammengebunden und mir noch ein Exemplar gekauft. Das ist wie der Prozeß, den du eben beschrieben hast: Man kann es nicht alles beim ersten Mal aufnehmen. Auf manchem muß ich immer noch herumkauen.

E: Ja. – Nun zur Theorie der Therapie, dem Gestaltansatz als Methode des Wachstums. In der Einleitung zu »Gestalt is« sagen John und Barry Stevens etwas, das ich sehr scharfsinnig finde. Der Gestaltansatz sei, wie sie es ausdrücken, mehr ein Lebensstil als eine Therapie. Ich denke, wenn man einen strikten Sinn der Therapie zugrundelegt, ist Gestalt wirklich mehr eine Lebensart. Es ist ein Weg, in der Welt zu sein. Das Gestalt-Modell ist wachstumsorientiert, betrifft die Entwicklung des menschlichen Potentials, das Kennenlernen des eigenen Potentials. Es verlangt das Engagement, solche wachstumsfördernden Erfahrungen einzugehen, die dem Potential die Entfaltung erlauben. Das Modell ist eines der Entfaltung des Potentials in der Aktualität. Viele Formen der Therapie scheinen sich an dem Modell der Übertragung zu orientieren. Es wird jetzt viel über »Beelterung« [reparenting] gesprochen. Noch neuer ist, daß einige der an Objektbeziehungen orientierten Therapeuten [also Psychoanalytiker] die zwischenmenschlichen Beziehungen zu entdecken scheinen. Es ist ihre »neue« Entdeckung, daß die Beziehung [zwischen Therapeut und Klient] irgendwie etwas bedeutet. Im Gegensatz zur Beelterung ist die Gestalttherapie mehr mit der Loslösung von den Eltern [deparenting, gleichsam »Entelterung«] beschäftigt. Wir bemühen uns nicht, für den Klienten die Vaterrolle zu übernehmen, wie es in einigen Formen der Therapie der Fall ist. Es wird vielmehr auf die Identifikation von giftigen Introjekten oder »bio-negativem« Material fokussiert. Dieses »unganze«, nicht nahrhafte, giftige Material stammt hauptsächlich aus der Erfahrung mit den ersten Eltern. Wir versuchen, Wege zu finden, sich von diesem Einfluß zu befreien. In dieser Sicht ist es so, daß wir die schlechten Eltern in uns ausscheiden. Der Fokus ist auf der Loslösung von den schlechten Eltern, was ich »Entelterung« nenne.

H: Kannst du dafür ein Beispiel geben, Edward? Wenn wir in der Therapie den Begriff »deparenting« gebrauchen wollten, wie sähe dann die Arbeit aus?

E: Okay. Angenommen, ich arbeite mit einem Mann, der zu mir kommt und sich darüber beklagt, daß er nicht die Pausen bei der Arbeit zugestanden bekommt, die er braucht. Er ist bei der Beförderung übergangen worden. Er ist sehr unglücklich in seinem Job. Er erzählt mir, wie sein Boß ihn ausnutzt, von ihm Überstunden und so weiter verlangt, alles ohne Extrabezahlung. Offensichtlich wird er wirklich ausgenutzt. Ich entnehme seiner Geschichte, daß er dies seinem Boß nicht sagt. Er nimmt hin, was auch immer sein Boß von ihm will, ohne daß er sich wehrt. Dies ist ein interessanter Punkt für die therapeutische Arbeit, wo es darauf ankommt, welchen Weg ich wähle. Vielleicht würde ich eine psychodramatische Szene mit ihm durchspielen, die es ihm erlaubt, »Nein« zu sagen. Natürlich könnte es sein, daß es vieler kleiner Schritte bedarf, bis er in der Lage ist, »Nein« zu sagen, aber das würde ich anstreben.

Die Entscheidung, die ich treffen muß, lautet: Nehme ich die aktuelle Szene zwischen ihm und seinem Boß? Oder suche ich nach einer Szene in seiner Vergangenheit, die ihn dafür disponiert hat, mit seinem Boß Schwierigkeiten zu kriegen? Ich neige dazu, gelegentlich die Vergangenheit ins Spiel zu bringen. Vielleicht nicht in dieser Sitzung, aber eben gelegentlich. Viele andere Gestalttherapeuten würden wohl sagen, daß es nicht auf die Wahl der Szene ankommt, solange der Mann lernt, »Nein« zu sagen. Es käme nicht darauf an, ob jemand zum Boß in der Gegenwart oder zum Vater aus der Vergangenheit »Nein« sagt.

Mir scheint, daß die Arbeit, die ich mache, kraftvoller ist und andauernderen Erfolg hat, wenn wir die Szene mit einer Person aus der Vergangenheit gestalten. Ich könnte den Klienten einladen, sich vorzustellen, sein Boß sei hier, oder die Rolle vom Boß zu spielen, und ihn dann aufzufordern, dem Angestellten zu sagen, daß er Überstunden machen müsse. Ich könnte ihn auffordern zu fühlen, wie man sich fühlt, wenn man vom Boß kommt und solche Worte zu hören bekam, die er gerade gesagt hat. Er würde in die Rolle des Bosses schlüpfen und in Kontakt mit den Körperempfindungen kommen, die damit zusammenhängen. Ich würde ihn einladen, den Punkt herauszufinden, an dem der den Drang verspürt, »Nein« zu sagen, aber sich selbst unterbricht und eben nicht »Nein« sagt. Dann könnte ich ihn fragen: »Wovor hast du Angst? Was meinst du, könnte passieren, wenn du ›Nein‹ sagst?« Bei der Untersuchung dieser Frage würden wir seine katastrophalen

Erwartungen anschauen: »Wenn ich ›Nein‹ sage, wird dies oder das Schlimme passieren.« Wenn er bereit dazu zu sein scheint, die Verbindung mit der Vergangenheit aufzunehmen, würde ich ihn dazu an dieser Stelle einladen. Ich könnte ihn fragen, ob ihn dies an eine frühere Situation in seinem Leben erinnert. »Ist das ein Muster, das sich in deinem Leben findet?« Er soll die Verbindung herstellen und vielleicht entdeckt er: »Oh, das ist wie bei Papa. Papa behandelte mich so, daß ich niemals ›Nein‹ sagen konnte.« Ich könnte ihn dann einladen, nun seinen Papa zu spielen, anstatt seinen Boß, und zwar in einer übertriebenen Weise. Ich könnte ihn auffordern, aufzustehen, den Finger zu erheben und zu sagen: »Du sollst nicht dies tun, du sollst nicht das tun.« Ich würde zuhören und nach der Erwartung der katastrophalen Konsequenz suchen. In dieser Weise würde ich arbeiten, bis der Klient ein ziemlich scharfes Gewahrsein der introjizierten Botschaft hat, daß er nicht »Nein« sagen dürfe. Die Erwartung der Katastrophe ist normalerweise implizit und macht das giftige Introjekt so kraftvoll.

H: Wenn man »Nein« sagt, was sind die Konsequenzen? Die implizierte Botschaft des Vaters kann »Ich liebe dich nicht mehr« u.s.w. lauten.

E: Ja, darauf läuft es gewöhnlich hinaus, auf zurückgewiesene Liebe, den Verlust der Liebe. Wenn der Klient ein ziemlich klares Gewahrsein davon hat, wenn er dies in seinem Organismus fühlt, dann können wir dahin fortschreiten, daß er dem Introjekt aus der Kindheit nicht mehr gehorchen muß. Zu seinem Vater »Nein« zu sagen, ist Loslösung. Das giftige Introjekt, das sagt: »Du sollst nicht ›Nein‹ sagen, und wenn du es dennoch tust, liebe ich dich nicht mehr« wird genommen und ausgeschieden. Es ist introjiziertes Material. Es ist giftig. Das auszuscheiden, auf den »leeren Stuhl« zu spucken, den Klienten »Nein« sagen zu lassen, ihn dazu zu zwingen, bedeutet, mit dem giftigen Introjekt auf der Ebene des Körpers umzugehen. Damit meine ich, daß es nicht nur um die Worte geht, sondern auch um den Ton der Stimme, um die Lautstärke und die körpersprachlichen Begleitumstände. Das zu tun, heißt, das giftige Material abzusondern. Das ist ein Punkt, an dem ich mich von manchen Gestalttherapeuten unterscheide. Einige Gestalttherapeuten sagen, daß alles in einem einen Wert habe. Ich sehe das etwas anders. Ich denke, wir können Dinge in uns hineinschlingen, die giftig sind. Sie können nicht assimiliert und umgewandelt werden. Sie müssen heraus. In religiösen Zusammenhängen ist das das Modell der Teufelsaustreibung. Zurück zur Analogie mit der Nahrung. Ich könnte eine Kapsel mit Arsen herunterschlucken. Es gibt keinen Weg, der mich in der Lage versetzen könnte, das umzuwandeln und zu assimilieren und eine ganze Person zu werden, weil es eine fremde Substanz ist.

H: Das gilt sogar für Nahrung. Man kann eine tödliche Allergie gegen ein bestimmtes Nahrungsmittel haben, das man dann natürlich aus dem Körper heraushalten will.

E: Ja. Wenn ich das schlucke, wäre die Aufgabe nicht, es zu verwandeln, es zu transformieren und daran zu wachsen, sondern es auszuspucken, auszuwürgen, es los zu werden, es auszuscheiden. Ich denke, daß einige der giftigen Botschaften der Eltern ausgeschieden werden müssen, sie müssen zurückgewiesen werden, man muß sie los werden.

H: Ich stimme dir zu, andererseits könnte es für den Mann in deiner kleinen Geschichte gut sein, diese neugewonnene Fähigkeit beizubehalten und bewußt »Nein« zu sagen. Es könnte noch andere Situationen in seinem Leben geben, wo er zu jemandem »Nein« sagen möchte.

E: Oh ja. Was er ausscheidet, ist die Botschaft, daß man nicht »Nein« sagen dürfe. Das ist es, was er ausspuckt. »Ich werde die Botschaft, die sagt: ›Ich soll nicht »Nein« sagen‹ nicht in mir behalten. Davon werden ich mich lösen – das loswerden.« In diesem Sinne ist Gestalt, wie ich denke, ein Prozeß der »Entelterung«.

H: Ja. Das erinnert mich daran, als Gary Yontef das Kapitel von Simkin in Corsinis Buch überarbeitet hat. In der dritten Auflage spricht er von einem Trend, den er erkennt, nämlich daß in der Gestalttherapie den psychodynamischen Methoden, mit denen wir uns wohlfühlen, mehr Aufmerksankeit geschenkt wird. Die »Entelterung« scheint mit eine Art zu sein, einige psychodynamische Ansätze zu integrieren. Einige Gestalttherapeuten würden sich, wie du gesagt hast, nur darauf beschränken, daß der Klient lernt, »Nein« zum Boß zu sagen. Ich denke, das ist eine Sache der Wahl des Stils. Es ist eine Sache der Entscheidung, ob man sich damit wohlfühlt, danach zu suchen, woher das Introjekt stammt. Das ist ein tiefgreifenderer Weg, mit Introjekten zu arbeiten.

E: Die meisten Leute, die zu mir kommen, sind Langzeit-Klienten, und darum haben wir den Luxus, Zeit für die Arbeit auf verschiedenen Ebenen der Vergangenheit zu haben. Vielleicht würde ich, wenn ich in einem anderen Rahmen arbeiten würde, der einen eingeschränkteren Zeithorizont vorgeben würde, öfter bei der aktuellen Situation bleiben.

H: Das zu tun, was du gerade sagt, sich zeitlich zu beschränken, würde mehr das medizinische Modell sein. Der Mann muß geheilt werden, so daß er zu seinem Boß geht und »Nein« sagt. Die länger dauernde Aufgabe würde, wie ich es sehe, darin bestehen, mit der Botschaft zu arbeiten, nicht nur mit dem Fall, so daß er die Kraft gewinnt, diese introjizierte Botschaft auszuscheiden. Dann kann er wählen, wann und zu wem er »Nein« sagen möchte.

E: Ja, und es ist wahrscheinlich, daß bei der Arbeit mit der Vergangenheit einige andere Personen auftauchen, mit denen er sich auseinandersetzen muß. Man muß lernen zu unterscheiden, wann und wie man »Nein« sagen will und wie deutlich man es will und so weiter.

H: An einen Begriff denke ich da besonders, nämlich »Gewahrsein«. Es ist einer der Schlüsselbegriffe. Ich stehe im Ruf, manchmal ein Klugscheißer zu sein. Vor ein paar Jahren wurde ich in einem Parkhaus um Mitternacht in Atlanta von drei großen Männern angesprochen. Ich hört sofort auf, ein Klugscheißer zu sein, und fand mich bereit, ihnen meine Uhr, meine Geldbörse – oder was auch immer sie wollten – zu übergeben. Aber sie wollten mir eine Uhr verkaufen, so kam ich da raus. Ich sagte, »Nein, ich habe schon eine Uhr am Arm.« Ich hatte Angst, sie würden sie nehmen und sie zu ihrer Kollektion hinzufügen. Aber der Punkt ist, daß ich mit Gewahrsein entschieden habe, mich nicht wie gewohnt zu verhalten.

E: Ja, das ist's. Zurück zur Philosophie. Die Existentialphilosophie. Da geht's um den Wert der Entscheidung, und das Sich-Entscheiden hat Bedeutung, wenn Gewahrsein im Spiel ist. Je mehr ich wahrnehme, um so mehr mehr Wahlmöglichkeiten habe ich und um so bedeutender wird es, eine Entscheidung zu treffen.

H: Ja. Wir reden über Therapie, nehme ich an? Gibt es noch was, über das du in dieser Hinsicht sprechen möchtest?

E: Ja. Gestalttherapie konzentriert sich auf den Prozeß. Es ist eine prozeßorientierte Therapie, keine inhaltsorientierte Therapie. Ich bevorzuge gegenwärtig, vom Gestaltansatz zu sprechen, nicht von Gestalttherapie.

H: Ja, ich stimme dir in fast allem zu. Bevor wir allerdings zu tief einsteigen, kannst du bitte eine Definition geben, was du mit »Prozeß« meinst? Du hast gesagt, es gehe um Prozeß, nicht um Inhalt.

E: Um Menschen zu verstehen, ist es wichtiger, sich mit dem *Wie* ihres Seins als dem *Was* ihres Seins zu beschäftigen. Oder, in anderen Worten: Ihr *Stil* sagt mehr über sie als als der *Inhalt* ihres Lebens. Darum ist in der Therapie nach dem Gestaltansatz der Prozeß wichtiger als der Inhalt. Wir konzentrieren uns auf den Prozeß. Wir schauen darauf, wie sich jemand verhält, nicht was der Inhalt des Verhaltens ist.

Der Fokus ist zum Beispiel darauf, wie das Gewahrsein sich entwickelt. Das ist es, was ich meine, wenn ich sage, es geht um den Prozeß mehr als um den Inhalt. Wenn man sich auf den Inhalt konzentriert, führt das zum »darüber sprechen«, der Inhalt wird etwas »da draußen«, und das ist nicht persönlich, nicht experimentell. Es ist der Prozeß der Erfahrung, der von Augenblick zu Augenblick fortschreitet, und das sich entwickelnde Gewahrsein, auf das wir uns konzentrieren. »Was nimmst du in diesem Moment wahr?« »Was jetzt?« »Was geschieht jetzt?« »Wie hinderst du dich selbst?« »Was tust du, um dich abzulenken?« »Wovor hast du Angst, wenn du weitermachen würdest?« Die Konzentration auf den Prozeß heißt, eine Person in ihrem Zyklus von Kontakt und Rückzug zu beobachten. So lange diese Person die Stadien befriedigenden Kontakts durchläuft und sich am Ende zurückzieht, besteht mein Job nur darin, bei ihr zu sein und den Prozeß zu verfolgen. An dem Punkt, wo die Person sich selbst unterbricht, es vermeidet, den nächsten Schritt zu tun im Kontakt-Zyklus, ist es mein Job, irgendwie zu intervenieren, um den Prozeß wieder in Gang zu kriegen. Ich möchte ein wachsendes Gewahrsein anstoßen, ein Wahrnehmen der Möglichkeiten. Ich möchte die Person wissen lassen, was ich kommen sehe, oder sie einladen, selbst mehr kommen zu sehen. Da ist der Fokus auf den Prozeß.

Manchmal fragen mich Leute in Workshops: »Das ist ja schön und gut. Aber ich möchte mit diesen oder jenen Gruppen von Klienten arbeiten. Bei denen funktioniert der Gestaltansatz nicht, oder?« Ich sage immer: »Ich glaube, daß er sehr wohl funktioniert.« Er wird vielfach auch bei Personengruppen funktionieren, mit denen ich noch nie gearbeitet habe. Ich arbeite nicht mit Kindern. Ich arbeite nicht mit Behinderten. Ich arbeite nicht mit Familien. Aber da das, was ich mache und lehre, ein Prozeß ist, ist dieser Prozeß auf alle Menschen anwendbar. Ich habe mit einem menschlichen, einem organismischen Prozeß zu tun. Ich glaube, daß der Gestaltansatz grundsätzlich definiert ist durch eine Philosophie und Persönlichkeitstheorie, die durch die Bank auf alle Menschen zutrifft. Der Inhalt tut nichts zur Sache. Es tut nichts zu Sache, was das Thema der Geschichte ist, mit der eine Person zu dir kommt.

H: Ja. Der Prozeß wird der gleiche sein, glaube ich, ob Mann oder Frau. Darum ist die Vorstellung, daß wir eine feministische Therapie brauchen oder Therapien für spezielle Gruppen, in den Wind geschrieben, wenn wir von dem Ansatz der Gestalttherapie sprechen.

E: Das ist ein guter Punkt. Ich habe eine Veränderung der Themen von professionellen berufsständischen Organisationen (AAP, AHP, Division of Psychotherapy) festgestellt. Es gab eine Zeit, als viele psychotherapeutische Workshops prozeßorientiert waren. Das heißt, es waren Workshops, die sich einem besonderen Ansatz oder Prozeß widmeten, so wie Gestaltworkshops. Ich habe aber herausgefunden, daß man es, wenn man Leute in einen Workshop bei einer Konferenz bekommen will, heute lieber nicht einfach einen »Gestaltworkshop« nennt. Die Leute sagen: »Oh, das habe ich schon mal gemacht. Ich habe Gestalt gemacht.« Darum muß man es mit einem Inhalt verbinden. Ich erwähne einen Inhalt und sage im Untertitel: »der Gestaltansatz«, oder ich sage: »Der Gestaltansatz bei so und so«. Beispielsweise habe ich bei der Georgia Psychological Association im letzten Winter einen Workshop angeboten mit dem Titel: »Körperarbeit mit trauernden Patienten.« Er basierte auf einem Kapitel, das ich für ein Buch mit dem Titel »The Grieving Patient« [Der trauernde Klient] geschrieben habe. Was die Leute in den Workshop lockte, war, wie ich herusgefunden habe, das Thema »Trauer«. Es war nicht, daß ich in der Beschreibung des Workshops angekündigt habe, einen körperorientierten Gestaltansatz zu benutzen.

H: Ja. Das ist überall im Land so, vielleicht auf der ganzen Welt. Wenn wir heute sagen, wir gäben einen Gestalt-Workshop, sagen die Leute: »Wir kennen das.« Wir müssen also andere Wege finden, unseren Ansatz zu präsentieren, beispielsweise »Arbeit mit Paaren«, Untertitel: »Der Gestaltansatz«.

E: Viele der anderen therapeutischen Systeme haben nicht viel über das »Wie« der Therapie zu sagen. Sie sprechen mehr über die Inhalte, haben Bücherregale voll interessanter Texte. Alles sehr interessant und faszinierend, aber es konzentriert sich nicht darauf: »Was tue ich jetzt?« »Wie mache ich das?«

Ich habe das Wort »Wachstum« öfter gebraucht. Das ist etwas verschwommen. Ich möchte mehr darüber sagen, was »Wachstum« im Gestaltansatz meint. Ich verstehe unter Wachstum eine Ausweitung, mehr an Statur des Selbst zu gewinnen. Erving und Miriam Polster benutzen den Ausdruck »Ausweitung der Ich-Grenze«. Das mag ich. Wachstum funktioniert meiner Meinung nach, indem ich erfolgreicher und tiefer mit meiner Erfahrung umgehe. Wenn ich erfolgreich die Tiefe meiner Erfahrung steigere, werde ich größer. Wie die Polsters sagen: »Die Ich-Grenze ist größer geworden, um mehr von dem zu umfassen, was in der Welt erfahren werden kann.« Nun ist die Welt »erfolgreich« und lebendig da. Es geht nicht nur darum, mehr und mehr zu erfahren, weil manche Erfahrungen überwältigend sein können. Es kann sein, daß ich nicht über die innere Unterstützung verfüge, um gewisse Erfahrungen aushalten zu können. Ich könnte überwältigt werden.

H: Da hat du einen entscheidenden Punkt angesprochen, glaube ich. Daß nämlich die Kunst des guten Gestalttherapeuten darin besteht, etwas über das Unterstützungssystem des Klienten zu wissen und es zu verstehen, so daß wir ihn nicht überwältigen, aber ihm auch nicht »zu kleine Häppchen füttern«. Wenn eine Person über genügend Unterstützung verfügt, um innerhalb der Ich-Grenze einen weiteren Schritt vorwärts zu tun, kann sie ausgeweitet werden, aber nicht über das Stadium der Überwältigung hinaus, in das die Leute leicht geraten.

E: Fritz sprach über die beiden Werkzeuge, die ein Therapeut hat, das Werkzeug der Unterstützung und das Werkzeug der Frustration. Es geht darum, daß du den Klienten in allem unterstützt, was du als seinen authentischen Ausdruck erfahren kannst, aber alles frustrierst, was ein unechter Ausdruck ist. Auf diese Weise unterstützt und frustrierst du. Aber du unterstützt nicht zu viel, so wie du gesagt hast, also kein häppchenweises Füttern. Man will nicht in einer Weise unterstützen, daß der Klient nicht seine eigene Stärke entwickelt, aber man will ihn auch nicht so frustrieren, daß er sich nicht bewegen kann.

Es gibt Stadien der Entwicklung in einer Therapie. Das scheint mir offensichtlich zu sein. Wenn Klienten zu uns kommen, befinden sie sich in einem anderen Stadium der Entwicklung und des Wachstums. Wir haben keine angemessene Theorie der Entwicklung, die die ganze Lebenszeit umspannt.

Es gibt einige Theorien über die Stadien kindlicher Entwicklung, die ziemlich gut sind. Wir haben keine gute Theorie über den Wachstumsprozeß des gesamten Lebens. Manches in Jungs Werk berührt diese Frage.

Wenn ich mit einem bestimmten Klienten arbeite, gehört es zu meiner ethischen Verpflichtung, so gut ich kann herauszufinden, wie weit entwickelt diese Person ist. Auf welchem Niveau des Gewahrseins befindet sie (oder er) sich? Oder, wenn man so will: Auf welchem Niveau des Bewußtseins? Es kann sein, daß ich mit dieser bestimmten Person ganz anders arbeite als mit einer anderen Person, die weiter entwickelt ist. Beispielsweise ist dieser Tage die Kategorie »Borderline« sehr populär. Wenn ich mit jemanden arbeite, auf den diese DSM-III-Beschreibung zutrifft, werde ich nicht viel mit Frustration arbeiten. Ich werde sehr vorsichtig sein, ihn oder sie zu frustrieren. Wenn ich auf gleiche Weise mit einem Neurotiker arbeiten würde, wäre das nachlässig. Dann würde ich vieles verpassen. Ich denke da an eine bestimmte Klientin, und ich kann sie darüber lamentieren hören, wie sie Sachen macht. Wenn das eine neurotische Person gewesen wäre, hätte ich sie damit konfrontiert. Ich denke jetzt an einen anderen Mann. Ich arbeitete mit harten Konfrontationen, die für die eben erwähnte Klientin eine Beleidigung darstellen würden. Er hörte mich trotzdem kaum. Aber für sie wäre es zu laut. Im Rahmen ihrer Erfahrung wäre das feindselig und eine Hindernis für ihr Wachstum. Sie würde dann vielleicht nicht wachsen.

H: Meine Ansicht zu Borderline-Klienten ist, daß wir viel Halt, Beistand und Unterstützung geben, so daß sie die winzig kleinen Schritte gehen können. Das ist ein langwieriges Stück Arbeit.

E: Es gibt eine Illusion über die Gestalttherapie, die ein Artefakt der Arbeitsweise von Fritz ist, die er gegen Ende seines Lebens wählte. Er sprach davon, daß die Therapie sich von der Einzelsitzung zur Workshopmethode entwickeln würde. In seinem letzten Jahr sprach er sogar davon, daß sie sich zur Methode des gemeinsamen Zusammenlebens der Klienten entwickele. Manche Leute folgerten daraus, daß Gestalttherapie eine »schnelle« Methode sei.

H: Ich meine, Perls habe mal bemerkt, daß viele Therapeuten nicht bedenken würden, daß er zum Gestalttherapeuten wurde mit einem Hintergrund und einer langen Geschichte in der Psychoanalyse, die er zwanzig bis fünfundzwanzig Jahre lang erfolgreich praktizierte. Er war Psychoanalytiker und hatte eine Erziehung in Deutschland genossen, das sehen manche als ein höheres Niveau als die amerikanische Erziehung an. Er war auch am Theater interessiert. Das war sein Hintergrund. Viele Leute dachten: »Ah, das ist Gestalttherapie. Gebt mir einen Overall, wie Fritz ihn trägt, und ich mach' Gestalttherapie.« Der erste Workshop, an dem ich teilnahm, fand 1974 statt. Jemand sagte ganz ernsthaft zu mir, ich könne kein Gestalttherapeut sein, weil ich keine Sandalen anhabe und kein perlenbesticktes Hemd tragen würde. Der meinte das ernst. Ich denke, es ist schwer, die Idee des Wachstums-Modells Klienten zu erklären, die mal hier und mal da reinschauen. Sie rufen an und sagen: »Nun, ich bin sexuell impotent, können Sie mit mir arbeiten?« Genau das ist es, woran dieser Typ interessiert ist. Wenn man sagt, »Nun, ich werde Ihnen helfen zu wachsen«, könnte ihn das ansprechen, wenn er damit assoziiert, daß sein Penis hart »wächst«, aber in jeder anderen Hinsicht ist er nur daran interessiert zu erfahren, wie er eine Erektion bekommen und sie halten kann. Wie würdest du auf diese Art Fragen antworten?

E: Nun, ich bin wieder bei jenem Entwicklungs-Modell. Mein Gewahrsein ist höher entwickelt als das Gewahrsein der meisten Leute, die zu mir kommen, wenigstens was die menschliche Entwicklung und das menschlichen Wachstum betrifft. Ich habe viele, viele Jahren damit zugebracht, dieses Gewahrsein zu entwickeln. Die meisten Leute, die zu mir kommen, gehen ziemlich naiv an die Psychologie heran. Wenn ich also eine Frage wie jene höre, höre ich sie wie eine Frage von einem Kind. Darum ist es nicht nötig, auch nicht angemessen, alles zu sagen, was ich weiß, oder in der Antwort alle meine Perspektiven offenzulegen. Er kann das noch nicht verstehen. Es ist wie bei einem Kind, einem deiner kleinen Kinder, wenn sie kommen und dich etwas fragen, wenn sie dich über Sexualität befragen oder sonst etwas. Man sagt ihnen die Wahrheit in dem Maße, in welchem sie sie verstehen können. Bei diesem Klienten würde ich beispielsweise sagen: »Ja, ich kann mit Ihnen arbeiten.« Er würde vielleicht fragen: »Haben Sie schon mal mit so einem Problem gearbeitet?« Vielleicht ist das der Fall und ich würde sagen: »Ja, ich habe schon mit solchen Problemen gerarbeitet.« Also, diese Person kommt mit einem Inhalt. Sie kommt nicht mit dem Gewahrsein auf dem Niveau, auf welchem sie weiß, daß sie zu mir kommt, um an einem Prozeß zu arbeiten; sie kommt und denkt, daß ich das inhaltliche Problem kennen muß: »Was wissen Sie über Impotenz? Wissen Sie genug darüber, um mit mir zu arbeiten?« In Wirklichkeit ist es nicht Impotenz, über die ich etwas wissen muß, sondern der Prozeß, der menschliche Prozeß.

H: Was haben wir nicht abgehandelt, worüber du sprechen willst?

E: Laß uns etwas über Technik sprechen, das Arsenal von Techniken. Gestalttherapie ist experimentell in dem Sinne, daß ich, daß wir oft Experimente als Teile der therapeutischen Erfahrung einsetzen. Wir laden die Leute ein, etwas auszuprobieren, und schauen, was passiert.

H: Das Wort »einladen« ist entscheidend. Manche nicht gut ausgebildete Gestalttherapeuten verlangen, anstatt einzuladen.

E: Ja, ich gebrauchte das Wort mit Absicht. Alles, was ich dir suggeriere, ist eine Einladung. Ich meine das im wahren Sinne von Einladung: Du hast das Recht, sie anzunehmen oder abzulehnen. Es ist dein Recht zu entscheiden, ob du den Weg mitgehen willst oder nicht, auf diese Weise lade ich dich zu einem Experiment ein. Wenn die Person »Nein« sagt, haben wir etwas anderes Interessantes, um es anzuschauen. Wir könnten neugierig sein, welche Phantasie du damit verbindest, so ein Experiment zu machen, wovor du dich fürchtest. Ich würde jemanden einladen, etwas zu versuchen. Die Wurzel der Worte »experiment« und »experience« [Erfahrung] ist »experiri«, was »versuchen« heißt. Also lade ich jemanden ein, etwas zu versuchen, um das Gewahrsein auszuweiten: »Machen Sie das und schauen, was passiert. Versuchen Sie es und schauen Sie, was Sie fühlen.« Man weiß nie. Man weiß es nicht, bis man es getan hat. »Wenn Sie es nicht mögen, hören Sie auf. Wenn Sie es mögen, machen Sie weiter und sehen Sie, wohin der Weg führt, sehen Sie, wohin Sie sich als nächstes bewegen.« Das ist wieder der Prozeß. »Schauen Sie, was als nächstes kommt.«

H: Das klingt, als würdest du jemanden einladen, ein Experiment zu machen, um zu schauen, wohin es führt, ohne die geringste Ahnung zu haben, wohin der Weg führen könnte, also offen zu sein und alles zu entdecken, was man über sich entdecken kann.

E: Nun, dies bringt uns zurück zu einigen philosophischen Aspekten und zu der zugrundeliegenden Persönlichkeitstheorie. Aber so, wie du es sagst, habe ich das nicht gemeint, Bob. Vielmehr fange ich mit der Überzeugung an, daß die Leute ein Bedürfnis nach Wachstum haben. Das ist Teil unserer menschlichen Natur. Zu den existentiellen Gegebenheiten zählt, daß wir ein Bedürfnis nach Wachstum, nach Ausdehnung, nach Größerwerden und Vervollständigung haben. Das geschieht durch erfolgreiche Vertiefung der Erfahrung. Erfolgreiche Erfahrung kann etwa durch ein Experiment erlangt werden, das einen nicht überwältigt. Nietzsche hat gesagt: »Was mich nicht umbringt, macht mich stärker.« Das ist ein bißchen übertrieben, vielleicht, denn es gibt auch Dinge, die einen verstümmeln. Aber er hat den wichtigen Punkt angesprochen, daß alles, was ich erfahre, alles, was mir passiert, zu meinem Lernen und Wachsen beiträgt, solange es mich nicht überwältigt. Also lade ich oft zu Experimenten ein. Oft nenne ich sie »Experimente«, um auf ein Wort aufmerksam zu machen, das im therapeutischen Zusammenhang ungewöhnlich ist.

Manche Leute sind erstaunt über mein Wort »Experiment«. Hayakawa hat in einer seiner frühen Schriften den Unterschied zwischen »verbaler Welt« und »ausgedehnter Welt« gemacht. Die »verbale Welt« ist die Welt aus zweiter Hand, die man durch Worte kennen lernt. Sie ist die Erfahrung von jemandem anderes. Die »ausgedehnte Welt« lernt man aus erster Hand durch Erfahrung kennen. Lernen durch Entdecken. Da kommt das Experiment ins Spiel. Das Experiment ist dazu da, Erfahrung zur Verfügung zustellen, um die »ausgedehnte Welt« zu vergrößern. Es bietet dem Klienten die Gelegenheit, eine Erfahrung im »Hier und Jetzt« zu machen, die wachstumsfördernd sein kann, wachstumsfördernd im Sinne von Ausdehnung.

Wenn ich etwa mit jenem Mann arbeite, den wir als Beispiel genommen hatten, und ihn einlade, »Nein« zu seinem Boß zu sagen, weiß ich nicht, ob er dazu in der Lage ist oder nicht. Er macht ein Experiment. Mag sein, daß er seinen Boß sieht, sich alles zurechtlegt, aber dann zurückweicht. Okay, das ist in Ordnung. Dann arbeiten wir damit. Er hat eine Erfahrung gemacht und vielleicht bin ich in der Lage, sein Gewahrsein für das, was in der Situation geschieht, zu schärfen. Ich war nicht Zeuge, als er seinem Boß gegenüber stand und nicht »Nein« gesagt hat, aber ich sehe jetzt, wie er »Nein« im Experiment nicht sagt, und wenn ich genau beobachte, kann ich vielleicht etwas bemerken. Ich könnte bemerken, daß er seine Beine überkreuzte und aufgehört hat zu atmen, als er sich seinen Boß vorgestellt hat. Dann mache ich ihn auf dieses Phänomen aufmerksam: »Achten Sie auf Ihren Atem, wenn Sie Ihren Boß anschauen.« »Meine Güte, ich habe mit dem Atmen aufgehört!« Dann machen wir ein Experiment. »Atmen Sie tief durch und schauen Sie ihn an und sehen, was passiert. Okay, nun nehmen Sie Ihre Beine auseinander und schauen ihn an. Machen Sie weiter, versuchen Sie es und schauen Sie, was passiert.« Er sagt vielleicht, daß das zu viel ist. Oder vielleicht nimmt er seine Beine auseinander, atmet tief durch und merkt dann, daß er verängstigt ist und wieder aufhört zu atmen und seine Beine überkreuzt. Nun, dann haben wir auch etwas. Wir haben hier eine Sackgasse geschaffen, an der wir jetzt arbeiten können. Oder er findet heraus, daß er, wenn er durchatmet und seine Beine auseinandernimmt, »Nein« sagen kann. »Oh, wenn ich atme, kann ich ›Nein‹ sagen.« Und dann geht es weiter. Es kommt also nicht darauf an, was passiert. In gewissem Sinne ist es mir egal, was in einem Experiment passiert, weil ich der festen Überzeugung bin, daß es, was immer passiert, der Mühe wert ist. Wir können es auf eine wertvolle Weise verwenden.

H: Im wahren Wortsinne von »Experiment« weiß man nicht, was herauskommt, und kümmert sich nicht drum. Irgendetwas passiert. Sogar, wenn der Klient es ablehnt, ist das etwas, auf das man sich konzentrieren kann.

E: Das wichtigste, was man im Leben lernt, geschieht im Rahmen der »ausgedehnten Welt«. Die Lektionen des Lebens, die wirklich wichtig sind, müssen selbst erfahren sein. Ich muß sie durchlebt haben. Es müssen gespürte Erfahrungen sein, nicht nur Worte, die mir jemand anderes gesagt hat. Die »verbale Welt« stellt Material zur Verfügung, das mir eine Leitlinie sein kann. Ich kann auf dem Material kauen und es als Leitlinie dafür benutzen, womit ich für mich herumexperimentieren will. Die »verbale Welt« kann auf diese Weise eine Art Landkarte für die »ausgedehnte Welt« sein. Beispielsweise erzählt jemand mir, daß Meditation eine kraftvolle Methode ist, aus die sie oder er viel gezogen hat. Ich kann das hören. Wenn ich viele Leute in der verbalen Welt das sagen höre, kann ich die Meinung mit mir herumtragen, daß ich gehört habe, viele Leute hielten die Meditation für eine kraftvolle und sinnvolle Methode. Ich weiß das nicht aus eigener Erfahrung. Ich weiß, daß eine Menge Leute das sagen, aber das ist etwas völlig anderes. Beides ist wichtig. Einige Leute wissen nicht einmal etwas über Meditation. Wenigstens habe ich viele Leute sagen hören, daß sie kraftvoll und sinnvoll sei. Aber ich kann ihnen auch zuhören und sagen: »Oh, okay, diese Leute denken, sie ist wichtig, kraftvoll und interessant. Ich will die Erfahrung selbst machen.« Dann meditiere ich vielleicht. Dann habe ich meine eigene Erfahrung und das ist es, was wirklich zählt. Dann erst *kenne* ich Meditation. Technisch ausgedrückt ist es die Entdeckung, die uns zum Lernen führt, die Entdeckung durch Experiment und Erfahrung.

Wachstum entspringt aus erfolgreicher Erfahrung. Der Hauptfocus in der Arbeit der Gestalttherapie ist für mich das Setting der Erfahrung, die Herstellung psychodynamischer Erfahrung. Das heißt, einer Erfahrung, die im »Hier und Jetzt« stattfindet. Die meisten, wenn nicht alle Techniken, die wir benutzen, sind, wie ich meine, Techniken der Konzentration oder der Vergegenwärtigung. Mit Konzentration meine ich Techniken, die dazu da sind, das Gewahrsein zu vergrößern, die dabei helfen, zu fokussieren und sich zu konzentrieren. Sie schaffen eine konzentrierte Erfahrung. Sie nehmen, was vage ist, und machen es schärfer, klarer und potenter.

H: Manche würde das so nennen: Das Implizite explizit machen.

E: Ja. Konzentration, Sich-Einlassen, Fokussierung. Die anderen Techniken im Gestaltansatz sind Techniken der Vergegenwärtigung. Das ist ein Wort, das ich zuerst bei Claudio Naranjo gefunden habe, in seinen Schriften. Vergegenwärtigung [presentification] heißt, etwas gegenwärtig zu machen. Das heißt, eine Erinnerung aus der Vergangenheit oder eine Phantasie der Zukunft zu nehmen und sie zu behandeln, als sei sie gegenwärtig. Sich vorzustellen, sie sei Gegenwart. Seine Sinne zu gebrauchen und sie jetzt in der Gegenwart zum Leben zu bringen. Konzentration und Vergegenwärtigung sind die beiden Katagorien der Techniken in Gestalt, oder zumindest der meisten. Beide Kategorien von Techniken stehen im Dienst, um eine Erfahrung im Hier und Jetzt zu schaffen. Die Hier-und-Jetzt-Erfahrung führt zum Wachstum. Wir gebrauchen die Techniken, um Klienten, die »entsinnlicht« sind, zur sinnlichen Wahrnehmung zurückzuführen [resensitizing], und die Klienten zu mobilisieren, die »abgestorben« sind, die bewegungsunfähig sind. Dies hat einen Zusammenhang mit meinem Kontakt-Rückzug-Modell: Es geht darum, den Zyklus zu durchlaufen

- vom Gewahrwerden eines Bedürfnisses
- zum Gewahrwerden eines organismischen Antriebs,
- zur Differenzierung des Antriebs in eine Emotion und den emotionalen Antrieb zum Handeln,
- zu einer muskulär-skeletalen Bewegung,
- zu einer Interaktion und zu einer Befriedigung und, schließlich,
- zum Rückzug.

Dies ist die Basis des Kontakt-Rückzug-Modells. Das Gewahrsein, das zentral ist für die Stadien des Bedürfnisses, der Emotion, der Befriedigung und des Rückzugs, mag vernebelt sein. Die Vernebelung des Gewahrseins kann ein Prozeß der Abstumpfung oder der Verwirrung sein. Abstumpfen kann ich mein Gewahrsein entweder

- durch Deflektion, durch das Abwehren dessen, was auf mich einströmt, durch Ablenkung, oder
- durch Gefühlslosigkeit, durch Abschwächung meiner Sinneswahrnehmung.

Nebenbei gesagt, man kann auch eine Botschaft »deflektieren«, die man sendet, indem man nicht direkt ist, sondern indirekt. – Das sind also die beiden Wege der Abstumpfung: Deflektion und Gefühlslosigkeit.

Verwirrt wird Gewahrsein

a. durch Introjektion,

b. durch Konfluenz und

c. durch Projektion.

Bei einer Introjektion nehme ich etwas auf, das nicht meins ist, aber ich denke, es sei meins, obwohl es das nicht ist. In einer Projektion verhält es sich fast gegensätzlich: Da tue ich etwas aus mir heraus, das zu mir gehört, von dem ich aber denke, es gehört zu jemandem anderes. Bei der Konfluenz werde ich verwirrt. Ich weiß nicht, was ist. Es gibt kein »ich« und »du«, sondern nur ein »wir«. Bei diesen Prozessen der Konfluenz, der Projektion und Introjektion verwirre ich mich und bei der Gefühlslosigkeit und der Deflektion stumpfe ich mich ab. Durch Abstumpfung und Verwirrung wird mein Gewahrsein vernebelt. Mit vernebeltem Gewahrsein bin ich von meinen Sinnen getrennt, und das vernebelte Gewahrsein muß geklärt werden.

H: Was du das vernebelte Gewahrsein und den Prozeß der Trennung von den Sinnen nennst, würden manche Gestalttherapeuten eine »Störung an der Kontaktgrenze« oder Grenzstörung nennen, oder?

E: Ja, es ist eine Grenzstörung. Wir müssen dieses Grenzgebiet wiederbeleben. Die Gestaltarbeit am Gewahrsein schließt viele Konzentrations-Techniken ein. Gewahrseins-Übungen, Gewahrseins-Prozeduren gehören in diesen Bereich. Das Antriebs-Stadium in einer Kontakt-Episode schließt vor allem Atmen ein. Atmen ist eine Antriebsfunktion. Gestörtes Atmen kann den Antrieb gering halten. In einer Sequenz von Interaktion – Aktion und Reaktion – kann es Retroflektion geben. Chronisch retroflektierte Handlungen sind ungefähr identisch mit Reichs »Panzer«. Der Körper kann steif gehalten werden, um eine Bewegung zu verhindern. Bei retroflektierter Interaktion tue ich mir an, was ich dir antun will. Oder, anstatt dich zu fragen, etwas für mich zu tun, tue ich das selbst. Dies sind die beiden Hauptarten der Retroflektion: Retroflektion der Handlung und Retroflektion der Interaktion. Ich habe dazu detailliert in einer der letzten Ausgaben von »The Gestalt Journal« Stellung bezogen. In diesem Stadium der Kontakt-Episode besteht die Aufgabe darin, zu mobilisieren, eine Person dazu zu bekommen, dort wieder zu interagieren, wo sie bewegungsunfähig war. Viele der Vergegenwärtigungs-Techniken sollen dazu beitragen, die Person zum Handeln zu bringen. Dies schließt ein Antriebs-System ein. Ich habe das alles in meinem Buch »The Body in Psychotherapy« erläutert.

Ich möchte noch das eine oder andere ansprechen. Wir haben noch etwas Zeit. Ich denke an die Theorie der Gefühle von James und Lange. In »Ego, Hunger, and Aggression« erwähnt Fritz die James-Lange-Theorie der Gefühle und sagt, daß er sie teilweise für richtig halte. Ich habe über Feedback-Schleifen im Kontakt-Rückzug-Modell geschrieben. Und da kommt die James-Lange-Theorie ins Spiel. Die James-Lange-Theorie widerspricht der landläufigen Auffassung von Gefühlen. Die landläufgige Theorie lautet: »Ich fühle etwas und darum handele ich. Ich fühle mich ängstlich, also laufe ich weg.« Die James-Lange-Theorie der Gefühle besagt das genaue Gegenteil: »Ich fühle mich ängstlich, weil ich weglaufe. Ich laufe weg, also habe ich Angst.«

Ich denke, beide Theorien sind richtig. Ich denke, beide sprechen die Hälfte der Wahrheit aus. Erst zusammengenommen haben wir das ganze Bild.

In meinem Kontakt-Rückzug-Modell führen Gefühle zum Handeln. Wenn ich Angst fühle, laufe ich weg. Aber es gibt auch eine Feedback-Schleife. Während ich weglaufe, ergibt das eine Rückkoppelung, die das Gefühl der Angst verstärkt. Beides passiert. Ich denke, daß dies etwas für die Therapie bedeutet. Nicht alle Gefühle sind in einer Situation echt. Es mag unechte geben. Gestern habe ich hier in einem Workshop mit einer Frau gearbeitet, und sie begann zu weinen. Dann hörte sie auf und sagte: »Ich glaube nicht, daß es das ist. Ich bin nicht wirklich traurig. Ich fange schnell an zu weinen.« Dann fand sie ein anderes Thema und machte weiter. Ich mußte da nicht intervenieren, sie fand es selbst heraus. Ich denke, es ist oft der Fall, daß wir ein Gefühl haben, das einfacher für uns ist, und indem wir uns darauf einlassen, ziehen wir woanders etwas Energie ab und fühlen uns etwas besser. Aber wir haben das unbeendete Gefühl nicht behandelt.

Das wird in der Transaktionsanalyse als »falsches Gefühl« [racket feeling] identifiziert. Wenn eine Person ein falsches Gefühl hat, glaube ich, daß es angemessen ist, die Beschäftigung damit zu frustrieren, anstatt dabei zu bleiben und sich damit zu beschäftigen. Wenn jemand beispielsweise niedergeschlagen ist, kann es zwar durchaus helfen, die Niedergeschlagenheit zu ermutigen, bei der Niedergeschlagenheit zu bleiben, sie stärker zu fühlen, wenn die Person sie nur etwas fühlt, so daß sie sich mit ihr bekannt macht und ihrer gewahr wird. Aber die meisten niedergeschlagenen Leute, die zu mir kommen, sind schon so lange niedergeschlagen, haben ihre Niedergeschlagenheit schon so lange untersucht, daß sie über die Erfahrung der Niedergeschlagenheit nichts mehr zu lernen brauchen. Sie machen das gut. Darum werde ich sie nicht unterstützen. Ich frustriere sie.

Mein Kontakt-Rückzug-Modell sagt uns, daß die Person so handelt, wie es aus ihren Gefühlen folgt, und daß ihre Handlungen ihre Gefühle verstärken. Wenn ich also etwa einen niedergeschlagenen Klienten habe und ich sein Weinen herausfordere, ermutige und unterstütze, verstärkt und vergrößert das Weinen seine Niedergeschlagenheit. Ich denke, daß wir damit nicht weiterkommen. Es ist eine Sackgasse. Darum denke ich, daß uns die James-Lange-Theorie einen Hinweis gibt, an den wir uns erinnern sollten, nämlich daß es Zeiten gibt, in denen ich jemanden nicht dabei unterstützen sollte, etwas zu tun, wonach sie oder er sich gerade fühlt. Ich sollte besser intervenieren und das stoppen, wenn es mir scheint, daß da etwas »falsches« vorliegt. Manchmal werde ich in Workshops von Gestalttherapeuten kritisiert, die denken, daß ich gewissermaßen zu direktiv bin. Wenn ich das mache, was ich gerade beschrieben habe, sagen sie, ich würde in den Prozeß eingreifen. Ich stelle mich in den Weg, ich beende den Prozeß. Ja, wenn ich das tue, frustriere ich den neurotischen Prozeß, wie ich es sehe.

H: Der Prozeß ist neurotisch darin, daß sie »da dran bleiben«, fast wie in einer Sckgasse darin verharren. Sie gehen nicht darüber hinaus. In ihrer Schleife kommen sie immer wieder an den gleichen Punkt, sie verstärken ihre Niedergeschlagenheit durch Weinen und Niedergeschlagenheit und so weiter.

E: Ja, um aus der Schleife auszusteigen, müssen sie etwas anders machen, und es ist einfacher für uns, das Verhalten mit Absicht zu ändern als ein Gefühl. Es verlangt eine hochentwickelte Fähigkeit, sich durch Willenskraft in andere Gefühls-Stadien zu bringen. Sie ist nicht so leicht zu lernen wie die Fähigkeit, aufgrund von Willenskraft eine konkrete Handlung mit dem Körper auszuführen. Wenn ich also immer, wenn ich über etwas spreche, irgendwo hineingerate und es etwas »falsches« ist, dann ist es einfacher für mich, etwas anderes zu tun. Das kann die neurotische Schleife unterbrechen.

H: Ich denke, wir haben nun die meisten Dinge angesprochen, die ich im Sinn hatte, Edward, aber laß mich mal in meine Aufzeichnungen sehen. Aus deiner Definition des Wachstums, aus der Art, in der du aus meiner Sicht an Therapie herangehst und wie du über Gestalttherapie denkst, folgt, daß der Therapeut ein Potential zum Wachstum hat, während er therapiert. Wenn wir etwas Neues machen, wenn wir gewissermaßen Risiken mit unseren Klienten eingehen, dann gibt es auch eine Chance für uns Therapeuten zum Wachsen. Leuchtet dir ein, was ich sage?

E: Ja, ganz gut.

H: Wir haben eben darüber gesprochen, was fehlt, wo Perls nicht genug gesagt hat. Gibt es etwas anderes über die Gestalttherapie zu sagen, was deiner Meinung nach nicht genügend ausgeführt worden ist? Etwas, was wir noch nicht angesprochen haben, von dem du aber denkst, wir sollten es?

E: Eine Sache, die ich schon erwähnt habe, ist, die Wichtigkeit, die Entwicklungsphasen anzuerkennen. Mehr Anerkennung, mehr Verständnis für die Entwicklungsphasen im Leben. Wir sollten anerkennen, daß wir vielleicht jemandem etwas erzählen, was sie oder er zu einem bestimmten Zeitpunkt nicht versteht, aber zu einem anderen Zeitpunkt paßt es in die Entwicklung. Es gibt da noch einen anderen Weg, über die Ausdrucksarbeit in der Gestalttherapie zu denken, über den Ausdruck, über das psychodynamische Experiment. Das wäre etwa »Reframing des Strebens« [conative reframing]. In den letzten Jahren ist in der Psychotherapie über kognitives Reframing viel gesprochen worden. Das ist der Prozeß, in welchem das Denken über etwas in einen neuen Zusammenhang gestellt wird. Ich komme etwa zu dir und spreche über etwas, das zu meiner Schwäche paßt, und du veränderst kognitiv den Zusammenhang, indem du mir zeigst, daß es ein Weg ist, mich zu schützen, daß ich auf diese Weise aus Situationen herauskomme, die mich sonst überwältigen würden. Ich dachte, ich sei schwach, aber du zeigst mir beispielsweise durch eine Diskussion, daß ich mich in Wirklichkeit vor einer Verletzung schütze. Das wäre ein kognitives Reframing, das sehr hilfreich wäre. Es gibt auch ein affektives Reframing, etwa wenn jemand singt, mit Mantras arbeitet oder etwas macht, was direkt seinen emotionalen Zustand verändert. Ich denke, viel der Gestaltarbeit ist dagegen ein Reframing des Strebens. Kognitives Reframing ist »anders über diese Sache denken«, affektives Reframing ist »diese Sache anders fühlen« und Reframing des Strebens ist »etwas anderes mit dieser Sache machen«. Darum laden wir die Person mit Ausdruckarbeit ein, etwas anders zu machen, als sie es gewohnt ist. »Experimentieren Sie mit einem neuen Handeln und lassen Sie uns schauen, was passiert.«

H: Das macht die Gestalttherapie so spannend für mich. Laß' uns schauen, was passiert.

E: Ja. Und wenn wir hier rumsitzen und drüber reden, werden wir nie erfahren, was passiert.

H: Wir können uns selbst vormachen, daß wir wüßten, was abgehen wird, aber wir tun's nicht. Ich finde, darüber haben wir jetzt genug gesagt.

E: Laß' mich noch eine Sache über die Wichtigkeit der Phantasie sagen. Ich denke, Phantasie erlaubt einen gewissen Grad an Befriedigung im Kontakt-Rückzug-Zyklus. Es ist eine Ersatz-Befriedigung, und sie fühlt sich gut an. Sagen wir, ich habe die Tendenz, mich im Kontakt-Rückzug-Zyklus selbst zu unterbrechen, an einem Punkt im Zyklus mache ich komplett oder teilweise Halt, ich gehe nicht weiter zum Punkt der gänzlichen Befriedigung. Wenn ich in einer therapeutischen Sitzung eingeladen werde, das zu tun, den Prozeß in meiner Phantasie zu durchlaufen, fühle ich eine gewisse Ersatz-Befriedigung. Nun, ich denke, das kann sehr wertvoll sein, denn diese Phantasie ist nicht nur Übung. Manchmal sprechen Leute darüber, wie man in der Phantasie etwas üben könne. Aber es ist nicht nur Übung. Es passiert noch etwas anderes mit den Gefühlen. Mit der Befriedigung nimmt die Angst ab. Die Ersatz-Befriedigung oder teilweise Befriedigung, die ich in der Phantasie spüre, reduziert mein Gefühl der Angst. Von einer Position reduzierter Angst aus kann ich mehr Selbst-Unterstützung für ein Fortschreiten im Kontakt-Rückzug-Zyklus generieren. Ich bezeichne Angst als eine Hemmung der Selbst-Unterstützung. Wenn wir Angst durch Phantasie reduzieren können, dann hat die Person mehr Unterstützung, um im wirklichen Zyklus fortzuschreiten.

H: Die Art, in der wir die Phantasie über einen Vorgang oder über ein Treffen mit einer Person ermutigen, zielt typischerweise mehr auf eine experimentelle Komponente als nur auf eine Übung ab. Die Person macht in gewisser Weise eine Erfahrung. Wir können ihr helfen, diese wahrzunehmen, damit in Berührung zu kommen, wie manche sagen. Das ist etwas anders als nur eine »Probe«.

E: Du gehst jetzt auf eine andere Ebene, die der Hauptfokus der Gestaltarbeit ist. In dem Kapitel über »Organismic Theory of Psychotherapy« spreche ich über die Ebenen, auf denen der Klient arbeiten kann.

1. Ich spreche als erstes über die Ebene des »Darüber Redens«. Das ist die Ebene des Kennenlernens und des Erzählens seiner Geschichte. In manchen Therapien ist der Fokus ganz auf dieser Ebene. Das ist fast alles, was sie tun.
2. Die nächste Ebene ist die der »Phantasie«, auf der ich nicht über etwas spreche, sondern damit umgehe, nicht in der realen Welt, aber in der inneren Phantasiewelt. Das ist der nächste Schritt.
3. Die dritte Ebene ist die »belebte Phantasie« [enacted fantasy]. In der belebten Phantasie nehme ich die Phantasie und agiere sie in einer therapeutischen Sitzung aus, indem ich sie zu einer konkreten Handlung mache, konkret in dem Sinne, daß ich wirklich zu den betreffenden Figuren spreche und nicht nur über sie rede, und indem ich wirklich Körperbewegungen mache. Ich gehe in die Handlung und interagiere. Das Handeln und Interagieren ist konkret im muskulär-skeletalen Sinne. Ich habe die Phantasie aufgenommen, und sie enthält eine symbolische Bedeutung. Die anderen Leute, die sie einschließt, sind nicht wirklich da, aber symbolisch sind sie da.

Ich denke, das ist die wirkliche Kraft des Gestaltansatzes. Viel von unserer Arbeit findet auf dieser Ebene der belebten Phantasie statt. Psychologisch ist die konkrete Handlung, die eine symbolische Bedeutung hat, fast ebenso kraftvoll wie das wirkliche Geschehen in der äußeren Welt.

H: Ich möchte, daß du anfängst, darüber zu sprechen, was immer dir in den Sinn kommt, wenn du an die Theorie der Gestalttherapie denkst. Was fällt dir da spontan ein?

J: Ich fange damit an, daß ich ein paar Dinge über Gewahrsein und Kontakt sage, weil du mir geschrieben und mich aufgefordert hast, diese beiden Konzepte zu erwähnen. Gewahrsein ist ein enorm weites Feld. Es schließt Erinnerungen, Träume, Pläne, Vorwegnahmen, Hoffnungen, Werte, Schmerzen ein. Erinnerungen haben mit all den Funktionen der Großhirnrinde zu tun und den Gefühlen, die damit verbunden sind. Im Kontext der Gestalttheorie sprechen wir von Gewahrsein als der Erfahrung, nach einer Figur im Feld von Zufall zu suchen, und als Prozeß, die Figur im Zufall zu finden.

H: Kannst du mehr darüber sagen, wie die Figur »gesucht« wird? Kannst du Beispiele geben?

J: Ja. Zum Beispiel haben wir uns eben hingesetztund sofort begonnen . Du hast mir die Gelegenheit gegeben, etwas zu sagen. Ich suchte kurz nach einem Weg, wie ich meinen Anfang »ankern« konnte. Ich visualisierte deinen Brief, und die zwei Worte, die ich unterstrichen hatte, kamen mir in den Sinn. Auf diese Weise fand ich eine Figur, die Figur war dein Brief. Dann begann ich, diese Figur zu entwickeln.

H: Ich verstehe. Dieser Teil des Gewahrseins, von dem du sprichst, hat mit den kortikalen Funktionen zu tun und den kognitiven Fähigkeiten im allgemeinen – dem Denken, Planen, Fühlen und so weiter.

J: Wie ich gesagt gabe, Gewahrsein ist ein riesiges Thema. Es ist wie die Frage: »Was ist eine Person?« oder »Was ist der Sinn des Lebens?« Das führt ins Unendliche. Das Gewahrsein schließt unseren [Hinter-]Grund ein – den [Hinter-]Grund, von dem wir kommen – darum schließt es ein, woran wir uns erinnern und was wir gelernt haben. Es ist wie eine Visualiserung der Großhirnrinde – diese vor mir zu sehen. Ich erinnere mich, was die vordere Region des Gehirns tut. Es sind alle jene Dinge, die ich in der Schule gelernt habe, die mich interessieren und die ich behalten habe. Der ganze [Hinter-]Grund beeinflußt, was ich schreibe, was ich in diesem Moment zu dir sage. Es [das Gewahrsein] ist komprimiert und unterstützt mich bei dem, was ich gerade mit dir hier entwickele.

H: Es »unterstützt dich« in diesem Moment bei deinem Kontakt?

J: Richtig! Es unterstützt mich bei meinem Kontakt mit mir selbst. Das ist mein eigenes differenziertes Gewahrsein von dem, was ich weiß. Meinen Dialog zwischen dem, was ich äußere und was ich weiß. Das ist eine Ebene von Kontakt. Einen bedeutsamen Kontakt mit dir aufzubauen und mich darauf vorzubereiten, ist eine andere Ebene. Es gibt immer mindestens zwei Ebenen des Kontakts: Das eine ist die Ebene des Kontaktes mit einem selbst und das andere die des Kontaktes mit dem anderen. Es ist manchmal unmöglich, diese Ebenen zu trennen, obwohl es wichtig ist, sie auseinanderzuhalten. Es ist wichtig, Grenzen zu haben.

H: Ich mag deine Beschreibung des Gewahrseins. Sie scheint anders und weiter gefaßt zu sein, mehr zu beinhalten als die Definitionen, die andere Gestalttherapeuten geben. Ich glaube, du stimmst eher mit meinen eigenen Gedanken darüber überein, daß Gewahrsein Unterstützung ist, [Hinter-]Grund und Weite. Wenn ich an die Gestalttheorie denke, ist Gewahrsein das erste, woran ich denke. Ich bin daran interessiert, aber nicht jeder ist es. Joel Latner sagt irgendwo: »Nun, Gewahrsein ist wichtig, was kann ich mehr darüber sagen?« Das war alles, was er darüber sagen wollte.

J: Ich war Professor am College und habe Psychologie gelehrt. Gewahrsein und so weiter waren wichtige Konzepte für mich, nicht nur Konzepte der Gestalttheorie, sondern historische Ideen in der Psychologie und Psychoanalyse. Wir könnten Stunden damit verbringen, über Gewahrsein zu sprechen.

H: Wir können darüber vielleicht zwei Tage sprechen. Ich denke, Perls war es, der sagte: »In der Gestalttherapie kann Gewahrsein an und für sich heilsam sein.« Er machte auch einige Bemerkungen, die mir heute ziemlich lächerlich klingen, so nach dem Motto: Wenn du deinen Patienten fragst »Was spürst du jetzt?« dann wäre das Gestalttherapie. Das scheint mir doch ziemlich oberflächlich.

J: Es ist eng. Ich denke, was er nachdrücklich klarstellen wollte, ist, daß Gestalttherapie mit Gewahrsein zu tun hat und mit dem gegenwärtigen Moment – dem »Entfalten«. Er hat vielleicht Freud kopiert. Freud meinte, daß Psychotherapie, um Psychoanalyse sein zu können, etwas mit Gewahrsein und mit Widerstand gegen Gewahrsein zu tun haben müsse. Darum definierte Freud die Psychoanalyse auch auf eine gleichsam minimalistische Art.

H: Du hast erwähnt, daß du Gewahrsein brauchst, um hier mit mir zu sein, so daß wir den Kontakt haben, den wir haben. Nachdem du in Kontakt mit deinen Gedanken und Erinnerungen warst und meinen Brief visualisiert hast, treffen wir uns an der Kontaktgrenze. Kannst du mehr über das Treffen sagen und was es für dich bedeutet?

J: Gewahrsein ist ein Prozeß, und Kontakt ist ein Prozeß. Als ich auf dem Weg hierher war, habe ich darüber nachgedacht, was ich über Kontakt sagen wollte. Im weitesten Sinne ist Kontakt der Prozeß, durch den ich bekomme, was ich will – der Prozeß des Heimischwerdens [coming home]. Ich habe an »Heimischwerden« gedacht – der Prozeß, in welchem man letztlich das bekommt, auf das man hofft. Es ist der Prozeß, in welchem man sich voll verbunden fühlt auf verschiedenen Wegen mit Teilen seiner selbst oder Teilen des anderen. Kontakt ist etwas Süßes – selbst wenn er mit Konflikt zu tun hat. Kontakt muß keine gute Erfahrung sein, er kann eine schreckliche Erfahrung sein. Wenn du und ich einen Kampf anfangen, wenn unsere [Kontakt-]Grenzen voller Energie sind und aufeinandertreffen, dann ist das Kontakt. Manche Leute denken, daß Kontakt eine Sache von Berühren und Streicheln sei, daß er immer eine gute Erfahrung darstelle und angenehm sei. Kontakt muß nicht gut oder angenehm sein. Kontakt ist eine starke Erfahrung, sich selbst oder sich gegenseitig psychologisch zu berühren.

H: Du hast gesagt: »Durch Kontakt bekomme ich, was ich will.« So verbinde ich das mit Gewahrsein: Man muß als erstes sein Bedürfnis wahrnehmen, um genug Aggression oder Energie zu haben, und dann die Energie einsetzen, um zu bekommen, was man braucht. Paßt das zu dem, was du denkst?

J: Ja. Wir können uns mit der Frage beschäftigen: »Wenn ein Baum in einem Wald umfällt, ohne daß jemand es hört – können wir trotzdem davon ausgehen, daß er ein Geräusch gemacht hat?« Das ist eine Frage des Gewahrseins. Selbst wenn man nicht wahrnimmt, daß man bekommt, was man will, macht es trotzdem »ein Geräusch«. Trotzdem hat Kontakt stattgefunden. Es ist eine schwierige Frage. Aber nach unserer Ansicht muß das Heimischwerden eine Empfindung sein, der ich gewahr bin – und keine, der ich nicht gewahr bin. Wenn du sie nicht wahrnimmst, wie weißt du, ob du heimisch bist oder woanders?

H: Wenn wir an Kontaktprobleme denken, haben viele von uns unterschiedliche Begriffe, sie zu beschreiben. Manche nennen sie Störungen an der [Kontakt-]Grenze. Miriam Polsters neueste Beschreibung lautet, glaube ich, »Selbstregulation« an der [Kontakt-]Grenze. Irgendwie besteht unsere Erklärung darin, daß man etwas macht, was mit dem Kontaktpotential in Widerstreit gerät, den aktuellen Kontakt stört oder unterbricht. Was hegst du diesbezüglich für Auffassungen?

J: Über Störungen? Nun, es gibt gewöhnliche Formen der Störung, über die wir alle bescheid wissen, wie Deflektion. Aber das ist knifflig, weil etwas vielleicht wirklich eine Deflektion ist, aber gleichzeitig ein Weg sein kann, der den Kontakt zwischen uns durch Kleinigkeiten aufbaut und letztendlich zum Reichtum unseres Gewahrseins und Kontaktes beiträgt. Ich packe also Selbstregulation nicht in den Kontaktbegriff. Ich glaube, daß Selbstregulation während des Gewahrseins, der Erregung und des Kontakt-Rückzug-Zyklus stattfindet. Selbstregulation findet immer statt, indem wir die Wahrnehmung regulieren – auf wieviel Wahrnehmung wir uns einlassen, bevor das Gewahrsein geformt wird, damit wir nicht überwältigt werden. Wir regulieren natürlich auch das Gewahrsein. Wir regulieren auch das Gewahrsein von anderen Leuten, indem wir Dinge verzerren oder auslassen, oder durch Lügen oder ähnliches. Damit regulieren wir den Grad unserer Intimität. Wenn wir mit einem Kollegen von deiner Universität hier säßen, den ich nie zuvor getroffen habe, kannst du sicher sein, daß ich nicht so leichthin mit ihm sprechen und so viel von mir preisgeben würde. Da findet also Selbstregulation statt, ebenso wie auf der Ebene der Mobilisierung von Energie. Retroflektion ist eine sehr kraftvolle und verbreitete Form der Selbstregulation.

H: Du hast fast das Gesicht verzogen, als du »Retroflektion« gesagt hast.

J: Nun, Retroflektion ist aufregend. Ohne sie könnten wir keine zivilisierte Welt haben. Es ist eine sehr kraftvolle Idee.

H: Retroflektion bedeutet »Zurückführen« oder »Innehalten«. Ich denke, daß ich manchmal keine halbwegs anständige Ehe ohne sie führen könnte. Wenn nicht einer von uns manchmal retroflektieren würde, gäbe es nur Chaos in der Beziehung.

J: Das ist richtig. Selbst auf der Ebene von Gewahrsein gibt es Retroflektion. Das heißt, wenn du deinen Satz kürzer machst, Worte ausläßt, wenn du etwas anders formulierst, als es aus dir herausströmt, dann retroflektierst du die Sprache. Retroflektion muß nicht körperlich sein. Sie kann geistig sein – geistiges »Verkneifen«.

H: In deinem Buch hast du den [Kontakt-Rückzug-]Zyklus [oder die »Gestaltwelle«] entwickelt, den die meisten Gestaltleute mit dir identifizieren. Ich frage mich, ist das mehr ein Joseph-Zinker- oder ein Cleveland-Modell?

J: In der Tat habe ich mich erkundigt, und zu der Zeit, als ich das Buch schrieb, war es das Cleveland-Modell. Dann habe ich gefragt, wie das [Kontakt-Rückzug-Zyklus-]Modell zustande gekommen sei. In seinen Büchern »Gestalt Therapy« und »Ego, Hunger, and Aggression« spricht Perls, wie du weißt, über Erregung. Er spricht über Gewahrsein. Er spricht über Energie. Er spricht über die Figur[bildung]. Er spricht jedoch nicht über Gewahrsein selbst, sondern über die Herausbildung einer wirklich leuchtenden Figur, einer klar unterscheidbaren Figur. Aber er spricht über diese Konzepte, als seien sie Satelliten am Himmel – was, in gewisser Hinsicht, auch wahr ist. Ich habe mich im Gestalt Institute of Cleveland umgehört und erfahren, daß Miriam Polster und Bill Warner (Bill ist inzwischen verstorben) dies ursprünglich zu einem Modell zusammengefügt haben für ein Referat vor dem Lehrkörper. Sie fügten jene Phänomene in einer bestimmten Ordnung zusammen, und so entstand eine Art phänomenologisches Modell der Entwicklung jener Vorgänge. Ich denke, es ist ein zufälliges Modell. Es hilft, die Mobilisierung der Energie als etwas anzusehen, das vor der Handlung passiert. Ausgelassen wird dabei, daß man eine Mobilisierung von Energie benötigt, lange bevor eine klare Figur sich im Gewahrsein gebildet hat. Die Menge an Energie, die auf der geistigen Ebene notwendig ist, ist gering im Vergleich zu der Menge, die man benötigt, um ein Experiment mit dem Körper zu machen, oder um in Ärger auszubrechen. Beides verlangt große Mengen Energie. Darum ist das Modell künstlich in dem Sinne, daß wir auf jeder Ebene über Energie verfügen. Und auf jeder Ebene haben wir Gewahrsein und so weiter. Aber es ist ein nettes kleines Modell, und wir mögen es.

H: Nun, ich denke, es ist zufällig wie die meisten Modelle, um irgendein menschliches Geschehen zu beschreiben. Ich weiß nicht, wie man es anders machen könnte, als den Geschehnissen irgendwelche zufälligen Etikette anzuhängen, die wir für passend halten.

J: Aber es ist tatsächlich ein Modell des »Cleveland Gestalt Institutes«. Ich denke, du hattest mehr im Sinn, als du danach gefragt hast. Aber ich denke, jene beiden Leute haben es in einem informellen Gespräch und einer Diskussion entwickelt. Ich bin sicher, daß ich die erste Person bin, die es aufgeschrieben und publiziert hat.

H: Ja, das denke ich auch. In deinem Buch habe ich die »Gestaltwelle« meiner Erinnerung nach als erstes gesehen. Ich überlege gerade, wann ich zuerst was von dir gelesen habe. Jim Simkin gab uns allen eine Kopie, als wir in seiner Ausbildungsgruppe waren, eine Kopie des schönen Artikels »Gestalt Therapy is Permission to be Creative«. Ich denke, es war nur eine Seite in der Zeitschrift »Voices«. Ich las das, und es sprach mich an. Es fühlte sich so gut an, daß ich alles, was ich habe, meinen Hintergrund – der bäuerlich und ländlich und erdverbunden ist – nehmen und dafür mobilisieren kann, ein Gestalttherapeut zu sein. Ich muß nicht »Jim Simkin« introjizieren oder »Joseph Zinker« oder irgendwen, mit dem ich gerade arbeite. Dieser Artikel hat eine Last von mir genommen.

J: Wie die Unabhängigkeitserklärung?

H: Ja, George [Washington], das ist es, um das es geht. Ich kann immer ich sein, so wie es zu mir paßt. Mit einiger Ausbildung und theoretischer Basis kann ich ein Gestalttherapeut sein. Ich meine nicht, daß man in der Gestalttherapie tun kann, was man will. Ich fand jedenfalls, daß das einer der besten Artikel über Gestalttherapie war, den ich je gelesen habe. An was schreibst du derzeit?

J: Sonia Nevis und ich arbeiten wie wild an einem Buch, in welchem wir die Gestalttheorie auf Paar- und Familientherapie anwenden. Es ist fast fertig. Da wir über den [Kontakt-Rückzug-]Zyklus sprechen: Wir haben den Zyklus zu einem interaktiven Phänomen weiterentwickelt, also nennen wir ihn den Interaktions-Zyklus. Wenn du dir die Sinuskurve vom Kontakt-Rückzug-Zyklus vor Augen führst, so haben wir verschiedene weitere Sinuskurven hinzugefügt, so daß man sehen kann, wie der Kontakt zwischen mehr als zwei Personen stattfindet. Wir haben das beschrieben. Wir haben einen kleinen Artikel geschrieben, den man beim Institut kaufen kann, der die Idee des Interaktions-Zyklus' erklärt. Er handelt vom Widerstand als interaktivem Phänomen. Widerstand ist kein Phänomen einer einzelnen Person.

H: Kannst du auf »Widerstand als interaktivem Phänomen« etwas genauer eingehen?

J: Ja. Nehmen wir Projektion. Damit du projizieren kannst, muß ich rätselhaft sein. In dem Moment, in welchem ich zu dir klar sage: »Nein, nein Bob, das ist nicht richtig, ich fühle so und so...« kannst du nicht projizieren. Projektion findet also zwischen zwei Personen statt: Der eine verhüllt sich in Rätseln und der andere ist nicht bereit, Fragen zu stellen, um die Wahrheit herauszufinden.

H: Das ist fast wie ein »Ermöglicher«. In Selbsthilfegruppen der Alkoholiker würde man von »Ermöglicher« [enabler] sprechen.

J: Genau. Introjektion ist einfach. Du brauchst jemanden, der etwas als Ganzes schlucken will und eine andere Person, die mit Gewalt füttert. Retroflektion geschieht zwischen einer Person, die unglücklich ist, und einer anderen Person, die nicht untersucht, worin das Unglück besteht oder was schief läuft, so daß die erste Person für sich selbst sorgen muß.

H: Hier ein Beispiel von einem Paar: Wenn ich üble Laune verbreite und darüber jammere, was meine Frau nicht tut, und ich es ihr nicht sage und sie mich nicht fragt, ist der interaktive Prozeß im Gange.

J: Richtig. Und das Ergebnis ist Starre im System, weil deine schlechte Laune dich erstarren läßt. Wenn die Interaktion also nicht vom Fleck kommt, erstarrt die Ehe.

H: Wenn ich bereit bin, sie um das zu bitten, was ich möchte, kommen wir da heraus.

J: Wenn du bereit bist, zu fragen, und sie bereit ist, zuzuhören.

H: Ja. Aber was, wenn sie nicht hören will?

J: Dann steckt ihr beide in Schwierigkeiten!

H: Da es sich um ein interaktives Phänomen handelt, frage ich mich, ob wir herauskommen, wenn ich bereit bin, meine Frau zu bitten, aber sie nicht bereit ist, zu antworten? Ich weiß, daß wir dann in tiefen Schwierigkeiten stecken.

J: Nur die Rollen sind vertauscht. Sie schmollt und du bist der Grund, so daß das System weiter retroflektiv bleibt. Sie hält's zurück. Du brauchst sie da. Wenn du ihr nachgehst und auf sie einredest und sie bittest und sie ihre Geduld verliert und dich anschreit, hast du die Retroflektion unterbrochen. Aber das kostet dich einiges an Energie. Mag sein, daß du nicht über genug Energie verfügst, um dich drum zu kümmern.

H: Es ist faszinierend, dies als Interaktion zu betrachen und diese Sicht der Dinge auszuarbeiten. Im Prinzip heißt das, daß wir unser Widerstands-System durch unser eigenes Verhalten im Gang halten.

J: Richtig. Der Selbstverteidigungs-Mechanismus und der Widerstand wird in einem Zwei-Personen-System entwickelt – zwischen Mutter und Kind zum Beispiel. Da fängt alles an.

H: Ich stimme mit dem überein, was du sagst, und manchmal denke ich, daß wir einen bevorzugten oder favorisierten Stil, unsere Kontaktmöglichkeiten zu unterbrechen, in der Kindheit lernen. Retroflektion zum Beispiel schleppen wir mit uns jahrelang herum, wenn wir nicht eine gute Therapie bekommen oder uns mit jemandem zusammentun, der dabei nicht mitmacht und uns [nicht] zurückweist.

J: Hoffentlich sind wir glücklich genug, um jemanden zu finden, der dieses Zeug nicht mitmacht, jemanden, der uns trotzdem das Gefühl geben kann, daß wir geliebt werden, so daß wir es uns leisten können, neue Verhaltensweisen auszuprobieren, ohne verängstigt zu werden.

H: Arbeitest du in deiner Praxis viel mit Familien und Paaren?

J: Ja.

H: Gibt es einen Unterschied dazwischen, wie du mit Paaren und mit Familien arbeitest?

J: Es gibt viele Unterschiede. Zum einen hast du viele Faktoren, wenn du eine Familie vor dir hast.

H: Klar. Was mache ich mit all den Informationen? Sie können einen überwältigen.

J: Bei einer Familie fühle ich mich wie ein Dompteur mit einem Stuhl. Der Organismus ist viel größer und darum muß ich meine Rolle als »Übervater« klar herausstreichen. Nicht, daß ich das bei Paaren nicht auch machen würde, aber ich denke, die Macht dessen, der die Verantwortung hat, muß um so größer sein, je größer der Organismus ist.

H: Ja, und machmal ist das zugleich der Zankapfel – wer für die Therapie verantwortlich ist, die wir machen wollen. Die Familie hat viele kleine dreckige Tricks, uns davon abzuhalten, unsere Arbeit zu tun.

J: Das ist richtig. Sie halten sich untereinander davon ab, in vollen Kontakt miteinander zu treten. Das natürlich hält uns davon ab, unsere Arbeit zu tun – oder es legt uns einen Mühlstein um den Hals, hält uns auf Trab, weil wir herausfinden müssen, auf welch elegante Weise sie sich gegenseitig behindern oder die Figur daran hindern, sich vom Grund abzuheben.

H: Joseph, gibt es noch Felder, über die wir nicht gesprochen haben, die du aber für wichtig hältst?

J: Je nachdem. Es gibt noch vieles, über das wir reden könnten.

H: Es gibt da noch einige Dinge, über die ich sprechen möchte. Siehst du neben Gestaltpsychologie und Psychoanalyse noch andere wichtige Beiträge zur Gestalttherapie, über die es zu reden lohnt?

J: Jim Kepner hat kürzlich ein Buch geschrieben über phänomenologische Gestalt-Körpertherapie. Ich denke, das ganze Feld der Körper-Phänomenologie, des Körper-Gewahrseins, ist sehr wichtig. Fritz war zur Therapie bei Reich. Er hat bei Reich viele Ideen »geklaut« und sie einfach zu seinen eigenen gemacht. Darum sind Reich, Neo-Reichianismus, Bioenergetik, jede Art Körperarbeit oder -therapie sehr wichtig. In einem Interview für »Voice« habe ich den Gewahrseins-Zyklus genommen und damit verschiedene wichtige Therapieformen analysiert. Wir können das auch machen. In den Stadien »Wahrnehmen«, »Energie« und »Bewegung« ist Platz für verschiedene Körpertherapien. Dann gibt es Gewahrseins-Therapien wie Psychoanalyse und verschiedene kognitive Therapien, die auf Gewahrsein, Verstehen, Kontrolle usw. basieren. Oder es gibt verschiedene Therapien, die mit Rückzug und Wahrnehmung zu tun haben. Mit den frühen Stadien des Zyklus' haben Therapien zu tun, die sich philosophisch mit Meditation und östlichen religiösen Erfahrungen beschäftigen, mit Körperwahrnehmungen und transpersonalen Phänomenen und dergleichen. Ich würde sagen, alles spielt eine Rolle. Jede neue Theorie ist es wert, ausprobiert zu werden. Selbst wenn wir sie ausprobiert haben, sind unsere Grenzen immer noch eng. Wir müssen immer noch viel lesen. Wir müssen uns mit Kunst beschäftigen. Wir müssen reisen. Wir sollten ins Theater gehen. Wir müssen uns mit jeder humanen Aktivität beschäftigen, die eine kreative Natur besitzt, wenn wir gute Gestalttherapeuten sein wollen.

H: Ich stimme dir zu. Aus dem, was du sagst, entnehme ich, daß die Ausbildung nie zuende ist. Vielleicht sollte ich sagen: daß das Lernen nie abgeschlossen ist. Wir hören nicht auf, wenn wir irgendwoher ein Zertifikat bekommen. Wir fahren fort, in unsere »Persona« die verschiedenen Erfahrungen zu integrieren, wir fahren fort zu wachsen.

J: Bob, ich möchte zwischen Ausbildung [training] und Bildung [education] unterscheiden. Die Tradition der Ausbildung hat fast immer mit der Technologie eines bestimmten Handwerks zu tun – der Theorie und er Methoden. Ich denke, wir haben viele ausgebildete Leute hervorgebracht, aber keine gebildeten. Bildung ist breiter. Die Leute mögen gut ausgebildet sein, aber dennoch sind sie keine gut entwickelten Menschen.

H: Als jemand, der ausbildet, habe ich Schwierigkeiten, die Leute dazu zu bewegen, über die Ausbildung hinaus zu gehen. Manche Leute sind nur an den technischen Aspekten interessiert. Für mich ist das ein sehr enger Fokus.

J: In meiner Eröffnungsrede der »Gestalt Conference« habe ich erwähnt, daß unsere Geschichte die eines Mannes ist, der uns als 70jähriger gelehrt hat, den Kopf beiseite zu lassen und stattdessen zu fühlen. »Lose your mind and come to your senses« [Fritz Perls]. Er konnte es sich erlauben, seinen Verstand zu verlieren. Er war siebzig und hatte so viel in seinem Kopf. Eine Bande von hirnlosen 20jährigen hörte den Slogan, ohne den Hintergrund zu kennen. Wir Gestalttherapeuten haben zu einer ziemlich verrückten Generation von Psychotherapeuten beigetragen. Einiges von diesem verrückten Zeug war aufregend und hat uns geholfen, die Sachen ein bißchen lockerer anzugehen. Aber als jener Slogan [»Lose your mind and come to your senses«] von Grünschnäbeln aufgenommen wurde, die nicht über das Gewahrsein und den Reichtum des alten Mannes verfügten, wurden viele Nachahmer produziert, die nicht die Bohne verstanden, was sie taten, obwohl sie, wie ich zugebe, in gewisser Weise ausgebildet waren. Darum ist es unsere Geschichte, Ärger hervorgerufen und unwillentlich zu ihm beigetragen zu haben, weil Fritz das projiziert hat. Er projizierte aber nicht seine eigene Befreiung von einem vikorianischen muffigen Hintergrund mit seinen verschiedenen Doktortiteln. Für ihn war es eine Befreiung. Für eine junge Person war es eine Gefangennahme in den eigenen Sinnen.

H: Ich glaube, es war Jim Simkin, der gesagt hat, Fritz Perls habe die Gestalttherapie begründet und fast zerstört. Ich denke, Jim meinte damit jene Art

Slogans und die Leute, die sie aufgenommen haben und von ihnen zu einer engstirnigen Oberflächlichkeit gebracht wurden.

J: Ja, das ist richtig. Es gab keine Schwierigkeiten für diejenigen, die aus jüdisch-christlichem Familien-Hintergrund kommen, wo deine Mutter lächelte, wenn du ein Buch gelesen hast, egal was für ein Buch es war. Wir hatten viel auszuagieren, wie jeder andere in den 1960ern. Aber irgendwie konnten wir das mit all den anderen Dingen vermischen, die wir gelernt hatten, und etwas daraus machen.

H: Wie geht es mit deinen Ausbildungen? Meine eigene Erfahrung ist, daß ich immer weniger Leute habe, die an Ausbildung interessiert sind. Das Phänomen in Florida ist, daß die Leute, die in allen möglichen Disziplinen eine Lizenz haben, Weiterbildung machen müssen. Darum fragen die Leute: »Wo gibt's die billigsten Angebote?« Die Idee von Ausbildung, in der man sich auf das Lernen einläßt, in der man sich in einem Handwerk oder einer Wissenschaft bildet, verkauft sich nicht gut. Es hat vier Jahre gedauert, bis ich in Florida genug Leute zusammen hatte, um eine Ausbildungsgruppe anzufangen. Nun habe ich genügend Interesse hervorgerufen, indem ich Vorlesungen gehalten und Workshops veranstaltet habe, und alles, was in meiner Macht stand, getan habe, so daß ich jetzt wieder genügend Anmeldungen für eine Ausbildungsgruppe habe. Trotzdem, es ist schwieriger, Leute dafür zu interessieren, in Ausbildung zu investieren und etwas über Gestalttherapie zu lernen als in den 1970ern. Paßt das zu deiner Erfahrung?

J: Wir haben an unserem Institut diese Erfahrung nicht gemacht. Ich denke, daß wir uns mit dem Cleveland Institut jetzt in der Welt etabliert haben. Wir haben eine internationale Reputation, aber ich denke, daß es heute weniger qualifizierte Leute mit akademischem Abschluß gibt. Ich denke, daß die Leute, wenn sie den Abschluß an der Universität machen, so ausgelaugt und entnervt sind, daß sie sich für ein dutzend Jahre ausruhen wollen. Wir haben weniger Anmeldungen. Wir sehen auch eine Abneigung gegen »Tiefe«. Bezeichnend dafür ist das Interesse für kognitive Prozesse, für Hypnose, für Kurztherapien und so weiter. Es gibt also mehr Interesse daran, wie etwas schnell zu machen ist, wie man die Symptome zum Verschwinden bringt, und weniger Interesse an solchen Therapien, die am Gewahrsein orientiert sind. Ich denke, das ist ein problematischer Trend. Als ein am Gewahrsein orientierter Therapeut kann man durchaus verschiedene Tricks lernen und sie bei Leuten dort einsetzen, wo es angebracht ist. Was ganz anderes ist es, diese Tricks einzusetzen, ohne den Hintergrund, den wir gutheißen und verlangen. Ich sehe weniger Leute, die im strikten Sinne Phänomenologen sind. Wenige Studenten sind daran interessiert, wie man Verhalten beobachtet. Sie können nicht anerkennen, wie schön das ist. Sie wollen die Tricks. Das ist schade.

H: Ich stimme dem vollen Herzens zu. Der Trend ist problematisch. Symptom-Bekämpfung ist die Losung des Tages. Die Tiefe, in der sich Gewahrsein entwickelt und Gewahrsein ausbreitet, oder wo sich sogar das Kontaktpotential vergrößert, interessiert nicht mehr viele Leute.

J: Richtig. Es ist gut, die andere Seite davon anzuschauen. Es gibt gute Gründe dafür. Wenn jemand zu mir kommt, ziehe ich sogar die medizinische Psychiatrie in Betracht. Wenn jemand Woche auf Woche zu mir kommt und depressiv ist und ich ihm nicht helfen kann, zögere ich nicht, jemanden zu finden, der ihm Elavil oder sonstige Antidepressiva verschreibt. Es wirkt Wunder. Die Pille läßt ihn besser schlafen, besser reden, sich besser konzentrieren, besser für sich sorgen. Mit manchen von diesen Personen ist Therapie erst dann möglich. Therapie ist manchmal entmutigend. Es ist eine schwierige Arbeit, und die meisten von uns suchen manchmal nach einer Abkürzung.

H: Das leuchtet mir ein. In der Therapie, die ich genossen habe, habe ich herausgefunden, daß ich sehr interessiert an mir wurde. Ich habe mich selbst machmal faszinierend gefunden. Wenn ich mich auf jemanden eingelassen hätte, der meine Symptome beseitigt, hätte ich das als Betrug empfunden. Für mich war die Therapie eine große Erfahrung der Entdeckung, des Aufbaus von Vertrauen und all das.

J: Ich denke, daß das geklappt hat, weil mit dir im Prinzip alles stimmt. Du konntest von einem Zustand des Wohlseins zu einem neuen Ziel innerhalb deines Wohlseins fortschreiten und so weiter. Das ist toll. Aber einige Leute, die zu uns kommen, sind ziemlich krank. Sie haben Schwierigkeiten, von sich selbst fasziniert zu sein. Ihre Krankheit macht ihnen einen Strich durch die Rechnung.

H: Das sind die Leute, bei denen wir eine Therapie mit Medikamenten einsetzen können oder eine Therapie, die die Symptome beseitigt. Dann können wir schauen, ob sie in der Lage sind, sich selbst faszinierend zu finden.

J: Richtig. Ich mag die Bedürfnis-Pyramide von Maslow. Wenn jemand krank ist, krank auf der physiologischen Ebene von Sicherheitsbedürfnissen, muß man ihn erst physiologisch an der Basis unterstützen, bevor man auf die Ebenen von Liebe, Zugehörigkeit und Selbstverwirklichung gehen kann.

H: Sieht so aus, als hätten wir ein weites Feld abgedeckt. Es gibt noch andere Dinge, an denen ich interessiert bin. Ich denke an das Buch »Ego, Hunger, and Aggression«, das ich für einen Vorläufer in der Entwicklung der Gestalttherapie halte, und dann das Buch »Gestalt Therapy« von Perls, Hefferline und Goodman. Siehst du »Ego, Hunger, and Aggression« als Beitrag zur Theorie der Gestalttherapie?

J: Ich habe mich mit »Ego, Hunger, and Aggression« nie angefreudet, Bob. Ich habe es gelesen und noch mal gelesen, aber es hat mich nie so angeregt oder inspiriert wie »Gestalt Therapy«. »Gestalt Therapy« war meine Bibel. Ich las das Buch, las es noch mal und lese es immer wieder. Ich schaue selten in »Ego, Hunger, and Aggression« und meine nicht, darin wichtige Dinge gefunden zu haben.

H: Ich habe deine Erfahrung mit »Gestalt Therapy« gemacht. Ich habe ein Exemplar zerfleddert. Weil es mir wichtig war, es zu behalten, halte ich die losen Seiten mit Gummibändern zusammen. Ich habe ein schmutziges und ein sauberes Exemplar. Ich sehe in dem Buch oft nach, wenn ich bei einem Klienten nicht weiter weiß, wenn ich schreibe, oder wenn ich einen Gedanken ausarbeiten will. Ich finde normalerweise etwas, was mir aus der Klemme hilft. Ich habe es sicher ein dutzend Mal gelesen und jedes Mal lerne ich etwas neues. Es ist so viel darin.

J: Fritz schrieb nicht gut. Er schrieb schwerfällig, und man kann merken, daß er immer vom Deutschen ins Englische übersetzte. Dennoch kommt die Schwerfälligkeit nicht nur vom schlechen Schreiben, sie kommt aus der Schwerfälligkeit seines Hintergrundes und seines Gewahrseins.

H: Leute, die keine Gestalttherapeuten sind, setzen uns zu. Sie sagen Dinge wie: »Es gibt keine wirkliche Theorie der Gestalttherapie.« Wir hätten keine Theorie. Einer der Gründe, auf den sie diese Aussage stützen, ist, daß das Buch nicht leicht zu lesen ist. Manche sagen: »Es steht nichts drin in dem Buch. Es ist zu schwerfällig.« Die Legende besagt, Paul Goodman habe es in der Art umgeschrieben, damit es nicht intojiziert werden könne. Manche Leute werden durch das Buch abgeschreckt.

J: Nun, es ist nicht gut geschrieben.

H: Richtig. Die Leute sagen mir zwei Gründe, die sie an der Gestalttherapie abschrecken. Ein Grund ist das Buch und der andere ist der Film über Gloria. [Es wird gezeigt, wie Fritz Perls mit der Klientin Gloria im Gegensatz zu dem emphatischen Carl Rogers sehr konfrontativ arbeitet.] Mit diesem Film werden die Studenten terrorisiert. Sie sehen den Film und denken, das sei Gestalttherapie. Bisweilen werde ich eingeladen, in einem Seminar zu sprechen und der Leiter sagt: »Bob Harman kommt. Er ist ein Gestalttherapeut.« Dann sind sie vorbereitet darauf, daß etwas schreckliches passieren wird. Sie denken, ich werde gemein, bösartig, verachtend oder so etwas sein.

J: Nun, diejenigen von uns, die naiv oder ungebildet sind – und davon laufen noch jede Menge herum – sind verängstigt vom Fritz jener frühen Jahre, es sei denn, wir kannten ihn. Ich kannte ihn ziemlich gut, darum war ich nicht verängstigt, aber die meisten Leute wurden von ihm verängstigt. Ich hatte eine ähnliche Erfahrung, als ich Carl Whitaker das erste Mal sah. Er schien wirklich ein gemeiner Hurensohn zu sein, bis ich ihn kennen lernte und verstand, wo er herkam. Die Aufgabe der Psychotherapie besteht nicht darin, die Leute zu unterhalten, ihnen Scheuklappen anzuziehen oder ihnen Trostpflästerchen aufzukleben. Das wußte ich vorher nicht. Ich dachte erst, sie sei dazu da, daß die Leute sich gut fühlen. Ich wußte nicht, daß das Ziel der Psychotherapie darin besteht, die Leute in Kontakt damit zu bringen, wer sie sind und was sie machen, und daß das sowohl Schmerzen als auch Lust verursacht. Also waren diese Männer auf dem richtigen Dampfer. Sie haben die Personen, die Familien, die Paare damit in Berührung gebracht, was sie wirklich tun. Das war nicht immer ein schöner Anblick. Bis heute gibt es Gestalttherapeuten, die nur den Teil von Fritz nachmachen, der mit der Mobilieserung von Angst und Frustration arbeitete. Das ist eine einseitige Therapie. Es ist nicht die ganze Bandbreite. Manche Leute wurden dadurch zur Gestalttherapie gebracht und manche sogar durch sadistische Gestalttherapeuten.

H: Ja, sie haben diese Art Klienten angezogen, Klienten, die damit fertig wurden und es akzeptieren konnten. Unglücklicherweise haben wir nicht mehr Filme und Videos zur Verfügung. Ich habe letzten Sommer einen Film gesehen mit John Swanson von der University of Oregon. Er macht darin eine Demonstration. Ich empfehle diesen Film den Leuten, weil er so anders ist als der Gloria-Film. Swanson ist sehr daran interessiert, wie diese Frau ihren eigenen Kontaktprozeß unterbricht und konzentiert sich darauf in der Therapie. Er macht das in keiner Weise so, daß die Leute das als schroff oder verächtlich interpretieren können. Es ist gut, wenn die Leute diesen Film nach dem Gloria-Film sehen.

J: Sonia Nevis ist dabei, ein Video von Gestalttherapeuten zu machen, die mit Familien arbeiten. Sie arbeitet mit einem professionellen Team. Ich hoffe, daß die Videos eines Tages verfügbar sein werdern. Sie ist eine freigiebige Therapeutin. Ich sollte sagen, sie ist eine ermutigende Person.

H: Während du das gesagt hast, ist mir der Gedanke gekommen, daß in gewisser Hinsicht die Gestalttherapie noch in den Kinderschuhen steckt. Wir arbeiten mit Familien, mit Paaren, und es gibt noch keine Literatur über die Anwendung von Gestalttherapie auf Familien ùnd Paaren. Bald kommt ein Artikel über die Arbeit mit Paaren von mir heraus, im »International Journal of Family Psychiatry« (Harman, 1986). Als ich den geschrieben habe, habe ich nach Material gesucht. Es gibt nicht viel. Wenn ich mit Leuten spreche, habe ich gesagt, daß wir nicht über unsere Arbeit mit Familien und Paaren schreiben.

J: Das ist wahr. Es ist schwer, eine Praxis voll zu kriegen. Ich reise um die Welt und dann komme ich nach Hause und arbeite an einem Buch oder einem Artikel. Ich weiß nicht, wie ich mein Buch »Creative Process in Gestalt Therapy« fertig bekommen habe. Nun, ich weiß, wie ich es hingekriegt habe. Ich war fanatisch. Ich schrieb auf Flughäfen, in Flugzeugen, in Badezimmern. Ich schrieb um sechs am Morgen, bevor meine Klienten kamen. Ich mußte das Buch schreiben. Nach einer Weile geht dir der Saft aus.

H: Ja. Wenn ich schreibe, blockiere ich mir Termine. Da ich in der Universität arbeite, kann ich mir das erlauben. Man mag, wenn jemand publiziert. Es steht der Universität gut zu Gesicht, wenn ich etwas veröffentliche.

J: Nun, du hast Glück. Ich erinnere mich, als ich Studienprofessor an einem College war. Ich hatte einen Job, der voll mit Lehre belegt war. Aber ich konnte jeden Sommer fünf Wochen frei nehmen, um zu schreiben und zu malen. Ich erinnere mich, mit meinen kleinen Mädchen und meiner Frau am

Kap gewesen zu sein, am Strand herumzutollen, zu spielen, zu malen, zu trinken, zu schreiben und Essen zu gehen. Das war ein wundervolles Leben. Ich glaube, ich muß mir vornehmen, wieder mehr Zeit dafür herauszuschlagen. Ich habe genug Geld verdient, so daß ich mir das leisten kann.

H: Meine Frau arbeitet in einer privaten Praxis und sie sagt mir immer wieder: »Bob, du solltest den Uni-Job aufgeben. Du kannst innerhalb eines Monats eine volle Praxis haben.« Ich sage: »Ich möchte keine private Praxis, in der ich den ganzen Tag arbeite.« Das würde die anderen Dinge behindern, die mich interessieren.

J: Genau richtig. Ich denke, daß mich, wenn ich nicht unterrichten könnte und mir die Zeit nehmen könnte, mich mit meinesgleichen zu treffen, meine Arbeit auffressen und bedeutungslos werden würde. Wir müssen einander helfen, voneinander lernen. Ich denke, du hast Glück, daß du die Gelegenheit dazu hast.

H: Ich werde der Universtität berichten, daß du das gesagt hast. – Ich meine, wir haben das meiste von dem abgedeckt, was mich interssiert. Willst du noch etwas ansprechen?

J: Ich denke an Kreativität, aber ich bin nicht sicher, daß ich weiß, was ich darüber sagen möchte, außer daß sie mir so wichtig erscheint, daß ich viel über sie in meinem Buch gesagt habe. Wir könnten mehr über Ausbildung sprechen. Ich habe ein paar Gedanken darüber, was ich in welcher Reihenfolge lehren würde, wenn ich mein eigenes »Joseph Zinker Ausbildungsprogramm« gestalten könnte.

H: Was würdest du lehren?

J: Nun, ich habe gerade überlegt, daß ich die Gruppe in Triaden aufteilen würde. Du weißt, wie das geht. Ich würde mich auf den Beobachter, nicht den Therapeuten konzentrieren. Ich würde die Beobachtung zur zentralen Fertigkeit machen. Ich würden den Beobachter rühmen. Ich würde die Beobachtung und die Grundfertigkeit, den phänomenologischen Daten Aufmerksamkeit zu schenken, überprüfen. Erst, wenn der Therapeut gelernt hat, gut zu beobachten, würde ich Interventionen lehren, die über das »Sehen, was ist« hinausgehen. Ich würde das »Was ist« auf das höchste Niveau heben, es zum obersten Maßstab der Güte von psychotherapeutischer Ausbildung machen. Ich würde die Leute auffordern, wochenlang nichts anderes zu tun, als mir zu sagen, was ist, was sie sehen, was sie hören, wie sie mich erleben – aber nichts darüber, wie ich versuche, etwas zu machen oder ein Experiment durchzuführen. Damit habe ich mich um 180° gedreht. Vor zehn Jahren liebte ich das Experiment und betonte das Experiment. Heute betone ich die Phänomenologie des Gewahrseins. Ich denke, daß ich einfach annahm, jeder besitze bereits phänomenologische Sinnesschärfe wie ich, so daß ich das Experiment darauf aufbauen könnte. Aber natürlich muß das Gewahrsein das Fundament sein. Und in Wahrheit sehen und hören die Leute nichts. Das ist der eine Gedanke, den ich zur Ausbildung habe.

Grundsätzlich würde der Trainee mit »Was-ist«-Aussagen antworten: »Du kräuselst die Stirn. Dein Mund sieht entspannt aus. Deine Augen ruhen auf mir.« Und so weiter. Ich denke, daß Fritz darum Gestalttherapie als das »Gewahren« des Hier und Jetzt bezeichnet hat. Man kann sehen, wie er das gedacht hat.

H: Was würdest du noch in deinem »Joseph-Zinker-Ausbildungs-Programm« machen?

J: Anstatt der Sklaventreiberei, die wir am Institut betreiben, würde ich Exkursionen durchführen. Im ersten Intensiv-Semester, bei dem die Studenten einen Monat lang hier in Cleveland wären, würde ich mit bestimmten thematischen Aufgabenstellungen Exkursionen zum »Natural History Museum«, zum »Cleveland Art Museum«, zum »Cleveland Institute of Art«, zum »Cleveland Orchestra« machen. Ich würde zwei Studenten vor ein Gemälde setzen und ihnen sagen: »Schreibt fünf oder sechs Seiten darüber, was ihr in dem Bild seht.« Ich habe das selbst gemacht. Ich habe das vor sechs Monaten gemacht und, Bob, ich bin fast abgehoben. Ich habe den Säugling angeschaut und konnte nicht aufhören zu schreiben. Es war ein Bild von Mutter, Vater, Kind und Hund aus dem siebzehnten Jahrhundert. Es war unglaublich, was ich alles sehen konnte. Ein Teil des Prozesses ist einfach, etwas zu sehen. Der andere Teil besteht darin, eine Sprache dafür zu finden. Beispielsweise schaut das Kind zur Mutter auf mit einem verwirrten Blick, oder einem liebenden Blick, oder einem bewundernden Blick, und das Kind sucht nach einer Sprache. Was für ein Blick ist das? Wir verfolgen dem Prozeß wieder und wieder.

H: Machst du das anders, als man es mit den TAT-Bildkarten [des Thematischen Apperzeptions-Tests] macht? Also fragen: »Was sehen Sie darin?« Richtig?

J: Richtig. Ich möchte, daß das reine Ding, das da ist, als reines Ding gesehen wird. Ich denke, daß ich davon fasziniert bin, weil die einzige Unterstützung, die ich mir geben konnte, während ich in Europa bei Bombenangriffen im Luftschutzbunker saß, meine Augen waren. Ich konnte nicht schreien oder weinen, weil das die Aufmerksamkeit auf mich gelenkt hätte, aber ich konnte mich umschauen: jene Frau anschauen, die verrückt wurde; in die Finsternins blicken; die Kerzen betrachten. Ich nahm das alles auf und sagte mir, was ich sah. Vieleicht war das ein Weg zum Überleben.

H: Könntest du das gleiche mit deinen Ohren machen und einer Symphonie?

J: Oh ja, klar.

H: Aufschreiben, was du hörst?

J: Absolut. Ich fange schon während der Aufführung an zu schreiben. Schreibe Gedichte. Ich werde so schnell stimuliert, daß ich nicht aufhören kann. Ich fühle mich, als würde ich explodieren.

H: Ja, du mußt retroflektieren, um das auszuhalten.

J: Absolut. Oder ich würde auf und ab tigern oder so etwas.

H: Du wirst also dadurch stimuliert und tankst Energie?

J: Nun, es ist einfach unglaublich, sehen und hören zu können. Jetzt gerade zum Beispiel ist es besser als Schokolade, dich »aufzunehmen« – besser als Eis mit Schokoladenstückchen.

H: Das ist interessant. Ich werde einiges von diesen Ideen in meiner Ausbildungsgruppe ausprobieren. Ich will schauen, was passiert. Ich werde das mit den Triaden machen. Ich habe den Fokus bisher noch nicht so stark auf die Rolle des Beobachters gerichtet.

J: Ich wußte das. Ich wußte das. Ich würde zu dem Therapeuten sagen: »Nun sieh, wie viel dein Beobachter sehen kann.« Wenn du so viel sehen kannst, hast du keine Schwierigkeiten mit der Intervention. Eine Intervention ist nicht etwas, was in deinem Kopf passiert, was du dir ausdenken mußt, eine Intervention resultiert aus dem, was du vor dir hast.

H: Meine Erfahrung ist, daß, wenn in meiner Ausbildungsgruppe zwei arbeiten, einer als »Therapeut«, einer als »Klient«, die Gruppe mehr sieht als der »Therapeut«.

J: Natürlich, sag bloß: »Jeder von euch hat die Beine gekreuzt.« Sie sagen: »Ich erinnere mich nicht, die Beine gekreuzt zu haben.«

H: Ja, wir könnten es auf Video aufnehmen und zu der Szene zurückspulen.

J: Ja, wir setzen Video mehr und mehr ein.

H: Ich würde gern die Joseph-Zinker-Ausbildung machen.

J: Okay, ich werde dich die Termine wissen lassen – in meinem nächsten Leben.

H: Ich bin von Jim Simkin ausgebildet worden. Ich würde gern von Zeit zu Zeit zu ihm gehen, für den Feinschliff. Als er starb, hatte ich ihn einige Jahre lang nicht gesehen. Ich dachte: »Was mache ich nun?« Darum schrieb ich an Erv Polster, den ich ein paar Mal getroffen hatte, und ich fragte: »Kann ich in deine Aufbaukurse kommen, oder wie du das nennst, wenn Leute sich treffen, die fertig ausgebildet sind?« Er schrieb, ich dürfe kommen. Im Februar war ich eine Woche bei Erv und Miriam. Es war toll. Richtig erhebend.

J: Ja, ich muß das eines Tages auch machen.

H: Ich meine, ich muß mal raus aus dem Trott, sonst arbeite ich zuviel. Ich werde bekloppt. Solche Wochen erfrischen mich. Zu viel Orlando, Florida. Joseph, ich habe das Gefühl, hier ist Schluß. Findest du es in Ordnung, hier aufzuhören?

J: Ja.

H: Ich würde dich gern dafür interessieren, über die Theorie der Gestalttherapie zu sprechen. Egal, was dir in den Sinn kommt.

B: Nun, als erstes fällt mir ein, daß unser Institut hier in San Diego, ebenso wie die Institute in Cleveland und San Francisco, das Problem der Gestalttherapie-Theorie zu lösen versucht, weil so viele Leute die Gestalttherapie dafür kritisieren, daß sie keine Theorie habe. Man sagt, wir würden Übungen machen und auf keinerlei theoretische Basis zurückgreifen. Ich glaube, Fritz Perls hat in den letzten Jahren seines Lebens versucht, die Theorie mehr zu artikulieren. Er hat sich sicherlich für diejenigen interessiert, die eine solche Theorie formulieren wollten. Er fand es toll, daß Irma Shepherd, Elaine Kepner und ich Artikel und Kapitel in Büchern über die Theorie der Gestalttherapie schrieben. Unser Institut konfrontiert die Trainees mit der Theorie der Gestalttherapie. Das ist nicht einfach. Ich denke, man muß schon eine akademische Ader dafür haben. Meiner Meinung nach haben die Polsters die theoretische Untermauerung der Gestalttherapie in ihrem Buch [1974] dargelegt. Wenn ich die Theorie behandle, lege ich ihr Buch zugrunde. Einige frühere Texte von Erv Polster aus der Zeit, bevor das Buch erschien, benutze ich auch. Also, ich stütze mich auf den Theorieansatz, den die Polsters entwickelt haben.

H: Du sprichst über eine der wichtigsten kritischen Einwände gegen die Gestalttherapie, nämlich daß wir keine Theorie hätten. Das geht nun schon seit Jahren so. Was meinst du, ist der Grund, daß wir nicht in der Lage waren, dieses Problem zu überwinden?

B: Vielleicht weil die Übungen so blendend sind. Die Leute identifizieren die Gestalttherapie mit diesen interessanten und spektakulären Übungen, die gemacht werden, wenn Gestalt vorgeführt wird, wenn über Gestalt geredet wird, wenn Filme über Gestalt gezeigt werden. Es ist am einfachsten, meine ich, das aufzugreifen, wozu der Therapeut den Klienten auffordert. Das ist auffällig, glänzend und interessant. Darauf stehen die Leute und denken: »Nun gut, das und das macht er mit einem Klienten. Ich werde nach Hause gehen und es genauso machen.« Wenn dann gelegentlich jemand fragt, warum das so oder so gemacht wird, weigern die Nachahmer sich, es zu erklären. Sie sagen dann: Ich habe jemanden gesehen, der das gemacht hat. Es klappte. Und es sah auch noch gut aus. Ich denke, wir leiden daran, daß unsere Art der therapeutischen Praxis so interessant ist. Darauf sind die Leute scharf, und dann wissen sie nicht, wo sie die Theorie herkriegen sollen. Oder die Theorie wird zugleich mit der Demonstration geliefert, aber die Leute hören nicht zu, weil sie nur auf das Interessantere achten. Die psychoanalytische Therapie hat ein enormes Maß an Wissen aufgehäuft, man weiß, wo man das nachlesen kann. Es ist nicht schwer zu finden. Man hält dieses Wissen für selbstverständlich. Das gleiche gilt für einige andere Therapieformen, aber die existentiellen Therapien leiden an einer Armut der Theorie in ihrem Hintergrund.

H: Das Kapitel, das du mit Jim Simkin, Cindy Sheldon und anderen geschrieben hast, führt in eine ganz andere Welt der Gestalttherapie, als sie in den 1970er Jahren dargestellt worden wäre. Es ist nicht die übliche blendende, überladene und dramatische Art, in der Fallbeispiele der Gestalttherapie üblicherweise behandelt werden.

B: Ja, wir sind da bescheidener.

H: Bescheidener und, da Jim Simkin der Therapeut ist, ist es gekennzeichnet durch das, was ich den »Sinn für Gegenwart« nenne, den Sinn für Ich-Du-Dialog. Vielleicht werden ernsthafte Interessenten begreifen, daß wir in der Gestalttherapie nicht immer nur solche dramatischen Experimente machen.

B: Ja, das finde ich einen guten Punkt. Ich hoffe, daß die Leute diese Botschaft empfangen. Vielleicht hätten wir in dem Kapitel stärker darauf hinweisen sollen, daß dies nicht der halb hysterische Stil ist, für den Gestalttherapeuten bekannt sind.

H: Ich glaube, daß wir immer noch, Jahre nach seinem Tod, von Fritz Perls' Hinterlassenschaft verfolgt werden.

B: Ja, bestimmt. Mir scheint, daß die Leute immer noch versuchen, ihn zu imitieren, Alleinunterhalter wie er zu sein. Wenn man nicht über den Theater-Hintergrund verfügt, sieht man dabei aber nicht wie Fritz aus. Er war ein wundervoller Alleinunterhalter.

H: Als ich genug Selbstvertrauen hatte, um mich bei Workshops und dergleichen zu präsentieren, sagten die Leute zu mir: »Du kannst kein Gestalttherapeut sein, du bist ein zu netter Kerl.«

B: Ja, noch heute kriegst du sowas zu hören. Weißt du, ich habe nächstes Wochenende einen Workshop in L.A.. Immer, wenn ich daran denke, frage ich mich: »Werd' ich 'ne gute Show abziehen? Werden die Leute sich beschweren, das sei nicht ›Gestalt‹, weil es nicht so war, wie Fritz es gemacht hätte?« Aber es hat sich bei uns Gestalttherapeuten viel getan seit jener Zeit.

H: Ich denke, eines der Probleme ist, daß der Gloria-Fim in der ganzen Welt den Psychologie-Studenten als das gezeigt wird, was Gestalttherapie sei. Er zeigt aber nur die Art, in der Fritz zu jener Zeit arbeitete. Die Leute denken: »Oh, das ist Gestalttherapie. Es macht mir Angst.«

B: Richtig. Vielleicht ist es Zeit, über die Theorie der Gestalttherapie zu schreiben. Das einzige Buch, das die Theorie klar darstellt und lesbar ist, die das Buch der Polsters. Das frühere Buch von Perls, Hefferline und Goodman ist ein sehr schwieriger Text. Ebenso »Ego, Hunger, and Aggression«. Beide sind für die Leute sehr schwer zu verstehen. Es ist vielleicht Zeit für eine andere Art der Darstellung der Theorie.

H: Das versuche ich hier mit diesen Interviews. Ich stehe zur Verfügung. Welche Konzepte würdest du gern dargestellt haben?

B: Sicherlich das Konzept des Gewahrseins. Ich glaube, Fritz hat geglaubt, ebenso wie einige von denen, von denen er gelernt hat, geglaubt haben, daß nämlich der Moment des Gewahrwerdens heilsam sei. Claudio Naranjo hat darüber einige überzeugende Gedanken in seinem Buch formuliert.

H: Schrieb er über expressive und repressive Techniken?

B: Sowas in der Art. – Aber ich, der ich Psychotherapie mit einem ziemlich eklektischen Standpunkt praktiziere, habe die Vermutung, daß die Leute sich ändern oder an einen Punkt kommen, wo sie sich ändern oder wo sie etwas lernen, wenn sie etwas wahrnehmen, was sie im Moment vorher noch nicht wahrgenommen haben. Meinem Gefühl nach ist das keine Spontanheilung. Gewahrsein führt zur Veränderung. Das ist ein Wunder, das immer weiter geht. Man kann nicht anhalten und so tun, als würde man etwas nicht wahrnehmen, was man wahrnimmt. Was man damit jedoch anfängt, kann eine lange Zeit beanspruchen. Es kann eine Weile dauern, und man kann sich entscheiden, zunächst nichts zu tun. Mit anderen Worten: Ich denke, die Lösung ist ein anderer Aspekt des Gewahrseins.

H: Gewahrsein gibt Entscheidungsfreiheit.

B: Ja. Man kann sich entscheiden, nichts zu tun, oder man kann sich entscheiden, etwas anderes zu tun, oder so weiterzumachen wie bisher. Aber ich denke, daß man in seinem Dilemma, Schmerz oder Problem nicht mehr so gefangen ist, wenn man wahrnimmt, wie man es herbeiführt. Ich denke, das ist die zentrale Seite der Gestalttherapie.

H: Gewahrsein ist, das höre ich aus dem, was du sagt, der Anfangspunkt einer Veränderung. Die Veränderung mag auf sich warten lassen, aber ist eigentlich schon vollzogen. Denn mit dem geschärften Gewahrsein kann man nicht mehr leugnen und umkehren.

B: Richtig, genau. Nun, Fritz und andere Gestalttherapeuten wendeten sich auch der Frage zu, was man machen kann, nachdem man sein Gewahrsein geschärft hat. Was fängt der Klient mit dem Gewahrsein an? Oder: Wie geht er mit der Entscheidungsfreiheit um? Fritz hat das oft gemacht und wir machen das auch. Bisweilen gab er »Hausaufgaben« auf, und das mache ich auch manchmal. Noch bevor die strategische Familientherapie es eingesetzt hat, haben Fritz und andere Gestaltisten vorgeschlagen, »Hausaufgaben« aufzugeben. Ich denke, Therapie sollte so angelegt sein, daß sie Gewahrsein erlaubt, oder einen Ort oder Raum bietet, in welchem Gewahrwerden stattfinden kann.

H: Ich greife dein Wort »erlauben« heraus. Kannst du mehr darüber sagen?

B: Nun, ich denke, daß man das Gewahrsein nicht mit direktiven Bemerkungen erzeugen kann, so wie man sagt: »Das ist es, was du tust.« Vielmehr muß man eine Art Raum zur Verfügung stellen, in welchem Personen zum Gewahrsein kommen können. Ich glaube, dazu gehören viele Dinge. Sicherlich ist deine Beziehung zum Klienten ein Teil des Hintergrund-Settings, um Gewahrwerden zu ermöglichen. Aber ich denke, ebenso gehört das dazu, was der Therapeut sagt oder macht. In gewisser Hinsicht muß man schon etwas direktiv sein, beispielsweise fragen: »Was tust du gerade?« Oder: »Wessen bist du dir bewußt?« Oder: »Was passiert gerade?« Oder einige direktive Fragen dieser Art.

H: Wann reicht Gewahrsein allein nicht zur Heilung aus? Was denkst du darüber?

B: Ich bin nicht sicher, ob ich überhaupt denke, Gewahrsein allein könnte *nicht* zur Heilung führen. Ich denke wirklich, daß das Gewahrsein die Basis dessen ist, was wir tun. Ich denke, daß wir uns haben entmutigen lassen und nun meinen, vielleicht sei es nicht genug. Darum denken wir uns all die zusätzlichen Dinge aus, zu denen wir die Leute auffordern.

H: Besonders, wenn wir mit Therapeuten abgehangen haben, die direktiv arbeiten oder sogar widersprüchliche Anweisungen geben.

B: Richtig, besonders wenn wir wollen, daß Sachen schnell passieren. Diese Therapien basieren auf kurzen Interventionen und beschränken sich auf wenige Sitzungen, manchmal nur eine. Und ich denke, daß wir dagegen bereit sein müssen, die Zeit verstreichen zu lassen. Natürlich, wenn man die Filme von Fritz und den anderen anschaut, denkt man oft, die Gestalttherapie sei auch eine Soforttherapie, die Leute würden sich unmittelbar verändern. Man bräuchte nur eine halbe Stunde mit den Therapeuten und alles wäre anders.

H: Wir beide wissen, daß das nicht ganz stimmt. Als ich ausgebildet wurde, lebte ich in Kentucky und kam nur für einen Monat im Jahr da raus. Manchmal kostete es mich die nächsten 11 Monate, um etwas von den Eindrücken zu integrieren und zu assimilieren, die ich in einem solchen einmonatigen Training gesammelt hatte.

B: Sicher. Ich erinnere mich, daß ich in Big Sur als Klient von Jim Simkin gearbeitet habe. Er bemerkte, daß ich dazu neige, mir die Dinge in der Zukunft auszumalen [futurize] und dann Katastrophen zu erwarten [catastrophize]. Das führte zu einem dieser blitzartigen Gewahrseins-Schübe: »Oh ja, das ist richtig.« Denn indem ich das tat, verursachte ich mir viele unnötige Schwierigkeiten und Schmerzen. Ich ging nach Hause, und dreizehn Jahre später arbeitete ich wieder mit Jim. Ich war der Leiter einer Gruppe, und ich arbeitete mit Jim als sein Klient. Und er sagte: »Weißt du, ich glaube, du machst das gleiche wie vor dreizehn Jahren.« Natürlich tat ich das. Und das war alles, was er mir zu sagen hatte. Das war die Kurzform. Seine Bemerkung vergegenwärtigte mir die ganze Sitzung von vor dreizehn Jahren. Es war nicht so, daß ich das Gewahrsein gänzlich verloren hatte, aber ich hatte zeitweise den Kontakt zu diesem Wissen verloren. Natürlich brauchte er es nur noch mal zu erwähnen und die ganze Situation kam zurück. Ich sah genau, was ich mir selbst antat.

H: Ich hatte eine ähnliche Erfahrung. Mein bevorzugter Weg bestand darin, mich selbst zu quälen, ein Selbst-Quäl-System. Als ich das zuerst in einer Therapie realisierte, war es neues Material für mich. Vier oder fünf Jahre später sagte Jim: »Sieht so aus, als quältest du dich selbst.« Manchmal mußte es eben nicht mehr sein.

B: Ja. Eine Erinnerung an den Prozeß und an das Gewahrsein, das du schon hattest, aber zeitweise vergessen hast, ist nützlich.

H: Manchmal mache ich mir vor, ich hätte dieses System aufgegeben, aber ich entdecke immer wieder, daß es nur noch ausgefeilter geworden ist.

B: Richtig. Wenn ich Jims Stimme im Hinterkopf behalten kann, fällt es mir viel schwerer, mich selbst zu betrügen und mir was vorzumachen.

H: Wie würdest du »Gewahrsein« einem Nicht-Gestalttherapeuten gegenüber definieren? Ich nehme an, die meisten von uns würden verstehen, was Gewahrsein bedeutet. Aber ein Nicht-Gestalttherapeut bräuchte vielleicht eine Definition.

B: Nun, ich benutzte Claudio Naranjos Beschreibung von Gewahrsein. Ich denke, daß das wirklich die beste kurze Auseinandersetzung mit dem Begriff ist, die ich je gelesen habe. Er spricht über Gewahrsein als einen Moment im Leben, an dem man eine deutliche Berühung mit seiner Existenz, mit seiner Erfahrung hat. Das ist es: Man ist »in« seiner gegenwärtigen Erfahrung. Die Augen sind offen, man schaut nicht zurück oder nach vorn, sondern man bleibt bewußt in der eigenen Erfahrung, welche auch immer es momentan ist, und kann sie beschreiben. Das ist für mich Gewahrsein. Die meiste Zeit sind die Leute nicht zugegen in ihrer Existenz zu einem gegebenen Zeitpunkt. Sie befinden sich in dem, was ihrer Meinung nach ein wenig später ihre Existenz sein könnte, oder in ihren Erinnerungen an eine frühere Erfahrung, aber nicht in der Gegenwart. Nun, das soll nicht heißen, daß sie immer in der Gegenwart sein sollten. Aber wenn du in Kontakt mit der gegenwärtigen Erfahrung sein und herausfinden möchtest, was sie für dich bereit hält, was sie deinem Leben hinzufügen kann oder was für Neuigkeiten sie dir bietet, dann mußt du dein Gewahrsein einsetzen. Und das ist das Neue an Gestalt. Ich glaube nicht, daß irgend ein anderes System die Idee vertritt, daß man eine klare Gegenwärtigkeit in seinem Leben und seiner Erfahrung zum gegebenen Zeitpunkt erlangen sollte, und die erklärt, was das für unser »Funktionieren« bedeutet. Diese Idee ist gewiß kein Allheilmittel, aber sie ist interessant, einfach faszinierend. Es verschafft einer Person ein großes Stück Information, um ihr im Leben zu helfen. Wir Amerikaner tendendieren dazu, oft nicht in der Gegenwart zu existieren. Wir sind zukunftsorientiert: »Was wird sein? Wofür müssen wir vorsorgen?« Einige andere Kulturen, östliche Kulturen, Kulturen in der dritten Welt, sind vergangenheitsorientiert. Aber ich denke nicht, daß irgendjemand kulturell auf den gegenwärtigen Augenblick konzentriert ist.

H: Wenn ich richtig verstehe, was du sagst, heißt das, daß idealerweise eine Person die Wahl hat, wie stark ihr Gewahrsein ist. Ich muß auch etwas in die Zukunft planen.

B: Sicher. Ebenso könnte aber auch das, was ich jetzt vermisse, etwas Bedeutendes für meine zukünftige Richtung und meine zukünftigen Entscheidungen beinhalten. Es ist unglaublich, wie stark wir das verdrängen.

H: Ich denke da an deine Selbstbeschreibung, daß du mit den Gedanken in die Zukunft schweifst und dir Katastrophen ausmalst: Mit diesem Verhalten bewirkst du, daß du in der Gegenwart viel vermissen mußt.

B: Richtig. Was mich besser fühlen läßt, ist nicht nur, diesen Mechanismus auf der intellektuellen Ebene zu verstehen, sondern [in der Therapie] einen unmittelbaren gefühlsmäßigen Wandel vorzunehmen. Ich denke: »Oh ja, ich phantasiere« – alle Zukunft ist Phantasie. Da muß die Heilung einsetzen. Ich weiß dann, daß nichts von dem, was ich phantasiere, real passiert, außer in meinem Kopf. Dann bin ich frei, den gegenwärtigen Augenblick bewußt wahrzunehmen, und ich bin fähig, etwas im gegenwärtigen Moment zu entdecken, das mich gut fühlen läßt.

H: Ja, ich denke, das Gewahrsein, das dies alles in meinem Kopf passieren läßt, ist es, was viele Menschen vermissen. Sie verhalten sich sogar so, als sei das, was in ihren Köpfen geschieht, Wirklichkeit. Ich denke gerade an dein Interesse, mit Paaren zu arbeiten. Wenn man mit Paaren arbeitet: Er hat seine Ideen darüber im Kopf, was abgeht. Die Interaktion des Paares beginnt damit, daß er auf seine Phantasie reagiert. Er reagiert auf das, was er von ihr denkt, nicht was sie wirklich ist. Sie weiß nicht, was in seinem Kopf vorgeht. Es ist faszinierend, Paare zu beobachten und zu sehen, wie die beiden das machen.

B: Richtig. Ich denke, Joseph Zinker ist es, der darüber spricht, es gäbe einen »dritten Bereich« in der Beziehung zwischen Paaren. Dieser dritte Bereich hat gleichsam einen eigenen Kopf. Die Beziehung ist eine Sache und jeder der beiden Menschen bewegt sich in seinem eigenen Bereich, jeder projiziert in die Beziehung, was in seinem eigenen Kopf vorgeht. Natürlich hat die Beziehung kein eigenes Bewußtsein, darum geht es so verzwickt zu, weil die Beziehung nicht weiß, was in der Welt vorgeht.

H: In meiner Praxis habe ich bemerkt, daß sich etwas geändert hat. Als ich in den 1970er Jahren anfing zu praktizieren, kamen die Leute und sagten: »Ich möchte mein Gewahrsein steigern. Ich möchte bewußter leben und als Mensch wachsen.« Das habe ich seit zehn Jahren nicht mehr gehört. Meist kommen meine Klienten mit einem Problem und wollen, daß ich mich auf die Lösung des Problems konzentriere.

B: Das ist interessant. Ich denke, das spiegelt vielleicht sowohl einen Wandel in der Kultur als auch einen Wandel in der Art, wie Psychotherapeuten praktizieren. Wir orientieren uns heute am Modell der Krisenintervention und Problemlösung, während in den 1960er Jahren jeder nach persönlichem Wachstum strebte.

H: Richtig. Ich halte in meiner Lehrtätigkeit daran fest, daß man sowohl dem Problem des Klienten Aufmerksamkeit schenken als auch Gewahrsein entwickeln sollte. Man muß sich nicht für das eine oder andere entscheiden.

B: Sicherlich, weil das Problem oft nicht das Problem ist. Es ist nur ein Weg, den Anfang zu finden. Aber es ist nicht notwendig das, was die Klienten wirklich stört.

H: Es ist das Material des Inhalts. Und wir sind am Prozeß interessiert.

B: Kann sein, daß sie phantasieren. Wenn sie dagegen ihrer selbst im Augenblick bewußt werden, mag es sein, daß sie herausfinden, daß etwas ganz anderes abgeht.

H: Ja, manchmal wissen sie nicht, was faszinierend sein könnte. Unsere Methode holt sie aus dem besessenen Festhalten an irgendetwas heraus.

B: Richtig. Es ist schwer, als Therapeut einen festen Stand zu haben. Ich meine, bei mir läuft alles in Blitzlichtern ab.

H: Ja. Das ist der harte Weg, Lois. Ich denke, der Trend in der Psychotherapie ist jetzt gegen uns. Die Kurzzeittherapie, diese Therapie in kurzer Zeit, zwei oder drei Sitzungen, um die Person strategisch umzustrukturieren, ist sehr populär geworden. Ich bin nicht glücklich über diesen Trend. Ich denke, diese Art Therapie behandelt meist nur oberflächliches Verhalten.

B: Es macht die Klienten zu Kindern, suggeriert ihnen, daß der große Papa Arzt mehr wüßte als sie. »Ich versuche, Sie mit einem Trick zur Besserung zu bringen, weil ich nicht glaube, daß Sie verstehen können.« Gestalttherapeuten sind da direkter.

H: Ich habe wirklich starke Vorbehalte gegen jene Kurzzeittherapie. Sie verstößt gegen meine persönlichen Werte: Ehrlichkeit, Direktheit, Authentizität.

B: Richtig. Ich denke nicht, daß Erickson den Leuten einen großen Gefallen getan hat. Ich bin sicher, daß er eine Art Magier war und daß er fähig war, dies zum Vorteil der Klienten einzusetzen. Aber ich glaube, daß seine Methoden ziemlich manipulativ waren und keinen Respekt vor der Person des Klienten zeigten.

H: Das erinnert mich an die Gestalttherapie in den späten 1960er Jahren, als die Leute versuchten, Perls nachzumachen. Heute versuchen sie, Erickson nachzumachen, ohne Erickson zu sein. Sei's drum, laß' uns weitermachen. Neben Gewahrsein, was findest du sonst noch wichtig?

B: Nun, ich denke an einige der anderen Dinge, die die Polsters angesprochen haben. Die Kontaktgrenze, die Widerstände. Das sind all die Dinge, die auch in anderen Systemen der Psychotherapie diskutiert worden sind. Das Konstrukt der Widerstände stammt aus der psychoanalytischen Literatur. Die Idee des Kontaktes an der Grenze ist auch analytisch. Es wird in der gegenwärtigen Diskussion um die psychodynamischen Bereiche der Objektbeziehungen viel von Grenzen gesprochen, die sich weiten oder zusammenziehen, und davon, wie das die Persönlichkeit beeinflußt. Ich bin nicht sicher, ob es wirklich noch irgend etwas anderes als Gewahrsein gibt, das die Gestalttherapie unterscheidet. Einige der Techniken, die wir anwenden, um das Gewahrsein hervorzurufen, sind meiner Meinung nach auch originär, aber das ist nur die Anwendung der Theorie auf die Praxis. Ich denke gerade an die Arbeit mit Polaritäten oder an die Arbeiten, um offene Gestalten zu schließen. Das ist wirklich eine Idee, die aus der Gestaltpsychologie stammt.

H: Ich habe meine eigenen Gedanken über diese Personen, die diese Last mit sich herumschleppen, diese unfertigen Angelegenheiten. Die therapeutischen Aufgaben scheinen zu sein: »Helfe ich dieser Person, die Sache mit ihrem Vater zu beenden, oder versetze ich sie in die Gegenwart und schaue, ob die Sache mit dem Vater im Zusammensein mit mir zu Problemen führt, und arbeite erst dann damit?« Muß er oder sie alle unbeendeten Angelegenheiten beenden, um produktiv in der Gegenwart zu leben? Ich denke, das ist etwas, was wir in der Therapie herausfinden. Es mag sein, daß ich in gewisser Hinsicht den Vater repräsentiere, und wenn der Klient sich durch das Material hindurcharbeitet, muß ich nicht alle unbeendeten Angelegenheiten der Vergangenheit aufrühren. Würdest du mir da zustimmen?

B: Sicher, völlig. Was du gesagt hast, bietet eine Art korrektiver emotionaler Erfahrung. Es gibt Zeiten, da kann eine Person wieder ihre Beziehung zu Vater und Mutter durchleben. Das wäre eine psychodynamische Orientierung. Aber die Idee, daß Klienten die Angelegenheit beenden können, indem sie etwas aktives mit dem Therapeuten machen, ist einzigartig für Gestalt. Mag sein, daß Gestalt nicht eine in sich abgeschlossene neue Theorie beigesteuert hat, aber sie hat etwas zur existierenden Theorie hinzugefügt, eine Art, mit der Theorie umzugehen.

Ich meine, wenn man über die Kontaktgrenze spricht, ermöglicht es Gestalt, mit ihr etwas zu machen. Der Therapeut kann beispielsweise Experimente mit den Grenzen vorschlagen – mit deinen Grenzen, mit den Grenzen der Klienten, mit Nähe, mit Distanz, mit Undurchlässigkeit. Von einer stärker psychodynamisch ausgerichtete Therapie würde man nur erwarten, daß der Klient darüber spricht, was er tut oder auch nicht. Es gibt nichts, was man noch mehr mit den Kontaktthemen anfangen könnte. Der Klient könnte zum Therapeuten sagen: »Ich kann schwer Kontakt zu Leuten kriegen. Ich habe keine Freunde. Ich komme mit den Leuten nicht aus.« Aber es könnte damit nichts gemacht werden. Darum ist die Idee des Tuns, der Handlung in der Therapie, sehr wichtig. Ich denke also, daß Gestalt eine ganze Handvoll Möglichkeiten beigesteuert hat, mit den Dingen zu arbeiten, die in der Psychotherapie theoretisch gesehen für wichtig gehalten werden. Keine andere Therapieform sagt: »Schauen Sie, hier sind einige Möglichkeiten, um eine Person aktiv mit ihren Themen umgehen zu lassen oder einiges von dem Material zu erkunden, das auftaucht.« Man muß nicht nur dasitzen und zuhören und hoffen, daß das heilsam sei.

H Also, wir haben jetzt hauptsächlich über das Gewahrsein des Klienten gesprochen. Meine Annahme würde lauten, daß du zustimmst, daß das Gewahrsein des Therapeuten auch wichtig ist. Kannst du etwas dazu sagen –

und wie wichtig das Gewahrsein des Therapeuten in der Therapie ist und wie es in der Therapie angewendet werden kann?

B: Das augenblickliche Gewahrsein des Therapeuten oder sein Blick auf die Gegenübertragung ist wichtig. Das heißt, ich muß die Arten von Gefühlen wahrnehmen, die in mir ausgelöst werden, wenn der Klient irgendetwas beliebiges tut oder nicht tut. Ich kann dies dem Klienten mitteilen oder auch nicht, je nachdem, was angemessen ist. Wenn ich dem Klient mein inneres Erleben mitteile, kann ich sagen: »Dies passiert bei mir, wenn du das und das machst.« Oder: »Dies ist es, wie ich mich jetzt fühle. Ich weiß nicht, woher es kommt.« Das bedeutet, sich selbst wahrzunehmen und das, was man fühlt und denkt, während der Klient spricht. Ich denke, dieses Gewahrsein muß stets das begleiten, was immer der Therapeut sonst tut, während er dem Klienten zuhört.

H: So ist die Therapie, die ich anstrebe, ein Tanz zwischen der Beobachtung des Klienten und der Selbstbeobachtung. Im Raum dazwischen kann es einige Experimente geben, die das hervorheben, von dem man meint, daß es vor sich ginge, oder die das Gewahrsein des Klienten etwas vergrößern.

B: Das ist richtig. Natürlich muß man das in einer professionellen Weise machen. Ich denke, einige Klienten können viel mehr Feedback vom Therapeuten vertragen, als sie normalerweise von ihren Mitmenschen bekommen, und andere nicht. Man muß einen Weg finden, auf den Klienten zu reagieren, ohne daß er verängstigt wird.

H: Ja, das ist eine Sache des Timings und die beruht auf deinem Wissen über deine Klienten und auf der Art von Beziehung und Kontakt, die du zu ihnen hast.

B: Ja, einfach irgendwelche von den Gestalttechniken ungeachtet der konkreten Situation anzuwenden, ist nicht nützlich. Ich habe Anfänger unter den Gestalttherapeuten oft so vorgehen sehen.

H: Das hat nicht viel mit Gestalttherapie zu tun. Jeder kann sagen: »Setz deine Mutter in den Stuhl,« und so weiter.

B: Oder: »Schauen Sie, was Sie mit ihrem linken Fuß machen.« Das kann wichtig sein oder auch nicht. Mit Hinblick auf das Gewahrsein muß der Therapeut sich fragen: Welche Verhaltensweise des Klienten ist kritisch? Welche wichtig? Obwohl Fritz, glaube ich, gesagt hätte: »Es gibt kein Verhalten, das nicht wichtig wäre.« Hinter allem, was jemand macht, steckt eine Absicht. Aber man kann nicht in jedem Moment allen Verhaltensweisen Aufmerksamkeit schenken. Man muß das wichtigste Verhalten heraussuchen, und dazu dient das Wissen über die Person. Ich denke, Anfänger unter den Therapeuten haben dafür keinen Sinn. Sie greifen oft einfach irgendetwas auf.

H: Der Anfänger oder der ungeübte Therapeut scheint sehr darum verlegen zu sein, etwas anzubieten zu haben.

B: Viel zu verlegen. Nun, Fritz jedenfalls hat die Therapie in die Hand genommen. Er war immer sehr, sehr aktiv. Jim Simkin war viel weniger aktiv. Er war es zufrieden, darauf zu warten, daß Material vom Klienten kam. Laura Perls auch. Sie war sehr, sehr geduldig im Warten auf den Materialfluß vom Klienten.

H: Ich denke, dies ist dokumentiert in der Sitzung, die Jim im »Psychotherapy Casebook« (Kutash 1987) vorstellt. Er gibt selbst keinerlei Input. Er antwortet, manchmal in vertiefender Weise, auf das, was der Klient vorbringt und arbeitet damit. Es gibt einen gestalttherapeutischen Film von John Swanson aus Oregon. Ich weiß nicht, ob du den gesehen hast. Ich habe ihn für das »Gestalt Journal« besprochen. Es ist ein Ausbildungs-Film. Er ist hervorragend, weil er sehr wenig an die klassischen Techniken der Gestalttherapie anknüpft. Aber Swanson ist präsent, er ist interaktiv, er nimmt bewußt wahr, und er weist seine Klientin auf einige Dinge hin, die sie macht, und arbeitet damit. Ich würde es gern sehen, wenn dieser anstelle des »Gloria«-Films in den Universitäten gezeigt würde, aber es gibt keine anderen Filme mit Rogers oder Ellis, die dazu passen würden.

B: Ja, der Kontrast ist so wunderbar. Es ist ein sehr dramatischer Film. Ich habe, während du geredet hast, daran gedacht, daß Erv [Polster] sagt, in der Gestalttherapie werde hervorgehoben, daß der Therapeut sich selbst als Instrument benutze. Das wird in jeder Therapie thematisiert, wie der Therapeut sich als Person einsetzt. Aber Gestalt macht da viel mehr draus.

H: Sag' noch ein paar Worte, wenn du magst, über das Nutzen von sich selbst als Instrument.

B: Man gibt in angemessener Form Feedback über seine eigenen Wahrnehmungen, über sein Gewahrsein. Die Beziehung wird genutzt. Alle existentiellen Therapien sprechen über das Nutzen der Beziehung in dieser Weise. Die Beziehung zwischen Klient und Therapeut ist entscheidend. Rogers spricht darüber in den Begriffen der Empathie, aber die Gestalt-Leute meinen viel mehr damit. Sie meinen wirklich Wahrnehmen, meinen den Einsatz des Gewahrseins des Therapeuten als entscheidende Facette in der Therapie. Dem liegt die Annahme zugrunde, daß, was auch immer im Therapeuten vorgeht, dies unmittelbare Bedeutung dafür hat, was bei dem Klienten früher abgelaufen ist oder gerade abläuft. Und daß der Klient non-verbal oder verbal Informationen übermittelt, die wichtig sind. Das läuft über den Filter des Therapeuten. Was immer der Therapeut also fühlt, ist hoch bedeutsam für die Sitzung.

H: Ich glaube, in diesem Moment repräsentiert der Therapeut den Rest der Welt.

B: Ja, Vergangenheit, Gegenwart und Zukunft.

H: Wie wir auf den Klienten reagieren, ist also eine wichtige Information. Ich habe einige Klienten, die sagen. »Das ist interessant, aber ich bin gekommen, um meine Probleme zu lösen.« Oder: »Wie Sie auf mich reagieren, ist in diesem Moment nicht wichtig.«

B: Wie reagierst du normalerweise darauf?

H: Ich stimme ihnen nicht zu. Ich sage: »Ich denke, es ist wichtig für Sie. Sie werden in der Welt andere Leute treffen, die wie ich sind. Sie werden sie beeinflussen, auf sie einen Eindruck machen. Sie werden auf Sie reagieren. Ich denke, es ist wichtig, daß Sie dorthin schauen.«

B: Ich würde sagen: »Sie werden ungeduldig mit mir, weil ich nicht Ihr Problem löse. Lassen Sie uns das anschauen.« Oder: »Was meinen Sie, um was es geht?« Oder ich könnte sagen: »Achten Sie darauf, wie Ihre Stimme jetzt klingt. Womit sind Sie jetzt in Kontakt?« Vielleicht sagen sie: »Oh, ich bin genervt. Ich bin ein bißchen ärgerlich über Sie.«

H: Man könnte sogar sagen: »Könnte es sein, daß Sie sich von mir frustriert fühlen und verwirrt sind?«

B: Richtig, das ist möglich. Wie dem auch sei, ich fürchte, daß ich ein »Nein« kassieren würde, wenn ich es so angehe. Wenn es ein Trainee oder ein anderer Therapeut ist, würde ich vielleicht kein »Nein« zu hören bekommen, weil sie ausgebildet sind.

H: Ja, das ist ein guter Punkt. Ich denke, um darauf zurückzukommen, daß wir betonen sollten, daß wir unterschiedlich reagieren, je nach dem Level der Klienten und je nach dem, was wir über sie wissen.

B: Ja. Nun, ja, bei nicht therapeutisch vorgebildeten Klienten bin ich nicht sicher, ob sie, wenn ich was sagen würde wie: »Was nehmen Sie gerade wahr? Was glauben Sie, wie sich Ihre Stimme jetzt anhört?«, wissen würden, wie sie damit umgehen sollten. Ich bin nicht sicher, ob sie wüßten, was sie damit anfangen sollten, wenn sie nicht einen gewissen Grad an Gestalt-Ausbildung haben. Sie würden mehr dazu neigen zu sagen: »Was meinen Sie damit? Ich weiß es nicht. Ich habe das nur gesagt, ich weiß nicht, wie meine Stimme sich angehört hat.«

H: Ich fand es hilfreich für mich, besonders als ich in Kentucky mit vielen Leuten aus Dörfern und kleinen Städten arbeitete, zu sagen, bevor ich zum Experimentieren überging: »Ich stelle mir vor, da ich ja in mittlerem Alter bin und ihr irgendwie junge Leute, daß ihr zu mir in etwa so steht wie zu einem Vater. Laßt uns das mal etwas genauer angucken, und ihr sagt mir, was an mir euch an euren Vater erinnert und wie ihr euch hier mit mir fühlt.« Ich habe das gemacht, bevor ich zu experimentieren angefangen habe, um damit die Grundlagen zu legen und darüber zu sprechen.

B: Manchmal muß man [als Therapeut] lehrerhaft, trainerhaft sein. Es braucht viel Zeit, bevor man sie dazu kriegt, gute Klienten zu sein!

H: Ja, manchmal ist es gerade dann, wenn du sie so weit hast, Zeit ans Ende der Therapie zu denken.

B: Exakt. Kann sein, daß man zu viel in Gang gesetzt hat!

H: Ich werde mir bewußt, daß ich dich nie zuvor getroffen haben und daß ich eine starke Lebendigkeit darin spüre, wie du über Gestalttherapie sprichst.

B: Ja, ich schätze, daß lebendige Leute zur Gestalttherapie neigen. Sonst tendieren sie zur Psychodynamik. Ich glaube, es ist so, daß eine Menge depressiver Leute eine mehr psychodynamisch orientierte Therapie machen.

H: Ich habe mir immer gedacht, wenn ich auf einer Tagung der AAP [American Association of Psychotherapists] war, daß die New Yorker [Psycho-] Analytiker wie traurige Figuren darstanden. Sie bewegten sich normalerweise linkisch und schauten mißmutig umher. Nicht, als hätten sie eine gute Zeit. Obwohl viele andere Leute eine verdammt gute Zeit hatten.

B: Richtig. Wir, die »Existentialisten«. Ich bin sicher, daß das stimmt. Es wäre toll, dies für die verschiedenen Richtungen zu dokumentieren. Die Nichtdirektiven sind auch so eine spezielle Truppe. In der Gruppe haben sie ihre eigene charakteristische Persönlichkeit. Ich kann nicht genau festmachen, was an ihnen so anders ist, aber ich vermute, daß Leute, die nach außen gerichtet sind, die direkter und energetischer sind, Therapien wie Gestalt bevorzugen.

H: Ja, jeder ausgebildete und gute Gestalttherapeut, den ich getroffen habe, ist eine lebendige, lebhafte Person, und es ist schwer für einen Klienten, darauf nicht zu reagieren.

B: Das ist wahr. In diesem Sinne wäre es eine wunderbare Therapie für Depressive. Ich mache das auch, depressiven Klienten mit Lebendigkeit zu begegnen.

H: Ja, ich finde, daß ich mich etwas verändern muß, aber ich liebe es, Leute zu necken zu sein; und ich gehe spielerisch mit ihnen um. Ich spreche sie darauf an, wenn sie reinkommen, in spielerischer Weise, daß sie mürrisch aussehen und so weiter.

B: Richtig. Ich habe seit langer Zeit eine Borderline-Klientin. Sie ist ernsthaft depressiv. Es ist eine junge Frau, und ich versuche jedesmal, sie aufzuheitern. Das ist schwer, aber ich höre nicht auf zu versuchen, ihr etwas Energie einzuflößen.

H: Dies paßt zu dem, worüber du vorhin gesprochen hast. Dem Einsatz des Selbst als Instrument der Therapie. Es würde nicht zu mir passen zu versuchen, du oder jemand anders zu sein. Ich bin im ländlichen Missouri aufgewachsen und war in meiner ersten Karriere ein Athlet. Ich habe einen bodenständigen Humor. Meine Frau sagt, er sei grob. Aber es wäre künstlich, wenn ich vorgeben würde, nicht zu sein, wie ich bin.

B: Wir alle haben daran in den frühen Tagen der Gestalttherapie gelitten. Wir haben versucht, wie Fritz zu sein und bekamen Minderwertigkeitskomplexe, wenn wir uns nicht genau so in der Öffentlichkeit darstellen konnten, wie er es tat. Jahrelang habe ich das versucht.

H: Die Legende von Fritz steht immer noch im Raum. Die Leute erwarten, wenn sie »Gestalt« hören, jemanden, der konfrontativ, direktiv, manchmal schroff und kantig ist.

B: Ja, ich denke, daß das wahr ist. Ich denke, wir haben das lange genug mitgemacht. Jetzt sind wir bereit, eher mit unserem individuellen Stil zufrieden zu sein.

H: Meine Ansicht davon, mich selbst [als Instrument] zu nutzen, ist, daß ich auch etwas für mich von der Sitzung erwarte. Ich meine das nicht so, daß ich unterhalten werden will oder so.

B: Ja, sicherlich solltest du dich okay fühlen, während du Therapie machst.

H: Ich fühle, daß ich das Recht habe, mich in gewisser Weise beurteilend und nachteilig über den Klienten zu äußern, und daß er das Recht hat zu wissen, wie ich auf ihn reagiere.

B: Richtig. Ich habe überlegt, was sonst noch zentral für Gestalt ist. Es hat mit der Philosophie des Existentialismus zu tun. Sie unterstützt den analytischen Blick auf den Augenblick. Sie gibt der Idee Berechtigung, den Augenblick anzuschauen, den Augenblick als wichtig im Leben anzusehen, als das, was wert ist, durchgearbeitet und untersucht zu werden. Vielleicht sollten wir ein bißchen mehr aus den existentialistischen Gedanken machen, wenn wir über Gestalt sprechen. Fritz war sicherlich von den frühen deutschen Philosophen beeinflußt. Es würde interessant sein, sich die Grundlagen des Existentialismus anzuschauen, ebenso wie die Gestaltpsychologie, aus der natürlich die ganze Idee geboren wurde. Das war Laura Perls überragender Beitrag.

H: Ja, ich wünschte, sie würde mehr schreiben.

B: Das weiß ich. Jeder hat das zu ihr gesagt. Tatsächlich habe ich sie letztens angerufen, um sie zu bitten, nach San Diego zu kommen, als sie in San Francisco war, um etwas bei uns im Institut zu machen.

H: Haben Erv und Miriam Polster etwas mit eurem Institut zu tun?

B: Nein, aber sie kommen jedes Jahr zu uns. Erv und Miriam machen ihre eigene Ausbildung. Sie laden verschiedene von uns ein, um einen oder einen halben Tag Training zu machen. Im Austausch kommen sie und arbeiten in unserem Ausbildungsprogramm. Sie verweisen Leute an uns, für die sie keinen Platz haben. Wir haben interessante Workshops zusammengestellt. Ich gebe dir eine Broschüre von uns. Wir haben ein zweijähriges Ausbildungsprogramm. Dann bieten wir andere Dinge an, Wochenendworkshops, Diskussionen am Sonntag Morgen. Hier ist übrigens das Programm für fünf Veranstaltungen sonntags morgens mit Sitzungen zur Theorie, die im nächsten Monat anfangen.

H: Laß' mich auf das Gewahrsein zurückkommen. Wenn du mit einem Paar arbeitest, kann es sein, daß die beiden unterschiedliche Grade an Gewahrsein haben.

B: Wie ich erwähnt habe, habe ich gerade einiges von Joseph Zinker wieder gelesen, was er über Paare scheibt. Hast du mit ihm über Paare gesprochen?

H: Nicht sehr viel.

B: Ich weiß nicht, ob er noch daran interessiert ist.

H: Doch, er ist sehr daran interessiert. Was mich an der Diskussion mit ihm fasziniert hat, war, daß er einige der Probleme an der [Kontakt-]Grenze als interaktiven Prozeß sieht. Beispielsweise, wenn du mit einem Paar arbeitest und der Mann viel projiziert, muß die Frau, damit das dauernd passieren kann, »mithelfen«: Sie muß rätselhaft bleiben, hinterm Berg halten. Wenn sie aufhört, das zu sein, muß er mit dem Projizieren aufhören. Wenn er es nicht tut, werden sie Probleme haben. Dann haben wir etwas, woran wir in der Sitzung wirklich arbeiten können.

B: Es ist eine sich ergänzende Beziehung, und wir arbeiten daran. Ich mag besonders seine Idee, die Ehe als etwas eigenes zu sehen und sie auf den Stuhl zu setzen. Sie anzusprechen oder ansprechen zu lassen.

H: Ja, ich glaube Bob Resnick tut das auch. Ich besuchte ihn gestern in seiner Praxis, nachdem er mit einem Paar gearbeitet hat. Es gab vier Stühle da. »Ich habe mit einem Paar gearbeitet. Dieser Stuhl ist meiner, dieser seiner, dieser ihrer und hier sitzt die Ehe.« So in der Art.

B: Obwohl ich es in der Art noch nicht getan habe. Aber ich werde es tun. Ich habe entschieden, dies auch einzuführen. Ich habe nichts bei der Arbeit mit Paaren gemacht, von dem ich glaube, das es einzigartig ist. Ich tendiere dazu, den systemischen Ansatz zu nehmen, wenn ich mit Paaren arbeite und der ist der Gestalt nicht entgegengesetzt. Ich handele eher als ein Berater für den Prozeß, sage, was ich geschehen sehe, was ich denke, daß die Leute machen, versuche, etwas Gewahrsein für den Prozeß der Ehe zu schaffen, den Prozeß zwischen dem Paar. Etwa so wie es Satir macht oder sogar Whitaker. Aber ich denke nicht, daß ich in der Arbeit mit Paaren besonders kreativ gewesen bin, »gestalt-artig«, wie ich es hätte sein wollen. Ich muß da noch mehr herumprobieren.

H: Ich dachte immer, um mit Paaren zu arbeiten, müsse man mehr wissen als Gestalttherapie. Das denke ich heute aber nicht mehr. Gestalttherapie kann leicht auf Paartherapie angewendet werder.

B: Ich denke, es ist einfach eine kleine Gruppe und so muß du das Paar behandeln. Ich verhalte mich normalerweise, als sei es eine kleine Gruppe und mache die Dinge, die ich bei Gruppen mache. Auf diese Weise bekommen die Leute den Raum, der ihnen zusteht, und es ist möglich, einige der Fragen zu behandeln, die den Kontakt betreffen. Aber ich weiß nicht, wie sich das auf die Ehe als »eigenes Wesen« auswirkt. Ich bin gerade erst wieder auf die Idee der Ehe als eigenes Wesen gestoßen, auf die Idee, die Ehe als etwas zu behandeln, das mehr ist als die Summe der beiden Individuen, die an ihr beteiligt sind.

H: Ich denke, auf dem Stuhl, der die Ehe repräsentiert, sollten die beiden Ehepartner abwechselnd sitzen und als »die Schmidts« sprechen. Sie könnten auf Fragen antworten: »Wie unsere Ehe ist. Wie ich mich fühle. Wie ich auf das reagiere, was ich sage.« Ich denke, wir werden herausfinden, daß eine der beiden Personen mehr Interesse an der Ehe hat, mehr Energie. Besonders in unserer Kultur ist das meist der Blickwinkel der Frauen.

B: Richtig, aber wir wissen nicht, wie das bei diesem bestimmten Paar aussieht.

H: Nun, Leute kommen mit Problemen, und die Haltung zur Ehe ändert sich möglicherweise. Es kann sein, daß der Ehemann mehr Interesse am Reden darüber hat.

B: Richtig. Ich meine, daß Willi (1982) das in seinem Buch »Couples in Collusion« angesprochen hat.

H: Ich denke, daß die Gestalttherapie heute sicherlich mehr ist als Einzel- und Gruppentherapie. Man schreibt über die Anwendung des Ansatzes in Systemen, in der Erziehung, und wir haben die Arbeit mit Paaren diskutiert.

B: Ja, das ist korrekt. Weißt du, daß Fritz viel mit Paaren gearbeitet hat? Er hat oft seine Arbeit mit Paaren demonstriert. Meist arbeitete er mit dem Abschluß unabgeschlossener Situationen. Ich denke nicht, daß er sich mit den Themen beschäftigt hat, die wir besprochen haben, der Beziehung als eigenem Wesen. Aber er hat viel mit Gewahrsein und Würdigung gearbeitet.

H: Ich erinnere mich, daß er an Verstimmungen gearbeitet hat.

B: Richtig. Er versuchte, all diese unausgesprochenen, unabgeschlossenen Situationen zwischen Paaren abzuschließen, aber das war's dann auch. Einige Leute in Cleveland haben das ausgearbeitet. Sonia und Ed Nevis haben viele Gestaltworkshops für Paare gegeben. Sie waren sehr populär.

H: Meine Frau hat letztes Jahr in der Unterstufe einer Schule gearbeitet. Kinder in der sechsten, siebten und achten Klasse. Einer der Jungen hatte Selbstmord begangen. Die Berater und der Direktor der Schule waren ausgebildet, wie man Selbstmord verhindern kann, aber nicht darin, was sie tun sollen, wenn es doch passiert. JoAnn, meine Frau, meldete sich freiwillig, mit der ganzen Schule zu arbeiten, besonders all den Kursen, in denen der Junge gewesen war. Sie ging hinein und stellte manchmal seinen Stuhl auf. Die Schüler sprachen zu ihm, drückten sich aus. Einige Schüler konnte das nicht. Dann versuchte sie es mit künstlerischen Ausdrucksmitteln. Heraus kam, daß sie den ganzen Rest des Jahres mit sieben Mädchen arbeitete. Das war eine Gruppe von Kindern, die kaum 12 oder 13 Jahre alt waren: zwei hatten einen Selbstmordversuch hinter sich, und alle anderen hatten auch schon mal an Selbstmord gedacht. Besonders, nachdem es der Junge getan hatte, hatten sie große Schuldgefühle. Das ist ein weiteres Beispiel für das weite Feld der Anwendbarkeit der Gestalttherapie.

B: Ja, das führt in ein ganz anderes Gebiet.

H: Leute haben mir gesagt: »Man kann Gestalttherapie nicht bei Kindern anwenden oder bei hospitalisierten Leuten.« Ich entgegne: »Warum nicht?«

B: Genau! Ich denke, sie wirkt magisch bei Kindern.

H: Kinder sind noch nicht »sozialisiert« wie Erwachsene, ihre Vorstellungskraft und Kreativität *nicht* einzusetzen. Ich denke, das ist völlig faszinierend.

G: Vieles, was über die Gestalttherapie gesagt und geschrieben worden ist, legt nahe, daß sie theoretisch gesehen eine Sammlung zufälliger Konzepte und Techniken sei. Ich denke aber, daß die Theorie der Gestalttherapie zusammenhängender ist, als man normalerweise meint. Die durchgängige theoretische Fundierung der Gestalttherapie wird klar, wenn man *Phänomenologie* und *Dialog* als ihre Grundlagen betrachtet. Dies kann man in den ursprünglichen Texten der Gestalttherapie – »Ego, Hunger, and Aggression« (1947) von Perls und »Gestalt Therapy« (1951) von Perls, Hefferline und Goodman – nachvollziehen.

Das Konzept »Dialog« allerdings wurde nicht weiter erläutert. Obgleich von einem Gestalttherapeuten erwartet wurde, daß er aktiv und präsent sei, um eine gute existentielle Begegnung zu ermöglichen, wurden die Details nicht klar gemacht. Fritz Perls machte es nicht klar, weil er nie lange genug daran arbeitete, um etwas theoretisch klar zu machen. Andere der frühen Gestalttherapeuten schrieben nicht viel und verfaßten keine Texte, die die Philosophie der Gestalttherapie ausdrückten und entwickelten. In den Texten und in der mündlichen Überlieferung ist viel von Kontakt, Unterstützung und Gewahrsein die Rede, aber es wird wenig Bezug genommen auf die philosophischen Hintergründe.

Perls, Hefferline und Goodman (1951) betonten überdies den Prozeßcharakter der Feldtheorie. Aber sie gingen nicht explizit auf die Art der *Beziehung* ein – den Teil des Existentialismus, der für mich das Herz der Gestalttherapie ausmacht.

Die Phänomenologen und Gestaltpsychologen entschieden sich für jeweils einen von zwei möglichen Wegen. Entweder gingen sie in die Richtung transzendenter Phänomene, wo sie ausschließlich auf das Wesen der Dinge schauten, oder sie gingen in die Richtung, wo sie ausschließlich auf die [Gestalt-]Prozesse schauten. Es gab keine Betonung der Ganzheit der Personen. Die existentialistischen Phänomenologen gingen anders vor. Sie schenkten der phänomenologischen Prozeßorienterung Beachtung, das heißt der menschlichen Existenz. Das ist der philosophische Hintergrund für uns, nämlich die existentialistische Phänomenologie – aber wir machen den existentialistischen Teil nicht sehr klar. Wahrnehmung wovon? Warum? Nur aus Lust am augenblicklichen sinnlichen Wahrnehmen? Ein guter Gestalttherapeut hat eine größere Weitsicht im Sinn.

Als ich Martin Buber las, war meine Reaktion: »O mein Gott!« Dies schien wie eine systematische philosophische Begründung, die auf einer konkreten Ebene mit den Konzepten und den Praktiken der Gestalttherapie absolut kompatibel ist. Er hat Ideen auf eine Weise ausgearbeitet, die für mich theoretisch befriedigend waren. Nun brachte ich diesen Hintergrund in mein Verständnis von Worten wie »Kontakt« mit ein.

Aber nach einer Weile mußte ich erkennen, daß nicht jeder die Worte so verstand wie ich. Entweder verstanden sie sie anders oder gar nicht. Als ich an klinischen Fällen arbeitete, mit denen sich auch die »Objektbeziehungs-Theoretiker« und die Kohutianer beschäftigen, bemerkte ich, daß ich eine höher entwickelte Fähigkeit besaß, Beziehungen zu den verschiedenen Arten von Patienten aufzubauen. Ich begann, das näher anzuschauen, und gelangte dahin, die dialogische Beziehung weiterzuentwickeln.

Es scheint mir, daß die wirklichen Alternativen lauten:

1. Der Ansatz, die Symptome zu kontrollieren, egal ob in der Variante der Behavioristen, der Ericksonianer oder wem auch immer, oder
2. der psychoanalytische Ansatz, wo man sich wirklich auf die Übertragung konzentriert und daran arbeitet.
3. Oder man braucht eine Alternative, die eine genauso hoch entwickelte wissenschaftliche Theorie, einen philosophischen Hintergrund und Techniken beinhaltet, und die in der Lage ist, zwischen den verschiedenen Arten von Patienten zu differenzieren.

Die einzige Alternative, die ich zu der Art Beziehung kenne, die ein Verhaltenstrainer oder ein Analytiker aufbaut, ist der existentielle Dialog.

H: Bevor wir dazu kommen, möchte ich, daß wir hier ein wenig innehalten. Kannst du sagen, inwiefern du »Kontakt« nach der Buber-Lektüre anders verstanden hast?

G: Ich weiß nicht, ob ich »Kontakt« wirklich anders oder einfach nur umfassender verstanden habe. Mensch, das ist zwanzig Jahre her! Mal sehen, ob ich das klar kriege. Zuerst als ich von Gestalttherapie hörte, bedeutete »Kontakt« für mich einfach Präsenz und Lebendigkeit im Umgang mit dem Gegenüber, im Gegensatz zu zurückgezogenen oder manipulativen Umgangsweisen, um dadurch Konfluenz herzustellen. Das war der Stand der Diskussion. Eines der unglückseligen Probleme, die Perls und Simkin dadurch verursacht haben, daß sie nicht mehr von sich preisgegeben haben, sich nicht mehr mit Theorie beschäftigt haben, ist, daß die Leute ihr eigenen Schlüsse dies betreffend gezogen haben, was für das, was sie taten, wichtig sei. Fast unvermeidlich gab es viel Nachäfferei und falsche Folgerungen. Nachdem ich meine eigenen Ideen zum phänomenologischen Existentialismus und zur Beziehung ausgearbeitet hatte, erkannte ich, daß die dialogische Herangehensweise eine Anwendung der phänomenologischen Herangehensweise ist. Jeder hat eine für ihn wahre Realität, und die unterschiedliche Wahrnehmung der Phänomene auszutauschen, macht viel von dem aus, worum es im Kontakt geht. Ich habe eine Menge dazu geschrieben, weil das – obwohl es so wichtig ist – fehlte. Lynne Jacobs [1989] und Richard Hycner [1985] arbeiten am gleichen Thema.

H: Das hilft mir zu verstehen, wie du an den Punkt gekommen bist, an dem du gerade stehst. Hast du Buber an der Uni gelesen?

G: Ja, in der Zeit, aber nicht als offizielle Lektüre. Ich habe mehr als die vorgeschriebenen Texte gelesen, damit ich die Gestalttherapie besser verstehe als nur über die in den Seminaren behandelte Literatur der Gestaltpsychologie. Es gab halt niemanden an der Uni, der »gestaltisch« orientiert war.

H: Dies hat zwar nicht viel mit dem zu tun, was wir besprechen, aber es ist immer noch so, daß ich einer der wenigen Gestalttherapeuten [in den USA] bin, der Verbindungen zur akademischen Welt hat. Die meisten Gestalttherapeuten geben sich nicht damit ab, die Gestalttherapie zu lehren, weil an Universitäten zu viele Beschränkungen und strukturelle Voraussetzungen herrschen. Es gibt nach meiner Übersicht [hier] nicht viele gut ausgebildete Gestalttherapeuten in öffentlichen Beratungsstellen oder in den Universitäten.

G: Richtig. Ich habe mich darüber auch oft gewundert.

H: Zu diesem Thema höre ich von meinen Freunden in den Heilanstalten und Krankenhäusern: »Gestalt funktioniert hier nicht.«

G: Ich habe früh die Erfahrung gemacht, daß die Gestalttherapie wunderbar in Krankenhäusern, Gesundheitszentren und so weiter klappt. Man verstand, daß ich versuche, Kontakt zu machen. Ich habe versucht, das Gewahrsein des Klienten zu erhöhen. Die Theorie und die Prinzipien der Gestalttherapie konnte ich anwenden, vielleicht nicht die gleichen Techniken, aber es gibt andere von der Gestalttherapie beeinflußte Techniken, um das Gewahrsein von in Behandlung befindlicher Klienten zu erhöhen. In einer Nervenheilanstalt wirklich schwer gestörte schizophrene Patienten durch ein Psychodrama auf der Vormundschafts-Ebene interagieren lassen zu können, war sehr hilfreich. Ich glaube nach wie vor, daß man in der Weise etwas aktiv machen kann. Man hilft den Patienten, ihr eigenes Gewahrsein zu meistern. Das ist sehr, sehr nützlich, und ich hatte von der Gestalttherapie die Leitlinie und Inspiration für mein Handeln erhalten.

H: Eine nützliche und vielleicht neue Erfahrung für geisteskranke Patienten. Leute sagen zu meiner Frau, die an Schulen in der Mittelstufe arbeitet, daß man Gestalttherapie nicht bei Kindern in diesem Alter anwenden könne. Das ist einfach nicht wahr. Sie hat ihren Ansatz modifiziert, aber die Kinder waren sehr daran interessiert, mit den Träumen zu arbeiten, die sie gehabt hatten, und es wurden einige der klassischen [Gestalt-]Techniken eingesetzt. Es gab einen Selbstmord in der Schule. JoAnn arbeitete mit einigen Kursen, in denen der Junge gewesen war. Sie erzielte erstaunliche Resulate, die wir aufgeschrieben und publiziert haben. – Laß uns weitermachen. Erzähl mir über deine Ideen zu dialogischen Beziehungen und zu derartigen Dingen in der Gestalttherapie. Ich hab keine Ahnung, wie wir damit anfangen sollen.

G: Gewöhnlich fängt es mit einer allgemeinen Beschreibung an, daß in einer dialogischen Beziehung jede Person als selbständiges Wesen behandelt wird und nicht als Mittel zum Zweck.

H. Kannst du mehr sagen zu dem Satz: »Jede Person wird als selbständiges Wesen behandelt.« Wie müßte das aussehen, wenn jemand anderes erkennen und anerkennen sollte, daß ich als Therapeut meine Klienten dergestalt als selbständige Person behandele?

G: Nun, wir könnten umgekehrt anfangen, nämlich fragen: Wie können wir wissen, wann wir Therapeuten es nicht tun? Das wäre, wenn wir versuchen würden, die Klienten von einen Punkt zu nächsten zu drängen, wenn wir sie dazu *drängen* würden, etwas bestimmtes wahrzunehmen – damit sie geheilt werden, damit sie ihr Verhalten ändern. Wir sprechen über etwas, das Buber das »Ich-Es« nennen würde. Die »Ich-Es«-Beziehung ist an sich nicht schlecht, weil man nicht nur in erhabenen Ich-Du-Momenten arbeiten kann. Aber in einer dialogischen Therapie stellen Es-Momente nur dar, »was ist«, sind also nicht der Versuch, die andere Person dazu zu bringen, deine Ziele zu verwirklichen, ob nun ein Auto zu kaufen oder die Rechnung zu bezahlen oder was auch immer. Das Ziel besteht darin, in der Lage zu sein, daß wir den Klienten als Person begegnen, und die Klienten vorzubereiten, uns als Personen zu begegnen. Das Mittel dazu ist, sich gegenseitig zu erforschen, zu verstehen; zu verstehen, was in dem Leben und in dem Kopf der Klienten vorgeht. Die Klienten kennen sich selbst am besten. Unser Fokus ist, der Person zu helfen, sich selbst zu verstehen und sich als Person zu zeigen. Ich denke, einen Teil der Betonung des Dialogs macht aus, daß wir verstehen müssen, die phänomenologische Wahrnehmung der anderen Person mit einem starken Sinn für unsere Grenzen und Begrenzungen zu kombinieren. Das macht nach meinem Dafürhalten den Dialog zu einer Form von Kontakt. Wir sind aufmerksam, wir denken nicht die Gedanken und fühlen nicht die Gefühle des Gegenüber. Aber wir wissen, was wir selbst fühlen, denken, sehen und hören. Wenn wir der anderen Person Aufmerksamkeit schenken, bestätigen wir [implizit], daß die andere Person eine separate Existenz hat und wir mit ihr interagieren.

H: »Aufmerksamkeit« ist ein Wort, das ich schätze. Wenn du eben davon gesprochen hast, die Klientin oder den Klienten dazu zu bringen, daß sie oder er dasjenige akzeptiert, was wir für wichtig halten, schenken wir in einem solchen Moment der Person keine Aufmerksamkeit. Wir ziehen dann nur unser eigenes Ding durch.

G: Wenn etwas während der [Therapie-]Stunde passiert, was mir ein Problem zu sein scheint, gibt es eine ganze Bandbreite von Möglichkeiten. Dazu gehört, daß es den Hintergrund bildet für unsere Interpretationen oder für irgend ein Experiment; oder wir versuchen es mit Frustration oder damit, die Person davon abzuhalten, so etwas Ungesundes zu machen. Meiner Meinung nach ist es am kontaktvollsten, wenn man sich lebendig vor Augen führt, daß dieses Problem das Verhalten und die Erfahrung der *anderen* Person ist. Dies ist sein Verhalten und seine Erfahrung, ich schaue, wo ich eine Brücke finden kann, um jene Erfahrung mit dem Klienten zu teilen und ihm die Erfahrung von »Selbst« und »Gegenüber« zu vermitteln.

H: Ja, das wäre sicherlich eine Form von Gegenwärtigkeit.

G: Und es könnte bedeuten, mit Worten die Erfahrung, die ich mache, zu teilen. Es könnte bedeuten, sich mehr darum zu kümmern, der Person, mit der ich arbeite, zu zeigen, daß ich verstehe, was sie gerade durchmacht, indem ich in der Lage bin, es zu wiederholen, zu reflektieren oder den Punkt, an dem sie gerade kämpft, zusammenzufassen. Und es könnte bedeuten, ein Experiment zu kreieren.

H: Du würdest also nicht ausschließen, daß das Experiment eine der Möglichkeiten ist?

G: Wenn ich ein Experiment mache, versuche ich immer, es auf kooperative Weise durchzuführen. Ich bin meist gewillt, die Person zu fragen, ob sie etwas Neues probieren möchte – ihr zu sagen, warum ich vorschlage, daß wir etwas *tun* anstatt darüber zu *reden* – ihr gegenüber so offen zu sein, das Experiment auch auf andere Weise zu machen. Nehmen wir an, der Klient spricht über jemanden, der nicht im Raum ist. Wenn er authentisch zu reagieren scheint, obwohl er sich im Modus des »Darüberredens« befindet, werde ich vielleicht nicht anregen, daß er die Person auf den leeren Stuhl setzt. Wenn die Person sich im Kreise dreht oder obsessiv wird, kann es sehr wohl sein, daß ich etwas wie den »leeren Stuhl« vorschlage. Ich schlage es vor, verlange es aber nicht. Und ich sage, was mein Grund ist – was ich erreichen will – so daß es der Klient verstehen kann. Dies mag wichtiger sein, als zu einem leeren Stuhl zu reden.

H: An dieser Stelle würdest du also etwa sagen: »Sie scheinen ohne viel Energie zu sprechen. Lassen Sie uns schauen, ob wir einen Weg finden, daß Sie mehr Enthusiasmus dafür aufbringen.«

G: Ja. Ich schlage vor: »Schauen Sie, können Sie sich vorstellen, daß die andere Person hier ist? Zeigen Sie beim Sprechen auf den leeren Stuhl.« Wenn ich darauf eine starke negative Reaktion erhalte, mag es sein, daß ich mit diesem Widerstand arbeite, oder auch nicht. Aber manchmal merke ich, wenn ich dafür offen bin, daß es kein Widerstand gegen das Gefühl ist. Es mag ein Widerstand gegen die spezielle Technik sein, die ich anwende. Dann sage ich: »Würden Sie bitte Ihre Augen schließen und sich vorstellen, daß Sie zu der Person sprechen. Sprechen Sie bitte laut.« Oder ich sollte dem Körper und der Körpererfahrung Aufmerksamkeit schenken, nicht den Gedanken. Mag sein, daß der Klient sehr wohl willens ist, tiefer in seine Erfahrung einzusteigen.

H: Das wäre das Ziel des Experiments, das du dem Klienten an diesem Punkt vorschlagen würdest, nämlich tiefer in seine Erfahrung einzusteigen.

G: Ich bestehe nicht darauf, daß die Klienten zu einem leeren Stuhl sprechen oder was auch immer ich als erstes vorschlage. Nur sehr selten mache ich da eine Grundsatzfrage draus.

H: »Mach es auf meine Weise oder du hast einen Widerstand.« Das klingt so, als würde das Experiment, das du vorschlägst, sich daraus ergeben, was gerade »ist« – sich aus der Phänomenologie der Therapie-Sitzung ergeben, um etwas zu klären, hervorzuheben und so weiter.

G: Und noch etwas. Das Experiment ergibt sich aus meinem Verständnis des Klienten als ganzer Person im Unterschied zu anderen Klienten – also aus der Individualität dieses Klienten. Es ergibt sich daraus, wie ich die wichtigsten Charakteristika dieser Person verstehe. Ich finde, in der Gestalttherapie gibt es nicht genug, was die psychoanalytische Informiertheit hinsichtlich derartiger Entscheidungen ersetzen könnte. Bezüglich individueller Unterschiede verfügen wir [in der Gestalttherapie] nicht über eine explizite Theorie oder über genügend beschriebene Fälle.

H: Du sprichst also über das Verständnis für die Charakterzüge der Person, mit der du arbeitest. Aufgrund dieses Wissens paßt du deine Experimente an.

G: Völlig. Es geht darum, wie der gegenwärtige Zustand zu den tief verwurzelten Eigenschaften der Person steht, und wie diese Eigenschaften das Ganze des Entwicklungmusters der Person ausmachen.

H: Kommen wir von deiner Idee des Dialogs ab?

G: Nun, meiner Intuition nach gehört beides zusammen. Aber ich habe meine Schwierigkeiten damit, gut darzulegen, warum ich denke, daß ein guter dialogischer Gestalttherapeut auch psychoanalytisch informiert sein soll. Ich denke, beides gehört zusammen.

H: Mit scheint es, daß du jetzt über das Unterstützungs-[Support-]System für uns, die Therapeuten, sprichst. Wir benötigen diese Unterstützung, um unsere Klienten zu verstehen und um aufbauend auf dieses Verständnis Experimente zu entwickeln. Ohne solche Unterstützung machen wir technisch orientierte Arbeiten und haben nicht viel darüber hinaus zu bieten.

G: Aber warum braucht ein dialogischer Therapeut alle diese Informationen, die aus der Tradition einer nicht-dialogischen Therapie stammen? Ich weiß nicht recht, wie ich das erklären soll.

H: Vielleicht brauchst du es gar nicht zu erklären?

G: Meine Neugier ist geweckt: »Wie erklärst du das?«

H: Es gibt einiges, was wir über eine Person wissen sollten, ohne daß sich das offensichtlich in ihrem praktischen Verhalten ausdrückt – etwas, was nicht zu diesem Verhalten zu passen scheint. Anderes jedoch verstehen wir.

G: Ich denke, psychoanalytische Informiertheit ist Teil unserer Unterstützung, und ich habe herausgefunden, daß es ein guter Weg ist, dies auch offen zuzugeben.

H: Ich stelle mir vor, daß du Gestalttherapie ganz anders betreibst als es in den meisten Filmen zu sehen ist, die man kaufen kann – wie die Videos oder Filme von Fritz Perls oder sogar von Jim Simkins Arbeit. Es scheint mir, daß wir die psychotherapeutische Welt immer noch nicht erreicht haben. Sie sieht die Gestalttherapie immer noch so an, als werde sie so betrieben, wie Fritz Perls sie in »Gestalt Therapy Verbatim« (1969) dargestellt hat.

G: Ja. Interessanterweise wurde in den letzten zehn Jahren oder so in vielen Artikeln darauf hingewiesen. Das Modell (Perls, 1969) ist keine richtige Darstellung der Gestalttherapie heute. Dennoch besteht immer noch der Eindruck, daß Gestalttherapie im Wesentlichen so betrieben wird wie in den späten Sechzigern in Kalifornien. Ich denke, in aller Welt gebrauchen viele Leute die Techniken der Gestalttherapie auf diese Weise.

H: Oder mißbrauchen sie?

G: Oder verwandeln die Gestaltpraxis in etwas anderes, nennen es irgendwie anders, nicht mehr Gestalttherapie – sondern z. B. »Gestalt und Objektbeziehung« oder »Gestalt-dies-und-das«. Darum denkt man, Gestalttherapie sei immer noch das, was Fritz und Jim in den 1970ern machten. Darum werde ich nicht als *echter* Gestalttherapeut angesehen, wenn ich solche anderen Sachen mache.

H: Ich sollte einen anderen Namen finden, wie ich nennen kann, was ich tue, oder zu »Gestalttherapie« etwas hinzufügen.

G: Darum denken viele immer noch, die Gestalttherapie sei antiquiert, obwohl unsere Praxis sich weiterentwickelt hat.

H: Zuerst, als ich mich der Welt präsentierte, sagten die Leute zu mir: »Du kannst kein Gestalttherapeut sein, du bist doch ein netter Kerl.« Jemand sagte: »Wo sind deine Sandalen, wo ist dein Bart?« Er sagte es halb im Spaß, denke ich, aber er meinte es auch irgendwie ernst. Es ist verwirrend, was Gestalttherapie ist. Ich denke, wir kämpfen immer noch diese Schlacht. Oder: Wir haben immer noch die Aufgabe, unsere Kollegen zu informieren.

G: Nun, ich denke, das tun wir. Es gibt ein paar hervorragende Artikel, die das sehr deutlich machen. Wie dem auch sei, die allgemeine Öffentlichkeit liest diese Artikel nicht. Es ist wie ein Spiel: »Echte Gestalttherapeuten, bitte aufstehen.«

H: Wenn mir das passiert, fühle ich mich an Familiensituationen erinnert. Wenn man in der Familie eine klare Rolle inne hat, aufwächst, zum Studium weggeht und dann wiederkommt, drängt die Familie einen stark, daß man wieder die gewohnte Rolle in der Familie übernimmt. Es scheint mir, daß die psychotherapeutische Welt uns stark drängt, daß wir uns an unserer 1960er/1970er-Jahre-Modell halten.

G: Und wie in einer Familie, an der jede Person ihren Anteil hat, hat die Person, die in eine Rolle gedrängt wird, ihren Anteil daran, daß sie die Rolle übernimmt. Das Defizit [der Gestalttherapie] an klaren und eindeutigen theoretischen Arbeiten, das Defizit an wirklicher Forschungsarbeit und das Defizit an organisatorischer Struktur schafft die Bedingungen, unter denen die Leute uns die Rolle anhängen können, die sie wollen. Wir haben auch ein

Defizit an Klarheit. Es ist wie bei Richard Nixon, der immer klarstellen mußte, was er meinte, weil er sich vorher unklar ausgedrückt hatte.

H: Es gibt da ein Video von John Swanson, das ich gesehen habe. Er zeigt den Fall einer Frau, mit der er arbeitet. Es ist eine hervorragende Präsentation der Sache der Gestalttherapie. Er setzt kein einziges Experiment ein. Es ist ein gutes Beispiel davon, was ich für den dialogischen Ansatz halte, aber es ist nicht weit verbreitet. Ich habe es für das »Gestalt Journal« (Harman 1985) besprochen. Darum weiß ich davon.

G: Ich überarbeite gerade das Kapitel über Gestalttherapie im Corsini-Buch, das Jim und ich für die 3. Auflage verfaßt hatten. Ich will eine neue Fassung für die nächste Auflage erstellen, zu der es übrigens einen zusätzlichen Band mit großen Fällen geben wird. Ich denke, man wird an guten Fällen in der Gestalttherapie Interesse haben. Ich habe mich schon mal informell nach Fällen umgesehen. Ich könnte diesen Fall von John Swanson vorschlagen, wenn er passend scheint.

H: Du kannst das Video bestellen. – Ich habe übrigens einen Artikel über Gruppenarbeit geschrieben. Ich meine, ich hätte dir eine Kopie geschickt. Er wurde in »The International Journal of Group Psychotherapy« (1984) veröffentlicht. Er hat wenig Beachtung gefunden. Es gab nur eine Nachfrage wegen eines Nachdrucks. Ich dachte, in diesem Artikel hätte ich klar gemacht, daß wir in einer Gruppe diese Sache mit dem »heißen Stuhl« nicht brauchen, weil andere Personen anwesend sind. Ich dachte, dies würde einigen Leuten darüber die Augen öffnen, was Gestalttherapie in Gruppen bedeutet. Aber er wurde entweder nicht gelesen oder die Leute dachten: »Was soll's?« Oder was auch immer. Ich habe etliche Reaktionen erwartet und bekam aber nur sehr wenige.

G: Es ist verblüffend, daß du das [über die Gruppenarbeit] gesagt hast. Einige andere [Gestalttherapeuten] haben das auch klar gemacht. Die Stereotypen bestehen jedoch weiter.

H: Feder und Ronall (1980) haben es beispielsweise in ihrem Buch geschrieben. Doch der Ansatz, den wir diskutieren, ist außerhalb der Gestalt-Szene nicht zur Kenntnis genommen worden.

G: Ich weiß. Manchmal passiert es, daß Leute sagen: »Oh ja, Bob Harman, nun er beschäftigt sich mit Gruppenprozessen, und er ist Gestalttherapeut.« Grad so wie: »Einige meiner besten Freunde sind Juden.« Es wird an einem engen Bild von Gestalttherapie festgehalten.

H: Welche Reaktionen erhälst du auf deinen »dialogischen Ansatz« in der Gestalttherapie?

G: Nun, ich bekomme im allgemeinen positive Reaktionen zu dem, was ich schreibe, aber die Leute haben manchmal Schwierigkeiten mit meinem Stil, aus verständlichen Gründen. Bezogen auf meine Praxis bekomme ich entweder positive oder gemischte Reaktionen – gemischt aus Zustimmung und Verwirrung. Selbst wenn ich nicht über Dialog spreche, kommentieren die

Leute meist, daß ich ziemlich genau das tun würde, was ich sage. Sie sagen: »Sie scheinen mehr wie ein Kollege zu sein. Ich habe das Gefühl, genügend Zeit und Raum für mich zu haben, um meine Arbeit mit Ihnen zu entwickeln. Ich fühle mich nicht gedrängt.« Diese Kommentare sind positiv gemeint. Einige Leute sagen Dinge wie: »Toll, was passiert ist.« Aber einige Trainees heben ihre Augenbrauen und sagen: »Ich verstehe das nicht.« Und was sie meinen, ist, daß sie keinen theoretischen Bezugsrahmen herstellen können. »Was hast du gemacht?« »Du hast mich nicht in knalliger Form konfrontiert.« »Du hast mich nicht zu einem leeren Stuhl sprechen lassen.« »Du hast keine Körperarbeit gemacht.« »Ich weiß nicht, was du gemacht hast.« Manchmal ist in meinen besseren Arbeiten der Kontakt gut, klar und prickelnd. Ich treffe an der Grenze auf das, was die Trainees tun und was ich erfahre. Einige können das sehen und einige gehen völlig verwirrt heraus. Entweder kann ich das nicht konkret genug beschreiben oder sie haben zunächst Schwierigkeiten, die Methode ausfindig zu machen. Aber im allgemeinen sind die Reaktionen positiv – zunehmend positiv.

H: Meinst du, es ist nötig, dies alles in der Arbeit den Klienten zu erklären?

G: Nein, ich habe eher an Ausbildungs-Workshops gedacht. Ich erkläre Klienten einiges, aber sie müssen nicht verstehen, was meine Methodologie ist. Wichtig ist, daß die Klienten meine Haltung zu ihnen verstehen, und die Haltung mache ich klarer, als sie mir je in meiner analytischen oder gestaltischen Ausbildung klar gemacht worden ist. Aber ich muß nicht den Gestaltansatz diskutieren. Verstehen die Klienten, wie ich sie behandle? Vertrauen sie mir? Scheine ich ihnen zu vertrauen? Das ist wichtig.

H: In dem Buch »Psychotherapist's Casebook« ([Kutash und Wolf] 1986) gibt es ein Kapitel über existentielle Therapie von Bugental. Als ich das gelesen habe, schien es mir, daß er Gestalttherapeut sein könnte. Sein Kapitel erinnert mich an die Art, wie wir über Gestalttherapie sprechen. Es erinnert mich daran, auf die Person als selbständiges Wesen zu reagieren und zugleich präsent zu sein.

G: Ja, das ist ein interessanter Trend, denke ich. In der Therapie ist im allgemeinen eine Vermischung zu beobachten – Vermischung der Modelle und Ansätze. Ich denke nicht, daß die Methoden der unterschiedlichen Schulen der Therapie noch so total getrennt sind wie noch vor zehn oder zwanzig Jahren. Es war so, daß der Existentialist über existentielle Beziehungen sprach, und wir konnten sagen (und es wurde geschrieben), daß die Gestalttherapie als einzige therapeutische Richtung über eine operationalisierte klinische existentialistische phänomenologische Methodologie verfüge. Gestalttherapie war die einzige Anwendung existentialistischer Prinzipien. Jemand hat das gesagt und es scheint für die 1970er Jahre richtig gewesen zu sein, aber jetzt, wo sich unsere Methoden mehr vermischen und andere Therapeuten anfangen, Gestalthaltungen anzunehmen, ist es schwer zu sagen, wer wer ist.

H: Ja. Manche Leute haben zu mir gesagt: »Nun, Sie sind ein Ericksonianer.«

Oder: »Sie sind dies, Sie sind das.« Natürlich sehen sie nur einen Ausschnitt und haben keine Ahnung von dem theoretischen Hintergrund, von dem aus ich zu dem gekommen bin, was ich tue.

G: Ich denke, es sollte darum gehen, was eine gute Therapie ist, nicht darum, was Gestalttherapie ist. In diesem Sinne glaube ich, daß die Vermischung eine gute Sache ist. Wie dem auch sei, im Hinblick auf die Klarheit der Modelle in der Ausbildung führt sie allerdings zu einem chaotischen Milieu in der Psychotherapie.

H: Du hast die Worte gebraucht: »eine Person an der Grenze kontaktieren«. Kannst du mehr darüber sagen, wie von deiner Warte aus die Grenze definiert ist?

G: Ich lächele. Ich habe daran gedacht: »Laß' mal sehen, wenn ich es so sage, würde Joel Latner meinen, daß das richtig formuliert ist oder nicht?« Darum mußt du die Frage wiederholen.

H: Ich dachte daran, als wir Texte zur Theorie der Gestalttherapie lasen, das Perls-, Hefferline- und Goodman-Buch (1951) und andere Bücher. Viel wurde zu Kontakt und Kontaktgrenze gesagt, und ich nehme an, wir alle haben unsere eigene Idee darüber. Ich würde gern hören, was du über die Grenze denkst.

G: Nun, Grenze ist ein Prozeß, ein Prozeß der gleichzeitigen Trennung und Verbindung, des Unterscheidens zwischen Ich und Nicht-Ich. Entscheiden, was ins Ich rein soll und was nicht. Was ich raus haben will und was nicht. Es ist eine Beziehung, eine Beziehung zu anderen Personen oder zu anderen Dingen. Es ist immer eine Beziehung, und Kontakt ist das Gewahrsein, ist, die Grenze zu einer anderen, differenten Person anzuerkennen.

H: Teil dessen, was ich als Gestalttherapie ansehe, ist die Beschreibung, daß Leute ein Gewahrsein von ihren Kontaktgrenzen entwickeln können, um darüber zu entscheiden, was sie in sich hineinnehmen und aus sich herauslassen. Nehmt mehr nährendes Material hinein und haltet mehr giftiges Material heraus.

G: Ja, es geht darum, das Gewahrsein der Kontaktgrenze auszuweiten, damit sie der Person klarer wird. Das ist eine Art Ausweitung. Es gibt noch eine andere Form der Ausweitung, nämlich das auszuweiten, was die Person in Betracht zieht, in sich hineinzunehmen und was nicht. Es geht also nicht nur um die Steigerung des Gewahrseins der Grenze, sondern auch um die Steigerung der Flexibilität und der Ausdehnung der Grenze.

H: Damit es mehr Chancen gibt, etwas aufzunehmen?

G: Ja. Eine Sache, die wir meiner Meinung nach klar machen müssen, besonders wenn wir über den Vergleich zwischen Gestalttherapie und Systemtheorie sprechen, ist, daß wir der Person nicht nur helfen, Gewahrsein zu entfalten und zu ihrem alten Gleichgewicht zurückzukehren. Sondern wir helfen den Leuten, das zu tun, was die Systemiker ein »level two shift« nennen würden, nämlich die Grenze zu verändern, nicht nur zu einem vorhergehenden Zustand zurückzukehren. Ich denke, das war immer das Ziel, aber wir haben es nie klar gemacht, bis die Systemiker darüber gesprochen haben.

H: Ein wichtiges Konzept in der Gestalttherapie ist Gewahrsein. Was ist deine Definition von Gewahrsein?

G: Gewahrsein ist ein Weg des Wissens. Es ist Teil unserer Selbstregulation. Ich denke, Gewahrsein hat eine Beziehung zur Figurbildung, dem Gebrauch der Sinne. Ein gutes Gewahrsein ist nicht nur scharf, sondern auch klar. Die Figur repräsentiert, was den Organismus anzieht, nicht was ihn abstößt. Jeder nimmt immer wahr, und was immer eine Person wahrnimmt, irgend etwas anderes nimmt sie nicht wahr. Die Welt ist unendlich und wir sind endlich. Was immer wir in einem Augenblick wahrnehmen, es gibt etwas, was sich außerhalb unseres Gewahrseins befindet. Unser Fokus in der Gestalttherapie ist, den Leuten zu helfen, sich des Gewahrseins bewußt zu werden: daß sie den Prozeß steuern können und darum in der Lage sind, über die Art und den Inhalt des Gewahrseins so zu entscheiden, wie es zu ihren Bedürfnissen in verschiedenen Zeiten, Räumen und zwischenmenschlichen Beziehungen am besten paßt.

H: Ich mag das, was du darüber sagst, wie wir uns erlauben, uns auf eine Figur zu konzentrieren und sie zu entwickeln, und dabei andere Möglichkeiten ausschließen. Wir können nicht alle Dinge wahrnehmen.

G: Alles wahrzunehmen ist wie nichts wahrzunehmen. Es ist undifferenziert. Die Theorie sagt, daß wir uns immer selbst regulieren. Wenn der Grad des Gewahrseins niedrig ist, regulieren wir uns durch Gewohnheit. Die ist nötig, da wir hunderte von gleichzeitigen Transaktionen regulieren müssen. Die Frage lautet nicht, ob wir wahrnehmen, sondern daß wir das Gewahrsein entwickeln, das wir brauchen.

H: Kannst du mehr darüber sagen, sich durch Gewohnheit selbst zu regulieren?

G: Nun, nochmals: Die Welt ist unbegrenzt. Wenn wir einen Fuß vor den anderen setzen und weiteratmen und gleichzeitig vermeiden, von einem Auto überfahren zu werden, regulieren wir uns durch Gewohnheit.

H: Wir haben noch nicht über deine Idee von der Feldtheorie gesprochen und wie diese zur Gestalttherapie beigetragen hat.

G: Das ist das schwerste, weil die Feldtheorie ein so hohes Abstraktionsniveau hat. Es bedeutet, daß wir über die allgemeine wissenschaftliche Art des Denkens sprechen, über ein Konzept, nicht über ein Faktum, also über die Art, Dinge anzuschauen. Wir folgen diesem Konzept nicht konsequent. Ich denke, es ist angemessen, aber es ist schwierig, darüber zu sprechen. Wenn man darüber spricht, daß alles ein Werden ist, muß man auf ein hohes Abstraktionsniveau wechseln. Es gibt da die Zeitdimension, so daß alles sich auf etwas anderes zubewegt. Alles ist nicht nur Prozeß im Sinne von Werden, sondern alles steht auch in Beziehungen zueinander, so daß es Subprozesse und Zwischenbeziehungen zu anderen Dingen gibt. Die Teilchen, Sterne, Planeten und Menschen: alles ist Prozeß, Beziehung und Werden, alles bezieht sich aufeinander und »wird«. Es ist fast einfacher, zur Physik zu wechseln und über Einsteins Relativitätstheorie und über die Quantenmechanik zu sprechen. Da haben wir wenigstens etwas Konkretes, auf das wir uns beziehen können. Schau her, das Elektron ist nicht wirklich ein Ding. Das Elektron ist in Wirklichkeit eine Welle. Dann kann man sagen, es sei manchmal eine Welle und manchmal ein Teilchen. Das hängt davon ab, *wie* du es ansiehst.

Wir verdanken der Gestaltpsychologie viel. Ich denke, es ist falsch, das, was wir ihr verdanken, auf die Worte »Figur« und Grund« zu beschränken, ohne die dahinter stehende Philosophie in Betracht zu ziehen. Wie du weißt, haben wir die Worte »Figur« und Grund« von der Gestaltpsychologie. Aber wenn das alles wäre, wäre es nicht der Rede wert. Zu sagen, etwas sei hervorgehoben oder etwas anderes trete zurück, kommt auf das gleiche raus [wie von Figur und Grund zu sprechen], es sei denn da steht ein größerer philosophischer Anspruch dahinter. Ich denke, was wir von der Gestaltpsychologie haben, ist ein Begriff einer Feldtheorie, der, neben dem, was ich über Werden und Sich-aufeinander-Beziehen gesagt habe, darauf achtet, wie die Teile sich zu einem Ganzen fügen. Es geht nicht um die Teile allein, nicht um einen vagen Begriff der Ganzheit, sondern darum, daß die Teile und das Ganze sich zu etwas zusammenfügen, das die Teile und das Ganze systematisch in Beziehung zu einander setzt. Wir machen bei der Gestaltpsychologie auch Anleihen hinsichtlich eines Konzepts der Einsicht, das nicht psychoanalytisch ist, sondern auf die Erkenntnis der Gestaltbildung – wie die Teile und das Ganze sich zusammenfügen. Dieser philosophische Aspekt der Gestaltpsychologie ist etwas, mit dem die amerikanischen Psychologen scheints die größten Schwierigkeiten haben. Sie können nicht mit Theorie umgehen. Köhler und Kofka mußten auf der konkreten Ebene bleiben, um in Amerika verstanden zu werden.

H: Ich möchte dich etwas fragen, das dich hoffentlich nicht ablenkt. Wir sprachen darüber, wie die Teile und das Ganze sich zueinander verhalten. Wie läßt sich das praktisch auf den Klienten anwenden? Gibt es da eine Verbindung?

G: Ich habe immer im Sinn, daß alles, was ich bei einem Klienten sehe, im Kontext, in der Zeit und im Raum zu betrachten ist. Welche Eigenschaft oder welcher Gemütszustand sich zeigt, was auch immer wir anschauen, hat eine Bedeutung bezogen auf Zeit, Raum und Gewahrsein. Ich verstehe sein Verhalten nicht, wenn ich nicht den Kontext anschaue. In der Arbeit mit einem Paar macht einer der beiden manchmal etwas, worüber der Partner sagt: »Das ist verrückt.« In Wirklichkeit ist es nicht verrückt. Wir kennen nur die Bedeutung noch nicht. Wir wissen noch nicht, was der Kontext ist. – Gleichzeitig gehe ich immer davon aus, daß alles ein Prozeß ist, kein »Ding«. Beispielsweise jemand, der sagt: »Ich habe in mich hinein gehorcht, was mein wahres Selbst ist, und ich fühle mich leer, darum habe ich kein Selbst.« Da tut er so, als sei das Selbst ein »Ding« und er hat dieses »Ding« nicht. Es ist hilfreich, zu dem Blinkpunkt des Prozesses zurückzukehren: »Das Selbst ist, was du tust und was wichtig für dich ist. Du hast versucht, du selbst zu sein und in dich hineinzuschauen und du fühlst dich leer, doch es ist in dir nichts, was andere Leute haben, du aber nicht.« Es ist eine Haltung der »Entdinglichung« [no-thingness]. – Mit wenigen Ausnahmen spreche ich nicht über die Feldtheorie, wenn ich sie einsetze, aber ich habe sie im Hinterkopf. Sie ist Teil meiner Unterstützung.

H: Ich bin froh, daß du das Beispiel mit dem Paar angeführt hast. Als du über die Teile und das Ganze gesprochen hast, die sich zueinander verhalten, dachte ich, wie gut das auf Paare, Familien und Gruppen zutrifft, mit denen wir arbeiten. Es ist leichter, es daran zu erklären, als an einem Individuum.

G: Nun, es ist besser zu beobachten und leichter zu erklären. Intuitiv gesehen ist es leichter zu erklären, warum ich ein Ganzes bin. In gewissem Sinne bezieht sich alles von mir auf alles andere. Wenn man das Ganze nicht versteht, kann man nicht verstehen, was ich sage. Fordere ich einen Klienten, mit dem ich arbeite, dazu auf, ein Experiment mit dem leeren Stuhl zu machen, weiß er vielleicht bezüglich meiner Intention nicht, ob ich versuche, wie Fritz Perls oder ein Ericksonianischer Guru zu sein, der etwas erzwingen will, oder vielleicht versteht er es gar nicht als Experiment. Er sieht mich als jemanden, der ihn dazu veranlassen will, etwas zu tun, nicht als jemanden, der *mit* ihm arbeitet. Das gibt dem Experiment eine ganz andere Bedeutung [als es meiner Absicht entspricht]. Der Kontext des Ganzen verändert die Bedeutung, obwohl es sich [technisch] um das gleiche Experiment handelt.

Ohne die Beziehungen zu kennen, also wie das Ganze zusammenstimmt, kann man die Bedeutung nicht erfassen. Einen bestimmten Klienten kann ich necken und im Kontext unserer Beziehung ist es völlig klar, daß es nicht feindselig und verletzend ist. Es ist eine Art Spiel. Er versteht das Gefühl, das hinter dem steht, was ich sage. In einer anderen Beziehung würde die gleiche Art Neckerei völlig unsensibel und rüde sein. Man muß den Kontext kennen. Selbst bei einem Klienten, mit dem ich die Art Beziehung habe, daß ich ihn necken kann, kann die gleiche Neckerei völlig schief gehen, wenn gerade sein Vater gestorben ist. Ja, wir haben eine gute Beziehung, aber jetzt, zu diesem Zeitpunkt, geht es um etwas Ernsthaftes.

H: Technisch gesehen kann ich mir vorstellen, daß sich die Beziehung zu dem Klienten, dessen Vater gstorben ist, wieder erholt, auch wenn du ihn intensiv neckst, weil es eine gute Beziehung ist und viel Kontakt stattfindet. Wenn es sich dagegen um einen neuen Klienten handelt, ist das eine andere Baustelle.

G: Wenn wir eine gute Beziehung haben, die wenigstens auf einem Minimum von Selbstunterstützung des Klienten basiert, ist die Beziehung zu dem Klienten laut Definition echter Kontakt und keine rein narzistische Befriedigung; und wenn der Therapeut nicht zu sehr in die Selbstverteidigung geht, kann er sagen: »Ich bin über's Ziel hinausgeschossen.«

H: Gibt es etwas, über das wir noch nicht gesprochen haben, was du aber für wichtig hältst? Ich denke noch an das, was du über die Arbeit mit Paaren gesagt hast. Ich erinnere mich an das Gespräch mit Joseph Zinker, in welchem er sagte, die »Störungen an der Kontaktgrenze« seien interaktiv. Wenn ich mit einem Paar arbeite, ist es wichtig zu wissen, daß, wenn er projiziert, sie ihren Anteil daran hat. Sie muß unerkennbar bleiben. Wenn man das Feld anschaut, fängt man an, sein ganzes Verhalten zu sehen, das manchmal nicht nur sein isoliertes Verhalten ist, sondern in einem Kontext steht. Da ist noch eine Frau, die rätselhaft bleibt, so daß er projizieren kann.

G: Ich denke, es ist wichtig, daß wir, wenn wir mit Paaren arbeiten (und ich arbeite viel mit Paaren), nicht aufhören, auszuklammern [bracketing]. Die Unterstellungen auszuklammern und zu sagen: »Schauen wir, in welchem Maße sie, wenn er projiziert, sich wirklich verhüllt und nicht selbst zeigt.« Oder fährt er damit fort, zu projizieren, wenn sie sich tatsächlich schon selbst zeigt? Das wäre natürlich eine viel ernsthaftere Art der Projektion. Eines der Dinge, die uns in der Paar- und Familien-Arbeit Schwierigkeiten machen, ist, daß wir nicht wie in der Eins-zu-eins-Therapie ausklammern.

H: Kannst du mehr dazu sagen, was du mit »Ausklammern« [bracketing] meinst?

G: Vorurteile beiseite lassen. Vom Gegebenen und Offensichtlichen ausgehen. In der Lage sein, mit den eigenen Sinnen die gegenwärtige Situation neu aufzunehmen. Das ist phänomenologische Erkundung. Man praktiziert diese Disziplin, wenn man sagt: »Okay, ich lasse meine Vorurteile beiseite und wende mich dem reineren Gewahrsein zu, so daß ich erfolgreich ein klares, verständliches und einsichtiges Bild von der Interaktion bekomme.«

H: Nun, bitte, wende das doch mal auf das Paar an, mit dem du arbeitest.

G: Nun, wenn ich beginne und annehme, daß sie, wenn er projiziert, sich zurückhalten muß, klammere ich mein Vorurteil nicht aus. Die meiste Zeit werde ich recht haben. Aber nicht immer. Wenn man annimmt, daß die Mutter oder der Vater gestört sind, wenn das Kind gestört ist, wird man manchmal recht haben. Manchmal wird man nicht recht haben. Die Annahme tritt, selbst wenn sie richtig ist, immer der Erforschung der Beziehung und der Entwicklung in den Weg. Man kann keine klare phänomenologische Erforschung betreiben, wenn man der Situation ein festes Bild überstülpt, selbst wenn es ein relativ richtiges Bild ist.

H: Wir sind fast dorthin gelangt, wo wir angefangen haben. Wenn da eine Person ist, die beobachtet und dem Aufmerksamkeit schenkt, was vor sich geht, wird sie ihre Annahmen über »das, was die Ursache davon ist, wenn das und das passiert«, ausklammern und sehen und hören, was wirklich geschieht.

G: Ja, eine Person mit phänomenologischer Disziplin wird sehr präsent sein, klaren Kontakt machen und bei dem bleiben, was wirklich geschieht.

H: Wir haben die sogenannten Störungen an der Grenze nicht behandelt, was für mich okay ist. Sie sind an anderen Stellen gut beschrieben worden.

G: Ja, aber ich denke, einige Aspekte sind doch noch nicht sehr klar geworden. Ich nehme an, daß dir das aufgefallen ist. Ein Punkt ist der Unterschied zwischen der Störung an der Grenze wie der Projektion und dem Verlust der Grenze. Auch, daß der Verlust der Grenze etwa in der Konfluenz oder Isolation eine Illusion ist. Es gibt einen Verlust, die Differenz wahrzunehmen, aber organismisch halten wir eine Differenz zur Umwelt aufrecht. Ein Aspekt, der bei der Diskussion von Störung und Verlust der Grenze vergessen wird, ist, daß gleichzeitig eine Störung des Gewahrseins und des Kontaktes vorliegt. Die Definition also, ob die Prozesse gesund sind oder nicht, hat mit Gewahrsein und Bedürfnis zu tun. Wenn die Störung an der Grenze mit dem Bedürfnis der Person in diesem Moment übereinstimmt, ist sie gesund. Störungen sind nicht negativ oder positiv an sich. Diese Dinge sind dir, glaube ich, klar, aber ich denke, die Literatur ist in diesen Punkten nicht immer eindeutig. Ich stimme zu, daß es genug Klarheit über Störungen an der Grenze in anderer Hinsicht gibt und daß wir darauf nicht weiter einzugehen brauchen.

H: Ich möchte dich dazu anregen, darüber zu sprechen, was du für wichtig in der Theorie der Gestalttherapie hältst. Fang' einfach an und folge deinen Gedanken.

R: Das ist eine weitgefaßte Einladung. Ich beziehe mich einfach auf ein paar Ideen, die mir in den Sinn kommen. Eine Sache, die mir angesichts der gegenwärtigen Trends der Vermischungen und gegenseitigen Beeinflussungen in der Psychotherapie-Szene besonders wichtig ist, ist die Definition dessen, was innerhalb der Grenze der Gestalttherapie ist und was außerhalb von dieser steht. Ich möchte vorsichtig sein und weder das »Innerhalb« noch das »Außerhalb« falsch definieren. Eine zu enge Grenze wäre nicht flexibel, nicht durchlässig und könnte nicht ausgeweitet werden. Es gäbe keinen Raum zum Experimentieren, zum Strecken und Wachsen. Enge ist der Gegenpol für die gestalttherapeutische Betonung von Prozeß, Feld und Veränderung. Auf der anderen Seite würde es bedeuten, gar keine Definition zu haben, wenn man versuchen würde, »alles« einzuschließen. Es gäbe keinen klaren Unterschied mehr zwischen dem, was Gestalttherapie ist und nicht ist. Der dialektische Prozeß zwischen Grenzsetzung und Grenzausweitung hält die Gestalttherapie am Leben, macht sie lebendig und bedeutsam.

Ein anderes Steckenpferd von mir ist zu betonen, wie wichtig die Unterscheidung zwischen psychotherapeutischen Theorien der Persönlichkeit (oder der Entwicklung) und den Theorien der Psychopathologie ist. Es scheint, als folge Welle auf Welle in der Entwicklung von Persönlichkeits- und Entwicklungstheorien, die sich nicht von Theorien der Psychopathologie unterscheiden. In den späten 1980ern beispielsweise, also heute, wird die Objektbeziehungs-Theorie und der Selbstpsychologie von Kohut manchmal mit einer Theorie der Behandlung oder Psychotherapie verwechselt. Der Untertitel der Gestalttherapie lautet, wie jeder weiß, der »Ego, Hunger, und Aggression« gelesen hat, »Eine Revision der Freudschen Theorie«. 1977 hat Arnold Beisser, ein wunderbarer Mann und Kollege am »Gestalt Therapy Institute« von Los Angeles, gesagt: »Nur aufgrund eines historischen ›Unfalls‹ oder nur aufgrund von persönlichen Zwistigkeiten wird die Gestalttherapie heute nicht als neo-analytische Psychotherapie angesehen.«

Große Teile unserer Theorie der Persönlichkeit und Entwicklung stammen aus der Psychoanalyse, aus einigen neo-psychoanalytischen Theorien und aus vielen anderen Quellen. Das hat allerdings nichts mit der Theorie der Behandlung zu tun. Die Theorie der Behandlung ist unabhängig von der Theorie der Persönlichkeit, Entwicklung und Psychopathologie. Und wenn deine Behandlung im analytischen Sinne auf Übertragung konzentriert ist und vor allem auf Interpretation basiert, dann machst du, soweit es mich betrifft, keine Gestalttherapie. Dabei kannst du natürlich gute Arbeit leisten. Das letzte Wort hat immer das, »was funktioniert«. Aber du machst keine Gestalttherapie, wenn du in der traditionellen psychoanalytischen Weise mit Übertragung arbeitest und Interpretationen als die hauptsächliche oder fast ausschließliche therapeutische Intervention einsetzt.

H: »Übertragung« und »Interpretation« sind nicht gestalttherapeutisch?

R: Das ist richtig, insoweit »Übertragung« und »Interpretation« allein gewiß nicht gestalttherapeutisch sind. Das heißt nicht, daß es kein Phänomen der Übertragung [transference] oder »des Übertragens« [transferring] gibt, wie ich es lieber nenne. Jeder, der Augen und Ohren hat, weiß, daß es zu Übertragungen kommt. In manchen Situationen reagieren die Leute aufeinander mit, wie Fritz sagen würde, »veralteten Antworten«. Ich kenne kein Gegenargument dazu. Freuds Genie bestand darin, daß er das Phänomen des Übertragens auf den Therapeuten im Behandlungszimmer angewendet hat. Harry Stack Sullivans Genie bestand darin, daß er erkannte, daß die Menschen sich überall ähnlich (wenn nicht sogar gleich) verhalten. Er nannte das Phänomen »parataktische Störung«. Seine neue Benennung war vielleicht sein Versuch, sich nicht offen gegen Freud zu stellen. Der Unterschied liegt darin, *wie* der Therapeut mit dem Phänomen umgeht. Die Psychoanalyse würde die Übertragung vielleicht anheizen. Die klassische Psychoanalyse verstärkt die Übertragung auf den Therapeuten, weil sie annimmt, daß er wie eine weiße Leinwand fungieren könne und sich nicht selbst zu definieren brauche. Auf diese Weise wird die Übertragung hergestellt, aufgebaut und »durchgearbeitet«. In der Gestalttherapie muß die Übertragung oder das Übertragen bemerkt, aber ganz anders behandelt werden. Der Gestalttherapeut definiert sich selbst und hilft dem Klienten damit, zwischen dem zu unterscheiden, was aus Übertragung resultiert, und dem, was eine Reaktion auf die aktuelle Situation ist. Noch wichtiger ist sogar, daß der Gestalttherapeut den Klienten in die Lage versetzt, diese zentrale Unterscheidung vornehmen zu lernen. Das ist das Gewahrsein des Gewahrseins, die Metaebene des Gewahrseins. Das funktioniert wie ein Gyroskop [Meßgerät für den Nachweis der Achsendrehung der Erde], das sich immer wieder ausrichtet auf das, was Übertragung ist, und was auf das antwortet, was im Moment los ist. Am wichtigsten dabei: Wie trifft man die Unterscheidung?

Ja, also, Übertragung ist, soweit es mich betrifft, eine entscheidende Sache in der Gestalttherapie. Aber wenn der Therapeut sich nicht selbst einbringt, um als unbeschriebene Leinwand für die Übertragung zu dienen, und dann das Übertragene interpretiert, sehe ich das nicht als Gestalttherapie an. Wenn du so frei sein willst, alles Gestalttherapie zu nennen, gibt es absolut keine Begründung oder Rechtfertigung dafür, überhaupt eine Form von Psychotherapie zu benennen. Die Funktion einer Definition ist es, Grenzen zwischen Sinneinheiten zu bezeichnen.

H: Ich denke nicht, daß viele sich die Freiheit nehmen würden, keine Definition anzusetzen.

R: Nun, unglücklicherweise ist das nicht wahr. Es gibt da solche Therapeuten, die Gestalttherapie fälschlich als »tun, was man will« charakterisieren. Ich habe einige Gestalttherapeuten das informell und in Vorleseungen sagen gehört. Ich habe gehört, daß einige sagen, daß die Theorie nicht wichtig sei, daß die theoretischen Bestandteile oder Prinzipien der Gestalttherapie keine Bedeutung hätten oder daß es sogar gar keine grundlegenden Prinzipien der Gestalttherapie gäbe.

H: Ich glaube, daß die Theorie für diese Leute keine Rolle spielt oder daß sie sie nicht verstanden haben.

R: Ja, ich möchte ausdrücklich der Ansicht widersprechen, daß die Theorie nicht wichtig ist, und denen etwas Input geben, die meiner Meinung nach nicht verstanden haben, was Gestalttherapie ist.

H: Nun, zwei der Dinge, mit denen du angefangen hast, sind: was sich innerhalb der Grenzen der Gestalttherapie bewegt und was nicht.

R: Ja, es bedarf einer Grenze. Sie mag zwar flexibel sein, aber es muß eine Grenze geben zwischen dem, was Gestalttherapie ist und was sie nicht ist. Eine zweite Grenze, die notwendig ist, um klar zu sein, besteht zwischen der Entwicklungstheorie der Persönlichkeit auf der einen Seite und der Behandlungstheorie der Psychotherapie auf der anderen Seite.

H: Meinst du nicht, daß die Behandlungstheorie sich aus der Entwicklungstheorie der Persönlichkeit ergibt?

R: Ja und nein. Ja in dem Sinne, daß die Brille der Entwicklungstheorie teilweise bestimmt, wo du hinschaust, was du anschaust und worauf du dich konzentrierst. Aber wie du dich konzentrierst und was du damit anfängst, worauf du dich konzentriert hast, hat nichts mit der Brille der Entwicklungstheorie zu tun. Wenn du dich auf Interpretationen konzentrierst, dann ist es einerlei, welche Entwicklungstheorie du hast. Worauf du dich auch konzentrierst, du wirst bei Interpretationen enden. In diesem Falle ist Interpretation eine Methodologie. Wenn du dich auf Gewahrsein konzentrierst oder auf die Unterbrechungen im Rhythmus von Kontakt und Rückzug bei deinem Klienten, wirst du das tun – unabhängig davon, *warum* du meinst, daß das [Gewahrsein] wichtig ist, ebenso unabhängig davon, *wie* du dazu kommst [Gewahrsein für wichtig zu halten]. Das trifft zu, ob du nun einer freudianischen, einer neo-analytischen, einer jungianischen, einer rankianischen, einer kohutianischen oder irgend einer anderen Persönlichkeitstheorie folgst.

H: Es scheint mir, als hätten wir nicht viel Zeit darauf verwendet, über das zu schreiben, was die Grenzen der Gestalttherapie ausmacht. Ich lese wie du die Dinge in den Zeitschriften oder sehe, was da so präsentiert wird, und werde furchtbar wütend darüber. Dinge wie »Gestalttherapie und…« oder »Wie die Gestaltterapie das Selbst sieht« oder solche Sachen. Der Fehler liegt meiner Meinung darin, daß wir nichts in die Gestalttherapie hineinmixen müssen. Wir müssen sie definieren.

R: Ja, ich stimme dem zu. Wenn ich so etwas wie »Gestalttherapie und...« sehe, habe ich dazu zwei Anmerkungen. Eine ist, daß diese Autoren die Gestalttherapie nicht wirklich in den Begriffen von Feldtheorie und Prozeß verstehen, sondern eine so enge und starre Definition zugrundelegen, daß sie etwas anderes dazumischen müssen. Sie müssen ein »und« drantackern, weil ihre erste Definition so begrenzt und starr ist. Sie enden oft damit, daß sie die enge Definition zurückweisen, die sie selbst vorgegeben oder als Ganzes geschluckt haben. Dann versuchen sie, die Gestalttherapie zu »bereichern«, indem sie ein »und« hinzufügen. Jede Facette eines innerlichen oder äußerlichen Verhaltens, auf das sich der Therapeut oder der Klient konzentriert, hat mit den Interessen, Hintergründen, Sensibilitäten, Vorlieben usw. des Therapeuten und des Klienten zu tun. Es stimmt nicht, daß die Gestalttherapie sich nicht mit dem Körper, mit der Metapher, mit den Träumen, mit dem Kognitiven, mit der frühkindlichen Erfahrung und dergleichen befaßt. Sie ist keine Therapie, die sich auf überhaupt einen Inhalt bezieht. Sie befaßt sich mit Prozessen. Der Inhalt ist gleichsam eine Linse, durch die man den Prozeß betrachten kann. Er ist eine Art, den Prozeß anzuschauen. Der Prozeß ist nicht sinnvollerweise als Abstraktion vorhanden. Der Inhalt ist ein Vehikel für den Prozeß.

H: Das Wort »Metapher« ist heute üblich im Zusammenhang mit dem Ericksonschen oder dem NLP-Ansatz. Diejenigen, die mit Jim Simkin gearbeitet haben, wissen, daß seine Witze große Metaphern für das waren, was während der Therapie in den Klienten oder in den Gruppen vorging. Sie [die Jim Simkins Arbeitsweise kennen gelernt haben] werden nicht bestätigen, daß es etwas Neues sei, mit Metaphern zu arbeiten.

R: Natürlich. Da geht etwas Interessantes vor sich. Es passiert häufig den Anhängern eines Theoretikers, nicht dem Urheber einer neu integrierten »Linse«. Die Anhänger sind überzeugt, daß es sich, egal um was es geht, um etwas neu Erfundenes handelt, und daß es funktioniert. Ich bezweifele beispielsweise, daß Milton Erickson denken würde, er habe es »erfunden«, die Metapher therapeutisch zu benutzten. Ich bezweifle, daß Heinz Kohut vorgeben würde, er habe es »erfunden«, daß es wichtig ist, das Konzept (oder das hypothetische Konstrukt) des Selbst anzuschauen. Einige ihrer Anhänger tun das unglücklicherweise. Was in den letzten Jahren in dieser Hinsicht passiert ist, ist, denke ich, Teil der sekundären Schwierigkeiten, die Gestalttherapie zu definieren. Die primären Schwierigkeiten sind sehr einfach. Die Leute wissen entweder nichts von der Gestalttherapie oder sie wissen etwas von ihr, verstehen aber etwas anderes unter ihr [als wir] und lehnen sie darum ab. Das ist in Ordnung so. Nach meinem Dafürhalten sind in den letzten Jahren jedoch sekundäre Schwierigkeiten in der Definition der Gestalttherapie aufgetreten, die damit zusammenhängen, daß viele der Qualitäten, Konzepte und Prinzipien der Gestalttherapie, die damals die Gestalttherapie ausgezeichnet haben, in ganz positiver Weise von vielen anderen therapeutischen Ansätzen, von vielen anderen seriösen Psychotherapien assimiliert worden sind. Beispielsweise war es einmal ziemlich einzigartig, sich auf die aktuelle Beziehung von der Person des Klienten zu der Person des Therapeuten zu konzentrieren. Das hat seinen Ursprung bei Wilhelm Reich. Fritz und Laura Perls haben das zu einer dialogischen Ich-Du-Beziehung ausgebaut. In den letzten fünfunzwanzig Jahren ist das zu einem Allgemeinplatz geworden, besonders in den letzten fünfzehn. Teile der Gestalttherapie sind von anderen Arten der Psychotherapie absorbiert und assimiliert worden. Ich denke, daß das wunderbar ist.

Ich denke nicht, daß wir darauf achten müssen, die Gestalttherapie von anderen unterscheidbar zu halten. Was für mich wichtig ist, ist, daß man die Prinzipien der Therapie anschauen und anwenden muß, egal, ob man das Gestalttherapie nennt oder anders. Die Kohutianer beispielsweise benutzen das Konzept der Empathie, das dem Therapeuten erlaubt, auf den Klienten einzugehen. In der orthodoxen Freudschen Psychoanalyse wäre das undenkbar. Für Kohut und die Selbstpsychologie ist Empathie eine subjektive Methodologie. Die Gestalttherapie hat sich mit dem Prozeß, durch den der Therapeut selektiv auf den Klienten reagiert, seit über fünfzig Jahren beschäftigt. Unter gewissen Umständen ist Empathie ein Tropfen auf den heißen Stein. Das interessante an der Kohutschen Selbstpsychologie ist für mich, daß Kohut anfing, sich mit der narzistischen Charakterstörung zu beschäftigen, was die Psychoanalyse lange aufgegeben hat. Er sagte, daß man mit der narzißtischen Charakterstörung anders arbeiten müsse. Das macht schon Sinn. Die Leute, die ihm folgen, die Kohuts Perspektive einnehmen, scheinen heute jedoch zu diagnostizieren, jeder habe eine narzistische Charakterstörung. Das gibt ihnen die »Lizenz«, bei allen Klienten anzuwenden, was Kohut für eine relativ kleine Gruppe reserviert hatte. So kann, wenn auch durch die Hintertür, der Analytiker anfangen, authentisch auf den Klienten zu reagieren, wenigstens in der engen Dimension der Empathie.

H: Du hast einige Male das Wort »Gewahrsein« benutzt, und ich denke, daß Gestalttherapeuten wissen, über was wir sprechen, oder wenigstens eine gewisse Idee davon haben. Therapeuten aus anderen Richtungen, die dies lesen, haben das vielleicht nicht. Wie definierst du Gewahrsein?

R: Gewahrsein ist einer der Begriffe der Gestalttherapie, der, wie es sie meiner Meinung nach in allen Systemen gibt, oberflächlich gesehen sich selbst erklärt. Wenn man ein wenig tiefer geht, wird es komplizierter. Wenn man noch tiefer gräbt, kommt man in die Gefahr der Haarspalterei Das Konzept, das so klar zu sein schien, wird immer unschärfer, je tiefer man geht. Für mich hat Gewahrsein etwas mit Sensitivität zu tun, mit der Fähigkeit zu reagieren, mit »Reaktivität«. Damit meine ich nicht notwendigerweise eine sichtbare Reaktion, sondern die Möglichkeit oder Fähigkeit, überhaupt [angemessen] reagieren zu können. Sensitivität und Reaktivität. Ist das eine kognitive Funktion? Vielleicht. Ist es eine sensorische Funktion? Ja. Ist es eine affektive Funktion? Ja. Ist es all dies zusammen? Manchmal. Es hängt von der Ebene der Organisation ab, an die du denkst, wenn du über Gewahrsein sprichst. Muß man über den ganzen Menschen sprechen? Kann man über nur eine Form der Erfahrung sprechen oder gibt es mehrere Formen – eine sensorische, affektive und kongnitive Erfahrung? Ist es möglich, über Gewahrsein eines organischen Systems zu sprechen? Kann man über Gewahrsein auf der zellulären Ebene sprechen? Bei einigen Beispielen ist das gewöhnlich möglich. Gewahrsein ist beispielsweise wie ein Thermometer, das mißt, wie sensitiv und reaktiv jemand ist. Auf dieser Ebene kann man von zellulärem Gewahrsein sprechen. Sogar eine kleine Einheit wie die einzelne Zelle kann demnach Gewahrsein haben. Gibt es eine kognitive Komponente? Nein, nicht wenn man von Gewahrsein auf dieser Ebene spricht. Wie man Gewahrsein definiert hängt also, zumindest teilweise, davon ab, auf welcher Ebene der Organisation man sich befindet. Gewahrsein wird, denke ich, oft mit Erkennen [cognition] verwechselt. So als läge kein Gewahrsein vor, wenn kein Erkennen stattfindet. Aber wir tun viele Dinge, die wir nicht bewußt wahrnehmen. Wir tun sie im Dienst unseres Organismus, im Dienst der Selbstregulation und oft ohne kognitives Gewahrsein. Gewahrsein mag eine kognitive Komponente haben, aber es kann Gewahrsein auch ohne Erkenntnis geben.

H: Wissen, wann man ißt oder trinkt, wann man zur Toilette geht. Diese Dinge, die geschehen, ohne daß sie einem durch den Kopf gehen. Paßt das in deine Definition?

R: Und ich bin gewiß keiner, der fordert, daß man zu jederzeit Gewahrsein haben muß. Dinge, die unterhalb der Schwelle des Gewahrseins stattfinden, sind habituell. Sie sind sehr nützlich und effizient. Andererseits: Die Gewahrseins-Schwelle zu überschreiten, kann organismisch nützlich sein, selbst wenn das bedeutet, zeitweise gespalten zu sein. In der Lage zu sein, sich bewußt zu machen, was ich gerade tue, verlangt eine zeitweise Spaltung. Diese Spaltung ist es wert, wenn diese Aufmerksamkeit es mir erlaubt, daß ich mit neuen Verhaltensweisen oder besseren Möglichkeiten der Bedürfnisbefriedigung experimentiere.

H: Ja, ich denke, daß die ganzen Routinen, über die du sprichst, uns verrückt machen würden, wenn wir uns ihrer immer bewußt sein müßten. Wie beim Fahren. Wir müssen aufmerksam sein, wo wir sind, aber nicht, wie sich die Räder drehen.

R: Fahren ist für mich ein interessantes Beispiel. Als ich vor Jahren auf den britischen Inseln war und auf der anderen Seite der Straße (die wir Amerikaner die »falsche Seite« nennen) fahren mußte, erkannte ich, daß man, wenn man routinemäßig, also ohne Gewahrsein, fährt, einen Bus in die Schnauze bekommt. Man fährt sich zu Tode. Viele Amerikaner fahren sich in England zu Tode oder sterben einfach beim Überqueren der Straßen. Viele große Kreuzungen in London haben jetzt weiße Pfeile auf dem Bürgersteig, die zeigen, wohin man nach dem ankommenden Verkehr schauen muß. Die Botschaft lautet: »Seid aufmerksam. Folgt nicht euren Gewohnheiten oder es gibt einen Unfall.« Es kann sinnvoll sein, sich willentlich zu spalten, sich selbst beim Fahren zu beobachten, Dinge laut auszusprechen, um die Aufmerksamkeit aufrechtzuerhalten. Ich sage es laut vor mich hin und es hilft. Meine Frau, Rita, die auch Gestalttherapeutin ist, sagt mir laut vor: »Weite Rechtskurve, enge Linkskurve«, wenn wir uns einer Kreuzung nähern, an der wir abbiegen müssen. Obwohl es ein bißchen lächerlich wirkt, wenn andere im Auto sind, ist das besser als die Alternative, es nicht zu tun. Das Fahren für ein paar Tage über die Gewahrseins-Schwelle zu heben, hilft wenigstens mir (und ein paar anderen Leuten, mit denen ich darüber gesprochen habe), eine neue Gewohnheit herauszubilden und zu fahren, ohne umzukommen. Das verlangt, die Gewohnheit, die sich unterhalb des Gewahrseins abspielt, ins Gewahrseins zu heben und aufmerksam zu experimentieren. Wenn die neue Gewohnheit sich herausbildet, muß sie sich festigen – erst dann kann das Gewahrsein wieder abnehmen.

H: Ich denke, man könnte das, was du gerade gesagt hast, als Beschreibung einer guten Therapie nehmen: Ziel ist es, den Klienten dahin zu bringen, dem, was er tut, willentlich Aufmerksamkeit zu widmen. Bis er sich dessen, was er tut, ganz bewußt ist. Dann kann es sein, daß er ein neues Verhalten anstrebt oder die Sache ganz bleiben läßt, wenn sie ihm nicht paßt.

R: Ja, damit stimme ich völlig überein. Darum sage ich zu Klienten oder Trainees: »Gewahrsein ist hilfreich und eine notwendige Dimension der psychotherapeutischen Arbeit. Aber wer zum Teufel will durch die Welt gehen und ständig alles bewußt wahrnehmen?« Wenigstens ist es langweilig. In einer Sitzung ist es wichtig, aufmerksam zu sein und zu berichten, was man wahrnimmt, so daß sowohl der Therapeut als auch der Klient das Gewahrsein des Klienten überprüfen konnen, damit der Klient über seine Optionen bescheid weiß. Der Therapeut und der Klient können nur wissen, daß der Klient Zugang zu seiner Erfahrung und zu seinem Verhalten hat, wenn sie sich explizit an das Gewahrsein halten. Dieser Prozeß bewirkt in zweiter Linie auch, daß der Klient lernt, aufmerksam zu sein. Lerntheoretiker nennen das manchmal »Transferlernen«. Wichtig ist der Zugang zum Gewahrsein, nicht das Gewahrsein an sich.

H: Sag das noch mal.

R: In meiner Perspektive ist der Zugang zum Gewahrsein wertvoll, nicht das Gewahrsein an sich. Manchmal ist es schön, sich zu freuen und zu genießen, ohne sich darüber bewußt zu sein, daß man sich freut und genießt.

H: Ganz meine Meinung.

R: Gewahrsein kann ein effektiver Weg sein, die Erfahrung abzutöten oder wenigstens zu reduzieren.

H: Während du gesprochen hast, ist mir der Gedanke gekommen, daß die Gestalttherapie heute in mancher Hinsicht anders ist als in den frühen Siebzigern, wo ich sie zuerst kennen gelernt habe. Es scheint mir, daß die meisten Gestalttherapeuten, die ich kenne, heute mehr ihr eigenes Gewahrsein benutzen. Dies macht den Therapeuten präsenter in der Sitzung. Es geht weniger um Anleitung, Experimentieren und Verändern. Ich frage mich, ob du denkst, daß dies ein Trend ist. Oder war das immer schon so, nur ich habe es nicht bemerkt? Ich spreche über die Art, wie der Therapeut präsent ist oder den Dialog, den der Therapeut mit dem Klienten führt.

R: Nun, ich denke, daß einige Gestalttherapeuten das schon immer gemacht haben. Für einige hat, wie für mich, die dialogische Beziehung einen hohen Stellenwert. In der therapeutischen Arbeit ist die Beziehung des Klienten zum Therapeuten einer der »Orte« für den Therapeuten, um an wichtige Daten darüber zu gelangen, wie der Klient in seiner Welt interagiert, weil der Klient in dieser Beziehung seinen Charakter und seinen Stil, in der Welt zu sein, ausdrückt. Normalerweise wiederholen Klienten ihre Art, in der Welt zu sein, in ihrer Beziehung zum Therapeuten. Man bekommt die Daten sowohl auf der interpersonalen als auch der innerpsychischen Ebene. Niemand kann in signifikanter Weise interpersonal anders als innerpsychisch sein. Man kann interpersonal nicht mehr sein, als man innerpsychische Unterstützung dafür hat. Die Beziehung zwischen dem Therapeuten und dem Klienten ist der entscheidende Prototyp, den es anzuschauen gilt. Wie verhält sich diese Person zur Welt?

Als Therapeut bin ich ein Beispiel für die Welt. Ich bin ein signifikanter Teil der Welt, zu der sich die Person jetzt verhält. Zu schauen, wie diese Person ihre Figur-Grund-Bildung gestaltet, wie sie ihren Kontakt-Rückzugs-Zyklus stört, wie sie sich Unterstützung gibt und wie sie ihre organismische Selbstregulation unterbricht, wie sie verdrängt – das ist, was wir in der Therapie machen. Es passiert hier in der Sitzung. Man braucht, um das herauszufinden, nicht die Geschichten, wie sich die Person außerhalb der Therapiesitzung verhält. In der Sitzung bekommt der Therapeut unmittelbare Informationen aus erster Hand über den Prozeß des Klienten, nicht nur die Berichte des Klienten über dessen eigene Wahrnehmung.

Damit das gelingt, muß der Therapeut sowohl als Person als auch als Therapeut anwesend sein. Das ist eine schwieriger Balanceakt. Es besteht nie eine perfekte Balance zwischen diesen beiden Weisen der Anwesenheit. Manchmal verhalten sie sich nicht ergänzend zueinander. Manchmal bricht sogar ein Konflikt zwischen ihnen aus. In der Therapie wird die Beziehung wichtig, weil sie der »Ort« ist, um wichtige Daten darüber zu erhalten, wie diese Person interagiert.

Eines der Dinge, die ich über Paartherapie sage, ist, daß mit Paaren zu arbeiten einfacher ist als mit einer Einzelperson, weil die jeweils andere Person, mit der die eine Person im Alltag umgeht, auch anwesend ist. Man muß keine Vermutungen darüber anstellen. Man kann die Art ihres Umgangs miteinander sehen und hören, ohne daß der Therapeut in der Weise persönlich verwickelt ist, daß er die Person ist, der vor allem die Aufmerksamkeit gilt. Es sei denn, man fordert letzteres heraus.

H: Als Therapeut ist man mehr der Hintergrund als in der Einzeltherapie.

R: Richtig. Und man kann sich auf die Paarbeziehung konzentrieren. Einer der Wege, Einzeltherapie zu betrachten, ist, daß sie der Paartherapie gleicht, wobei der Therapeut der andere Teil des Paares ist. Wenn das wahr oder nützlich ist, dann kann der Therapeut nicht nur der Techniker oder Regisseur sein. Der Therapeut muß anwesend sein, teilweise auch als Person, damit er der Indikator für den Stil des Klienten ist. Halb im Ernst habe ich auch gesagt, daß die Paare lebende Rorschach-Tests füreinander seien. Wenn der Therapeut nicht selbst genug Psychotherapie hatte, wird er vielleicht auch Teil dieser Matrix von Projektionen.

H: Also besteht dein Stil darin, den Klienten auf dem Laufenden über dich zu halten, damit er nicht raten muß und projizieren kann.

R: Das ist ein wenig übertrieben. Ich bin bereit – aber nicht versessen darauf –, mit dem Klienten meine Erfahrung zu teilen, wenn er danach fragt oder wenn ich sie erzählen will. Ich wäre darauf nur versessen, wenn meine Erfahrung ein starker Vordergrund wäre. Es ist ja in erster Linie die Therapie des Klienten, nicht meine eigene. Wenn ich etwas Therapeutisches daraus ziehe, wie es mir manchmal passiert, ist das wunderbar. Grundsätzlich aber ist es die Therapie des Klienten. Ich denke, es ist ziemlich unrealistisch, davon auszugehen, daß wir nur zwei Leute sind, die da sitzen und in allem gleich sind. Schließlich bezahlt einer von uns den anderen. Es ist wichtig, meine Erfahrung auszudrücken, um die Kontaktfunktion zu formen. Wenn ich merke, daß ich eine starke Erfahrung habe, die ich nicht ausdrücke, kann es keinen guten Kontakt auf gleicher Ebene geben. Es wäre dann unwahrscheinlich, daß ich in der Lage bin, die andere Person gut zu hören oder sehen. Ich kann dich nicht aufnehmen, wenn ich mit mir selbst beschäftigt bin. Unser Zusammentreffen dient in erster Linie der Therapie des Klienten. Ich würde nicht denken, daß es nützlich für mich ist, selbst genauso viel Zeit zu beanspruchen wie der Klient. Es mag Tage geben, an denen ich mehr von mir preisgebe als der Klient von sich. Aber im großen Ganzen ist es die Therapie des Klienten, nicht meine. Ich denke, daß sich die Therapeuten im Irrtum befinden, die den Ansatz, sich als Person auszudrücken und zu definieren, als Lizenz gebrauchen, um selbstbezogene Egotrips ohne viel therapeutischen Wert für den Klienten durchzuziehen.

H: Ja, ich stimme dem zu. Die alte Encountergruppen-Bewegung war ein Ort, an dem der Therapeut oder die Therapeutin seinen oder ihren eigenen Mist abladen konnte.

R: Richtig. Wenn der Therapeut oder die Therapeutin dem Klienten oder der Klientin mehr erzählt, als dieser oder diese möchte oder braucht, wird die Ausdrucksmöglichkeit des Klienten oder der Klientin in den Schatten gestellt oder beschnitten.

H: Ich mag deine Idee, daß man wegen der Therapie des Klienten zusammenkommt, aber daß es manchmal nötig ist, sich selbst auszudrücken, um darüber Klarheit zu bekommen, was vor sich geht.

R: Ja, dieser Selbstausdruck ist wichtig, besonders wenn er eine Antwort auf den Klienten darstellt. Der Klient lernt dabei etwas und bekommt unmittelbare Rückmeldung darüber, welchen Eindruck er auf dich als Repräsentant der Welt gemacht hat. Zusätzlich zu der Modell-Funktion dient das der Enthemmung der Kontaktfunktionen. Wenn ich nicht sage, wo ich stehe, und du über etwas anderes sprichst, kann ich nicht zuhören. Es kann keinen Kontakt geben, weil ich nicht meine im Vordergrund stehende Erfahrung ausdrücke. Meine im Vordergrund stehende Erfahrung ist der laufende Kontakt. Hochwertiger Kontakt verlangt nach Martin Buber Gegenwärtigkeit, Offenheit und Dialogbereitschaft. Ich muß bereit und fähig sein, meine Erfahrung auszudrücken, deine Erfahrung aufzunehmen und dem Dialog zwischen uns Raum zu geben.

H: Dies mag hier hergehören oder nicht: Vor ein paar Monaten empfahl ich dich einem Klienten. Er rief mich um Weihnachten an und berichtete, er habe dich getroffen. Der Weg sei zu weit und er würde nicht glauben, daß er mit dir weitermachen wolle. Er sagte aber, daß etwas, das du gesagt hast, einen tiefen Eindruck bei ihm hinterlassen habe. Du hast gesagt: »Sie sind vielleicht nicht der Typus Mensch, den ich mir als Freund aussuchen würde.« Er erinnerte sich daran und denkt immer noch darüber nach. Ich dachte, dies könnte ein Beispiel dafür sein, daß du ihn wissen läßt, welchen Eindruck du von ihm hast und was in dir während der Sitzung vorgeht. Erinnerst du dich daran?

R: Meine Erinnerung ist, daß er etwas über sein Problem damit sagte, jemanden Geld zu zahlen, der sich »Therapeut« nennt, damit er jemanden zum Reden habe. Er entsann sich eines alten Buches »The Purchase of Friendship« [Käufliche Freundschaft]. Er wollte etwas darüber wissen und fragte, ob ich etwas mit ihm zu tun haben wolle, auch wenn er mich nicht bezahlen würde. Der Gedanke brachte ihn aus der Fassung. In diesem Zusammenhang sagte ich zu ihm: »Da ich Sie erst zwanzig Minuten kenne, würde ich Sie nicht direkt als Freund aussuchen.« Wichtig daran ist, daß es wahr ist. Es ist auch wahr, daß es sehr selten vorkommt, daß ich jemanden zum Freund wählen würde, den ich erst zwanzig Minuten kenne. Es ist wichtig, dies jemandem zu sagen, auch wenn es schwer ist. Wenn man es tut, fördert das die Glaubwürdigkeit von einem als Person – dann wird auch das, was man an Positivem sagt, glaubwürdiger. Natürlich ist es auch wichtig zu wissen, was man dem Klienten nicht erzählen sollte. Der Schlüssel dazu ist, aufgrund eines guten klinischen Urteils zu unterscheiden.

Vor Jahren sagte ein Klient zu mir: »Nun, Sie mögen mich. Aber das müssen Sie ja auch, weil Sie mein Therapeut sind.« Ich lachte in mich hinein und sagte zu ihm: »Sie sind auf dem falschen Dampfer!« Es ist wichtig für mich, daß der Klient die Wahrheit weiß. Mir ist nicht notwendigerweise danach, ihm diese Wahrheit auf die Nase zu binden, solange es sich nicht um eine starke positive oder negative Reaktion handelt. Wenn jemand speziell danach fragt, ist es, wie ich meine, sehr wichtig für ihn, die Wahrheit kennen zu lernen. Wenn es eine ungewöhnlich negative Reaktion auf ihn ist, kann das mein Ding sein (in anderen Zusammenhängen als »Gegenübertragung« bekannt). Wenn ich auf der anderen Seite auf Klienten in einer Art und Weise reagiere, die ihnen bekannt vorkommt, kann es für sie sehr nützlich sein, diese Reaktion von jemandem mitgeteilt zu bekommen, der ihnen nicht persönlich nahe steht. Das hat auch etwas mit Respekt zu tun. Dann werde ich glaubwürdig. Offensichtlich muß der Therapeut über ein gutes klinisches Urteil verfügen, wie groß die innere Unterstüzung des Klienten ist und die Unterstützung, die er in Beziehungen von anderen erhält, um zu entscheiden, wann er ihm wieviel Wahrheit zumuten kann.

H: Ich habe an etwas gedacht, als du gesagt hast, daß die Klienten auf dem falschen Dampfer seien, wenn sie denken, man müsse sie mögen. Ich habe Klienten, die mir sagen, daß sie zu mir kommen, weil sie eine objektive Rückmeldung haben wollen. Ich antworte, daß ich keine »objektive« Rückmeldung geben könne. Sie ist vielmehr gefärbt durch alles, was ich je erlebt habe. Wenn jemand wegen einer »objektiven« Rückmeldung kommt, na dann ist er an den falschen Therapeuten geraten. Ich kenne einige Leute, die sich so weit zurückziehen und so rar machen, daß sie denken, sie könnten eine objektive Rückmeldung geben. Leute, die Gutachten für das Gericht schreiben oder solche Art Assessments machen. Ich glaube, nicht einmal das ist objektiv.

R: Ja, ich denke, daß das beste, was der Therapeut anbieten kann, ist, daß er einen unverbrauchten, anderen Satz Augen und Ohren hat. Meine Färbungen sind vielleicht andere als deine. Wenn du etwas sagst, etwas bist oder etwas fragst, was an meine eigenen Schwierigkeiten rührt, werde ich es nicht als ein für mich schwieriges Terrain erkennen, wenn ich nicht genügend Selbsterfahrung gemacht habe. Wenn ich in der Lage bin, das zu erkennen, kann ich dich davor warnen, so daß du sehr vorsichtig in der Bewertung dessen sein kannst, was ich bezüglich dieser Sachen sage, da es Sachen sind, bei denen ich meine eigenen Verzerrungen habe. Ich kann nicht meine eigenen blinden Flecken sehen. Aber mit genügend Selbsterfahrung kann ich gleichsam riechen, wenn ich in gefährliches Terrain komme und mich vielleicht entsprechend verhalten.

H: Ein anderer Begriff, den wir vielleicht sorgfältig definieren müssen, ist »Kontakt«. Du hast ihn ziemlich oft benutzt. Andere beziehen sich auf ihn als Teil der Beziehung. Wie definierst du »Kontakt«?

R: Kontakt ist wie Gewahrsein ein Ausdruck, der oberflächlich gesehen einfach zu verstehen ist, während es komplizierter und sogar völlig neblig wird, wenn man tiefer schaut. Ich gebrauche ihn sicher nicht synonym mit Beziehung. Wenn ich wegschaue und summe, während du sprichst, haben wir immer noch eine Beziehung. Beziehung heißt nicht, daß sie warm oder eng ist oder daß ich dich mag oder nicht mag. Es heißt, daß eine Verbindung besteht. Ich gebrauche Kontakt im technischen Sinne. Ich spreche nicht nur über die Konversation. Ich sage nicht, daß ich dich notwendigerweise anschauen muß. Ich meine nicht, daß man spezielle Sachen zueinander sagen muß. Ich sage, Kontakt ist, daß etwas geschieht – ein Geschehnis zwischen Leuten. Es ist nicht etwas, das man machen kann. Ich kann nicht Kontakt machen. Das, was ich höchstens machen kann, ist, die Chancen auf Kontakt zu erhöhen. Die Kriterien, die ich im technischen Sinne benutze, um Kontakt zwischen Leuten festzustellen, lauten:

1. Die Differenz zwischen mir und dir wird wahrgenommen.
2. Es gibt eine Bewegung.
3. Ich bin bereit, meine unmittelbare Wahrnehmung der Bewegung auszudrücken.

Wie ich früher gesagt habe, mein unmittelbares Gewahrsein, meine unmittelbare Erfahrung ist die Gegenwärtigkeit von Kontakt. Wenn du das aufnimmst, oder besser noch: Wenn du bereit bist, dein unmittelbares Gewahrsein des Moments auszudrücken, dann »passiert« Kontakt. Kontakt ist die Berührung zwischen meinem unmittelbaren Gewahrsein (Erregung an der Kontaktgrenze) und deinem unmittelbaren Gewahrsein, während derer wir uns sowohl der Unterschiede als auch der Ähnlichkeiten zwischen uns bewußt sind und Bewegung aufrecht erhalten. Wenn die Bewegung stoppt, passiert wahrscheinlich eines von zwei Dingen: Wir können uns verhärten, starr werden und der Kontakt verwandelt sich in eine Form der Isolation, wie im Anstarren – der blanke, harte Blick des Starrens. Die andere Möglichkeit ist, daß wir anfangen zu verschmelzen. Das Gegenteil von Anstarren, das wie eine undurchdringliche Glaswand wirkt, besteht darin, daß wir verschmelzen. Einfach gesagt: Konfluenz. Um Unterschiede zu bewahren, muß es Bewegung geben. Unterschiede sind wichtig, damit es eine Grenze gibt. Ohne Bewegung kann es keine Unterschiede geben. Ohne Unterschiede kann es kein Gewahrsein geben. Ohne Gewahrsein kann es keine Grenze geben. Ohne all das kann es keinen Kontakt geben.

H: Ich möchte hier das Wort »erlauben« einbringen. Ich denke, du willst sagen, daß wir Bedingungen setzen können, die es dem Kontakt erlauben zustandezukommen. Wir können Kontakt nicht erzwingen oder »machen«. Wir machen gewisse Dinge, die den Raum bereitstellen. Es ist mehr oder weniger, daß wir ihm nicht im Wege stehen.

R: Richtig. Wenn ich bereit und in der Lage bin, diese Dinge zu tun, aber du bist nicht interessiert oder nicht in der Lage, kommt Kontakt nicht zustande. Beispielsweise, wenn der andere im wörtlichen Sinne schläft, wird kein Kontakt zustandekommen. Das macht auch klar, daß Kontakt nichts mit dem Inhalt des Kontaktes zu tun hat. Mein unmittelbares Gewahrsein mag

Weichheit, Wärme, Freude, Sexualität oder Spiel sein. Es mag Trauer, Ärger oder Furcht sein. Was meine unmittelbare Erfahrung wichtig macht, ist nicht ihr Inhalt, nicht einmal das Ausmaß oder die Intensität. Was sie wichtig macht, ist, daß sie unmittelbar ist. Unmittelbarkeit macht sie wichtig.

H: Es ist »der Moment«.

R: Richtig. Manchmal benutze ich die Metapher einer Uhr. Wenn mein Gewahrsein 12 Uhr ist und lautet »Ich habe Angst«, besteht die größte Chance zum Kontakt darin, dir zu sagen: »Ich habe Angst.« Wenn ich dir mein 3-Uhr-Gefühl gebe und frage: »Weißt du welcher Tag heute ist?« Oder: »Bist du schon mal hier gewesen?« Oder »Weißt du, wie viel Uhr es ist?« Oder: »Wo kann man hier Kaffee bekommen?« Dann mögen das alles wahre Aussagen sein, aber sie repräsentieren nicht mein unmittelbares Gewahrsein. Sie sind nicht das, was mich im Moment unmittelbar bewegt. Sie sind nicht meine unmittelbare Erfahrung. Meine unmittelbare Erfahrung wäre »Angsthaben«. Wenn ich dich nach Kaffee fragen würde, ergäbe sich daraus vielleicht ein Konversation und wahrscheinlich nicht mehr. Offensichtlich ist es in manchen Zusammenhängen nicht im besten Interesse einer Person, ihr unmittelbares Gewahrsein mitzuteilen. Die Situation stützt das nicht. Die Beziehung stützt das nicht. Später stützt sie es vielleicht.

H: Ich denke, eins der Anzeichen dafür, ob eine Person »gesund« ist, besteht darin, ob sie weiß, ob eine Situation sich dazu eignet, Kontakt oder den Ausdruck meines unmittelbaren Gewahrseins zu erlauben. Es gibt Zeiten, in denen es nicht in meinem besten Interesse ist, mein unmittelbares Gewahrsein auszudrücken, aber ich muß wissen, daß da etwas ist, was ich nicht ausdrücke.

R: Natürlich. Wenn du im Kino neben deiner Freundin sitzt und dir mitten im Film langweilig wird, während du sexuelle Erregung spürst, lehnst du dich vielleicht zu ihr hinüber und sagst: »Laß uns ins Bett gehen.« Deine Freundin sagt darauf vielleicht: »Laß mich in Ruhe.« Oder: »Toll.« Oder: »Hast du 'nen Knall?« oder »Phantastisch.« Oder: »Ich will den Film sehen.« Oder. »Halt's Maul.« Wenn du dich aber zur anderen Seite lehnst und das gleiche in das Ohr einer Fremden flüsterst, wird das Ergebnis ganz anders ausfallen. Du hast dein unmittelbares Gewahrsein ausgedrückt. Du wirst beschuldigt, verrückt zu sein, ein Spinner zu sein. Vielleicht wird die Polizei gerufen oder der Türsteher wird dich rausschmeißen. Was du gesagt hast, ist genau das gleiche. Die Situationen sind verschieden. In der einen Situation kannst du darauf hoffen, daß sie deine Bemerkung stützt. Die andere Situation, der »neue« Ansatz zu einer Beziehung, kann sie normalerweise nicht stützen. Ich hatte mal einen Klienten, der periodisch »bewies«, daß Frauen ihn nicht leiden können. Er ging zu einer fremden Frau, etwa einer Kellnerin in einem Restaurant, wo er zu Abend aß, und fragte: »Willst du ficken?« Sie reagierte auf ihn mit Furcht oder Ärger und entfernte sich schnell. Dies bewies natürlich jedes Mal aufs Neue, daß Frauen ihn nicht mögen.

H: Der Kontext muß dem Kontakt auch Unterstützung geben.

R: Laura Perls spricht davon, »der Situation verpflichtet zu sein« [what's due the situation]. Das ist eine andere Formulierung dafür. Ver-*pflicht*-ung gegenüber der Situation. Was im Kontext angemessen ist. Sie sagt auch, was ich faszinierend finde, daß die ursprüngliche Bedeutung des britischen Wortes »due« würde heißen, zu tun, wozu der Kontext der Situation verpflichtet. Dann wurde das Wort verhärtet und heißt, zu tun, was man tun sollte. Der Sinn kehrte sich also fast um. Heute hat das Wort »Pflicht« [duty] oder die Konzeption von »Pflicht« wenig mit dem Kontext zu tun. Man tut sie, weil man soll. Ursprünglich hieß es natürlich, was der Situation angemessen ist. Also – wozu der Kontext verpflichtet. Das ist heute überholt, aber es heißt weiter »Pflicht«.

H: Du hast das Wort »Unterstützung« benutzt.

R: Möglich. Du willst wahrscheinlich, daß ich die Begriffe einen nach dem anderen erkläre.

H: Als du Laura Perls erwähnst hast, dachte ich auch an Unterstützung, weil es eines ihrer Lieblingsthemen ist. Die Unterstützung [support], die der Klient benötigt, seine Unterstützung in der Therapie. Kannst du etwas darüber sagen, wie du dazu stehst?

R: Unterstützung wird meines Wissens im Kontext der Gestalttherapie in zweierlei Hinsicht verwendet. Die eine Verwendung finde ich nützlicher als die andere. Allerdings enthalten beide Verwendungen etwas Wahrheit, soweit es mich betrifft. Die allgemeinere Definition von Unterstützung hat zu tun mit dem Zugang, den jemand zu seinen Fähigkeiten, seinem Wissen und seinen Fertigkeiten hat – Intellekt, Körper, Wissen, Fähigkeit zu handeln und zu denken, zu fühlen, sich zu bewegen und so weiter: in der Lage sein, dies dann zu aktivieren, wenn es für die organismische Selbstregulation oder für die Bedürfnisbefriedigung nützlich ist. Das ist eine ziemlich allgemeine Weise, Unterstützung zu betrachten, der ich zustimme. Sicherlich denke ich, daß sie richtig ist. Allerdings ist sie, für sich genommen, nicht nützlich genug. Die zweite Verwendung von Unterstützung (die der ersten nach meinem Dafürhalten überhaupt nicht widerspricht) entspricht in etwa dem analytischen Konzept von »Ich-Stärke« und hat mit dem Grad der Identifikation mit meinem Zustand zu tun. Meine Unterstützung ist meine Erfahrung des Moments. Wenn ich Angst habe, ist meine Angst meine Unterstützung. Mich selbst in diesem Moment zu unterstützen würde bedeuten, mich mit meiner Angst, mit meiner Freude, mit meinem Hunger zu identifizieren. Es ist im Eigeninteresse des Organismus und dient der Selbstregulation, mich mit meinem Zustand zu identifizieren.

H: Hilf mir, den Satz »mich mit meiner Angst zu identifizieren« zu verstehen. Heißt das, die Angst anzuerkennen oder wahrzunehmen?

R: Meine Angst anzuerkennen, sie zu fühlen, sie nicht zu bekämpfen, sie nicht zu verstecken, und vielleicht, sie auszudrücken. »Zu ihr zu stehen,« wie man umgangssprachlich sagt. Zu sein, was ich bin. Wenn ich Angst habe, bedeutet es, daß ich auf meinen eigenen zwei Füßen stehen kann, die nun mal ängstlich sind, indem ich die Angst zeige, mich mit ihr identifiziere, zu ihr stehe, sie anerkenne, sie fühle. Wenn ich Angst habe und sie negiere, sie verdränge, wenn ich deflektiere, versuche, anders als ängstlich auszusehen, muß ich mich verbiegen, so als stünde ich neben mir. Dazu habe ich keine gute Unterstützung. Mir fehlt das Fundament, das in diesem Moment die Angst ist.

Du hast Laura Perls' Interesse an Unterstützung erwähnt. Einer der Wege, in dem Laura über klinische Fälle spricht, lautet, bei ihnen entweder die Kontakt-Rückzug-Themen oder die Unterstützungs-Themen anzuschauen. Meist sind es die Kontakt-Themen oder die Schwierigkeiten im Kontakt-Rückzug-Zyklus, die als erstes auftauchen. Aber ob man nun mit den Kontakt-Rückzug-Themen oder den Unterstützungs-Themen beginnt, man kommt im Verlaufe der Arbeit zu den Unterstützungs-Themen. Ein anderer Weg, das zu sagen, ist, daß mein Kontakt-Rückzug-Zyklus nicht besser sein kann, als meine Unterstützung ist. Meine Bedürfnisse kann ich nicht besser durch Kontakt und Rückzug befriedigen, als es meine Unterstüzung zuläßt. Die Sichtweise, Unterstürzung als Identifizierung mit meiner unmittelbaren Erfahrung zu definieren, macht die Beziehung zwischen Unterstützung und dem Kontakt-Rückzug-Zyklus verständlicher. Wenn ich in Chicago bin, ist der einzige Ort, von dem aus ich dich anrufen kann, Chicago – ob ich nun Chicago mag oder nicht.

H: Das erinnert mich, während du sprichst, an Beissers Idee über die paradoxe Theorie der Veränderung: Man fängt mit dem »was ist« an. Du bleibst bei deiner Erfahrung.

R: Ja.

H: Bis man die Erfahrung zerstört oder »dekonstruiert« hat, so daß etwas anderes entstehen kann.

R: Ja, aber Beissers Beitrag in »Gestalt Therapy Now« (1970) über die »Paradoxe Theorie der Veränderung« ist nicht wirklich neu. Fritz hat darüber gesprochen, als er sagte, vielleicht etwas zu kryptisch: »Gewahrsein allein kann heilsam sein.« Damit hat er angesprochen, daß es nicht möglich ist, im intrapsychischen Bereich, wo man nicht experimentieren kann, Erfahrung weiter »herunterzubrechen«. Zum Beispiel wenn du traurig bist. Der Weg, die Traurigkeit zu beenden, ist, aufzuhören, die Traurigkeit zu bekämpfen, sondern vielmehr sich mit seiner Traurigkeit zu identifizieren – so lange traurig zu sein, zu trauern, bis man mit der Trauer zuende ist. Das heißt nicht, daß man seine Traurigkeit oder Trauer über den Tod einer geliebten Person beenden kann, indem man einmal kräftig weint. Trauer ist die gesunde Reaktion auf Verlust. Solch eine Trauer kann ein Jahr dauern, bis sie zuende ist, obwohl sie in diesem Jahr nicht omnipräsent sein wird, aber ebenso wenig wird sie nach dem Jahr ganz verschwunden sein. Emotionen können *enden*. Sie können nicht *beendet werden*. Sich mit einer E-motion – einem »Herausbewegen« [out-motion] – zu identifizieren und sie auszudrücken, ist nötig, um die sensomotorische Gestalt zu schließen.

H: Identifikation meint mehr als nur »darüber nachdenken« oder »sich damit zu beschäftigen«?

R: Es bedeutet, sich dem zu ergeben [surrendering], was man ist.

H: Ja, ich mag das Wort »Ergebung« [surrender].

R: Nicht im militärischen Sinne und auch nicht im hinhaltenden Sinne, daß ich, wenn ich mich meiner Traurigkeit ergebe, für immer traurig sein werde. Es bedeutet, im Ganzen so traurig zu sein, wie ich es wäre, wenn ich nicht versuchen würde, meine Traurigkeit zu beeinflussen. Mir zu erlauben, traurig zu sein, erlaubt es meinem Organismus, die Trauer zu beenden und zu etwas anderem weiterzugehen. So lange, wie ich meine Trauer bekämpfe, bleibe ich traurig. Beisser (1970) beschrieb das in einer sehr nützlichen, frischen Weise. Indem er es die »Paradoxe Theorie der Veränderung« nannte, machte er das Konzept ziemlich klar. Es hat sehr stark damit zu tun, sich mit seinem eigenen Zustand zu identifizieren, worin ich den nützlichsten Teil der Unterstützung sehe.

H: Ich bin innerlich noch ganz bei deinem Satz, »sich dem zu ergeben, was im Moment ›ist‹«.

R: »Sich ergeben« ist ein gefährlicher Ausdruck. Darum habe ich weiter gesagt: nicht im militärischen Sinne. »Ergebung« hat eine konnotative Bedeutung, die Kapitulation meint. Fritz Perls meinte das nicht. Es meinte nur: anzuerkennen, was existiert, ohne es verändern zu wollen. *Das heißt nicht, daß meine Erfahrung sich nicht ändert, es heißt nur, daß ich meine Erfahrung nicht ändere, indem ich versuche, sie zu ändern. Weniger ist mehr.*

H: Ich denke, das ist wichtig. Ich liebe diesen Ausdruck. Er bedeutet, nicht zu bekämpfen, was immer meine Existenz ist. Ob ich trauere oder lache, belustigt oder ärgerlich bin oder was auch immer. Wenn ich mich dem ergebe und das zulasse, trage ich das Potential der Veränderung in mir.

R: Nun, ab einer gewissen Ebene sind Organismus und Umwelt nicht zu trennen. Sie sind eins, ein Feld, ein System, ein Prozeß, und auf dieser Ebene macht es überhaupt keinen Sinn, das Innerpsychische von der interpersonellen Umwelt zu trennen. Wenn ich mich allerdings traurig fühle, ist – pragmatisch gesehen –[die innerpsychische Aktivität von] Gewahrsein, Akzeptieren, Anerkennung und Ergebung alles, was ich tun kann. Hat meine Traurigkeit ihren Grund auch in Umweltbedingungen, handelt es sich bei ihr nämlich nicht um etwas, das sich durch Experimentieren erkunden läßt, um zu sehen, was passiert. Wir sprechen hier von zwei verschiedenen Ebenen. Auf einer Ebene gibt es wirklich keine Trennung zwischen Organismus und Umwelt. Das Organismus-Umwelt-Feld ist eins. Praktisch gesehen ist es jedoch manchmal nützlich, so zu handeln, als ob es zwei getrennte Dinge gäbe, das Interpersonale und das Innerpsychische. Klinisch gesehen ist es oft nützlich, interpersonale und umweltliche Prozesse so zu betrachten, als bedürften sie des Gewahrseins, des Kontaktes und des Experimentierens (oder der Aggression). Bei innerpsychischen Prozessen mag Gewahrsein ausreichen. Im interpersonalen und umweltlichen Bereich ist Gewahrsein plus Aggression (Experimentieren) häufig überlegen.

H: Bevor ich gekommen bin, hast du mit einem Paar gearbeitet. Ich denke daran, wie wichtig es für Paare ist zu lernen, »sich zu ergeben«, »dabei zu bleiben«, so daß sie sich miteinander austauschen können. Wenn ich bereit bin, meiner Frau gegenüber, oder wemgegenüber auch immer, auszudrücken, wie ich bin, verändert mich das. Ich dachte immer, daß ich, wenn ich ärgerlich wurde, dies zurückhalten müsse oder in einen Kampf geraten würde. Jemand würde mich schlagen oder ich würde jemanden schlagen. Aber, einem wichtigen Gegenüber in meinem Leben zu sagen: »Ich bin ärgerlich!« bedeutet, mich dem Gewahrsein zu ergeben und zu verbalisieren, was vor sich geht. Dann kann ich zu dem übergehen, was immer als nächstes kommt. Das macht für mich eine der Schönheiten der Gestalttherapie aus.

R: Nun, entschuldige den Audruck, den du vielleicht nicht magst, du sprichst über so etwas wie eine emotionale »Rohrreinigungsmaschine«. Wenn Ärger deine unmittelbare Erfahrung ist und du sie retroflektierst, also aus all deinen guten Gründen zurückhältst, dann verstopft das deine Rohre. Wärme, Weichheit, Süßigkeit usw. haben keine Chance, durchzufließen, wenn der Stopfen, der Ärger, nicht rauskommt – das ist die Analogie zur Rohrreinigungsmaschine. Oberflächlich gesehen wird der Ärger, wenn du ihn zurückhältst, mit der Zeit verschwinden, aber bis dahin hast du Massen von neuem Ärger und neuen Verletzungen angehäuft, die deine Rohre verstopfen. Es spielt keine Rolle, ob du deinen Ärger magst oder nicht. Er ist da. Und wenn er nicht ausgedrückt wird, blockiert er sowohl die Formation als auch den Ausdruck anderer Emotionen. Er verhindert andere Arten des Kontaktes.

H: Auf diese Weise werden viele Emotionen gefangen gehalten. Man kann nicht nur eine Emotion zensieren.

R: Richtig. Was zensiert wird, bleibt eine unbeendete Situation, und eine unvollständige Gestalt blockiert den emotionalen Durchfluß. Dieser Ärger blockiert dann die Entwicklung von allem anderen, nichts kommt mehr durch. Süße, Reue, Verspieltheit, egal was – auch das, was wir besser finden. Normalerweise haben wir alle Schwierigkeiten, uns mit gewissen Erfahrungen zu identifizieren, weil wir diesbezüglich Verbote haben – besser gesagt: Introjekte. Diese Introjekte sagen uns, daß wir gewisse Gefühle oder Gedanken nicht haben oder ausdrücken dürfen. Entweder haben wir Angst vor ihnen oder wir denken, daß der Gegenüber sie nicht mögen und Angst vor ihnen haben könnte. Das sind die Art Erfahrungen, denen gegenüber wir tendieren, ein Verbot zu haben ,und die wir darum zurückhalten. Wir halten bei weitem nicht so viele jener Erfahrungen zurück, die wir mögen und von denen wir glauben, der Gegenüber würde sie mögen.

H: Gibt es noch Dinge, von denen du meinst, sie seien wichtig, über die wir aber noch nicht gesprochen haben?

R: Ja, nach 25 Jahren oder so fange ich an zu überlegen, ob Therapeut-Sein der produktivste Weg ist, meine Zeit und Energie zu verbringen. Produktiv im Sinne der Ziele der Therapie, besonders angesichts einer Prozeßtherapie wie der Gestalttherapie. Viele Leute, die in deine Praxis kommen, haben wieder und wieder die gleichen Probleme. Dies ist vor allem bei Paaren so. Für die letzten 15 bis 20 Jahre habe ich mich besonders mit Paaren beschäftigt. Ich habe mit Paaren gearbeitet und darüber geschrieben. Ich habe gesehen, wie die gleichen Prozesse wieder und wieder ablaufen. Nicht nur kehren die gleichen innerpsychischen und interpersonalen Themen immer wieder auf, sondern auch die kulturellen, soziologischen und sogar anthropologischen Themen befinden sich in einem Kreislauf, besonders in Hinblick auf Eltern-Kind-Beziehungen und Ehe. Ich habe manchmal das Gefühl, Therapie sei nur der sprichwörtliche Tropfen auf den heißen Stein, so als würde man mit einem Finger den Dammbruch aufhalten wollen. Würde es nicht besser sein, die therapeutischen Ziele, Gewahrsein und effizientere gegenseitige Bedürfnisbefriedigung, in einer prophylaktischen und erzieherischen Weise anzustreben, als die gleichen Themen an späteren Stellen wieder und wieder aufgreifen zu müssen? Das ist ein persönliches Anliegen von mir. Vielleicht ist es jetzt Zeit für mich, mich der Erziehung oder der Prävention zuzuwenden, anstatt hauptsächlich Psychotherapie und psychotherapeutische Ausbildung zu machen.

H: Wie kommen wir dahin, etwas anderes als Therapie zu machen? Ich stimme dir zu und ich denke, daß wir manchmal versuchen, mit der Hand die Sturzflut aufzuhalten. Ich schaue Paare an und es sind immer die gleichen Themen. Ich überlege, ob es Wege gibt, die das verhindern können, etwa in den Kirchen oder Schulen zu arbeiten.

R: Nun, ein Thema ist der Inhalt, das andere der Rahmen. Als Institutionen kommen die Kirchen, Synagogen, Schulen oder der Staat in Frage – der Staat als derjenige, der die Eheschließung vornimmt. Vielleicht wäre es aber besser, diese Aktivitäten außerhalb der Institutionen vorzunehmen, um die institutionellen Ziele und Machtansprüche nicht zu perpetuieren. Kurse in Eltern-Kind-Beziehungen, Kurse in Eheleben und so weiter könnten sehr nützlich sein. Ich weiß nicht, was besser ist. Man müßte damit experimentieren. Wir alle haben unsere Vorurteile darüber, was besser klappen würde, als das, was die Leute bezüglich Partnerschaft, Trennung und Ehe heute so tun. Nach einer Weile, wenn ich sehe, wie so viele Leute immer wieder das gleiche tun, was immer wieder in den gleichen Schwierigkeiten endet, verläßt mich der Mut. Vielleicht ist es kraftvoll, darüber zu schreiben. Ich bin nicht sicher, was mehr hilft. Ich weiß nicht, ob irgend einer von diesen Wegen überhaupt einen Einfluß hat, oder ob es vielleicht einen Weg gibt, den wir bisher noch gar nicht genutzt haben.

H: Ich denke, das Schreiben ist ein Weg, wenn es richtig gemacht wird. Robin Norwood schrieb das Buch »Wenn Frauen zu sehr lieben« (1985). Klientinnen von mir, die das Buch gelesen haben und sich damit identifizieren, meinen, es habe einen großen Einfluß auf sie gehabt– manchmal einen größeren als die Therapie bei mir.

R: Gewiß. Allerdings besteht die Schwierigkeit mit vielen dieser Bücher darin, daß sie eine einzelne Dimension oder ein einzelnes Thema herausgreifen, dazu etwas Wahres sagen, aber zu viel hineinpacken. Sie verkaufen es als Allheilmittel, als *die* Antwort auf alles. Dies war mein Einwand, als vor 15 Jahren Arthur Janovs »Primärtherapie« groß in Mode war. Er nahm einen klitzekleinen Teil der Psychoanalyse und packte die ganze Pathologie da hinein – in den Pool des Primärschmerzes. Jeder mußte sich die Lungen rausschreien. Dann würden sich alle besser fühlen. Da ist sicher was Wahres dran, für einige Leute zu gewissen Zeiten. Aber den Primärschmerz als die Wurzel aller Neurosen und Psychosen und wer weiß noch was alles zu beschreiben, endet vielleicht darin, nicht mehr ernst genommen und abgeschrieben zu werden. In gleicher Weise erklärt »Wenn Frauen zu sehr lieben« nicht alle Schwierigkeiten in den Beziehungen und kann darum auch nicht alle heilen. Das Dilemma ist, daß sich ein Buch, wenn es nicht ziemlich dogmatisch ist und verspricht, *die* Ursache allen Übels seit der Schöpfung aufgedeckt zu haben, nicht verkaufen wird. Darum wird es niemand verlegen. Manchmal wird so ein Buch verlegt, aber niemand kauft es. Neulich habe ich ein Zitat über die Wahrheit gehört: »Eine komplexe Wahrheit verstehen die Menschen nicht, eine einfache vergessen sie schnell. Darum bleibt ihnen keine.« Das ist gewiß eine Übertreibung, aber etwas Wahres steckt schon darin. Das betrifft nicht nur Beziehungen und Paare, sondern auch die Themen, die wir in der Einzeltherapie behandeln, beispielsweise das Thema der Kindererziehung, die oft im Zusammenhang mit Schwierigkeiten steht, die später im Leben auftauchen. Ich habe gerade gesagt, daß ich mutlos werde, wenn ich die gleichen Dinge und Prozesse immer wieder machen muß. Es sind andere Leute, aber es gibt nicht so viele verschiedene Prozesse, mit denen die Menschen sich selbst unterbrechen. Es gibt nur wenige, aber leider sehr wirkungsvolle Wege.

H: Ich war lange genug in Kentucky, um mit Leuten über mehrere Jahre zu arbeiten. Mit einem Mann habe ich drei Beziehungen durchgearbeitet. Jedes Mal war es der gleiche Prozeß – genau der gleiche. Man konnte sehen, daß in jeder Beziehung das gleiche ablief.

R: Wenn einer oder beide bereit sind, in die Paartherapie zu gehen, hat einer oder beide schon beschlossen, daß die Beziehung zuende gehen soll. Man sucht nur noch nach jemanden, der den Beschluß bekräftigen soll. Man will nur sagen können. »Wir haben alles versucht, wir sind sogar zum Therapeuten gegangen.« Eins der Dinge, die ich manchmal vorschlage, ist, daß es, egal ob man sich nun trennt oder nicht, unendlich wertvoll ist, anzuschauen, was man miteinander macht. Selbst wenn beide glauben, daß die Beziehung völlig im Eimer ist, können sie etwas über sich selbst lernen. Um in der Lage zu sein, in der nächsten Beziehung ihre Bedürfnisse besser befriedigen zu können, müssen sie herausarbeiten, wie sie in der gegenwärtigen Beziehung ihre Bedürfnisse unterdrückt haben. Sie finden vielleicht zu ihrer Verwunderung heraus, daß etwas ganz anderes herauskommt und ganz andere Erfahrungen auftauchen, wenn man mit unterschiedlichen Arten, miteinander umzugehen, experimentiert. Vielleicht kommt sogar heraus, daß sie sich mögen. Unglücklicherweise sind die meisten Leute überzeugt, daß die Schwierigkeiten unabhängig von ihrem eigenen Charakter seien. Sie sind überzeugt, daß ihr eigener Charakter oder ihre eigene Art zu sein nichts mit den Paar-Problemen zu tun hätten, sondern daß ihr einziger Fehler war, eine schlechte Wahl getroffen zu haben. Wenn sie jemanden anderes nähmen, würde alles gut werden. Falsch! Vor langer Zeit habe ich aufgegeben, gleichmacherisch jedem die Hälfte des Schuld zuzusprechen. Vielmehr sage ich jedem der Partner, daß er zu 100 Prozent dafür verantwortlich ist, was *er* tut. Das hat nichts mit Halbe-Halbe zu tun.

H: Ich denke an den Workshop zur Paartherapie, den du auf der Gestalt-Konferenz 1982 durchgeführt hast. Hast du das aufgeschrieben?

R: Ja, ich arbeite seit 20 Jahren an dem Material. Ich habe über Paartherapie gelehrt, referiert, geschrieben und Ausbildungen durchgeführt. Unglücklicherweise ist mein anderes Steckenpferd das Zögern. Ich kann etwas jahrelang herauszögern. In meinem neuen Büro habe ich alles bereit, sogar einen brandneuen Apple Macintosh – alles ist bereit, um ein Buch zu produzieren, oder dafür, neue Wege des Herauszögerns ausfindig zu machen. Mein Zögern hat etwas Gutes, obwohl es zu weiterem Zögern führt, nämlich über die Jahre hinweg haben sich neue Verbindungen und neue Blickwinkel ergeben. Das ist das Gute. Das Schlechte ist, daß das immer so weitergehn kann. Im Ergebnis passiert nicht viel mehr, als daß ich meinen Spaß daran habe, neue Verbindungen herzustellen, aber nichts Schriftliches kommt dabei heraus. Wenn ich etwas veröffentlicht hätte, könnte ich, wie man mir sagte, eine zweite Auflage mit all den neuen Erkenntnissen herausbringen. An den Partnerschaftsthemen und der Paartherapie ist interessant für mich, daß sich die Gestalttherapie in ihren frühen Jahren nie explizit mit den Primärbeziehungen beschäftigt hat. Ich glaube, daß das auf die Persönlichkeit und die Interessen von Fritz und Laura Perls zurückgeht. Für die letzten Jahre stimmt das nicht mehr. In Cleveland haben beispielsweise Joseph Zinker, Sonia Nevis und ein paar andere Leute das »Institute for Intimate Systems« gegründet. Ich bin an der Arbeit mit Paaren und an Partnerschaftsthemen seit Jahren interessiert und weiß, daß du auch an der Arbeit mit Paaren interessiert bist. Ich glaube, daß alle Elemente in der Gestalttherapie vorhanden sind. Ich denke nicht, daß die Arbeit mit Paaren der Einführung neuer Elemente bedarf. Es ist so wie bei Perls: Er nahm Elemente aus Psychotherapie, Philosophie usw., die vorhanden waren, und organisierte sie zu einer neuen und bedeutsamen Gestalt. Genau so funktioniert das bei der Arbeit mit Paaren.

Das Material und die Elemente sind da, sind in der Gestalttherapie angelegt, in der Soziologie und Anthropologie, in anderen Psychotherapien. Was neu ist, ist die Zusammensetzung. Die Zusammensetzung, die ich vornehme, die du vornimmst, die Zinker und Nevis vornehmen. Alle sind etwas unterschiedlich. Wir haben beispielsweise viele Sachen, die sich überschneiden. Viel Gemeinsamkeiten. Aber trotzdem gibt es ein paar wesentliche Unterschiede.

Paartherapie ist eine besondere Anwendung der Gestalttherapie, die bislang kein wichtiges Thema war. Zu einer anderen Zeit konzentrieren wir uns vielleicht auf Paare – oder ist das jetzt vielleicht wieder ein Beispiel für mein Zögern?

H: Wonach ich dich als erstes fragen möchte ist, was dir in den Sinn kommt, wenn du über die Theorie der Gestalttherapie nachdenkst. An welche Konzepte, Begriffe oder theoretischen Überlegungen denkst du?

E: Was mir als erstes in den Sinn kommt ist, daß die Gestalttherapie über eine große Bandbreite an Möglichkeiten verfügt, um ein eigenes Repertoire und einen persönlichen Stil zu entwickeln. So wie jede andere Theorie muß auch eine Therapietheorie berücksichtigen, daß jeder, der sich ihr anschließt, einige ihrer Aspekte favorisieren wird. Während ich z.B. gerne mit Polaritäten arbeite, zieht ein anderer es vielleicht vor, mit dem Körpergewahrsein zu arbeiten. Nun müßte man im Laufe eines ganzen Therapieprozesses viele Aspekte der Theorie mit einbeziehen, aber der persönliche Stil entscheidet darüber, welchen man den Vorrang gibt. Wenn man in der Gestalttherapie nur einige Aspekte herausgreift und alle anderen beiseite läßt, kann man damit immer noch eine wirklich gute Arbeit machen.

H: Vielleicht hängt die Frage, welche Aspekte oder welchen Fokus wir wählen, damit zusammen, wie wir als Menschen sind. Bevor ich zur Psychologie kam, habe ich mich sehr viel mit Sport beschäftigt. Heißt das, daß ich deshalb im Vergleich zu anderen mehr auf Körpergewahrsein oder Haltung und solche Dinge achte?

E: Schon möglich. Aber wenn du dich für Sport interessierst, kann es auch sein, daß du die Therapie nicht nur als eine körperliche Angelegenheit, sondern auch als Spiel oder als begrenztes Ereignis betrachtest – gewissermaßen als sportliche Aktivität oder eine Art Geschicklichkeitsübung. Wenn du dich am Sport orientierst, kannst du alle möglichen Sichtweisen mit einfließen lassen, und du brauchst diese Einflüsse nicht einmal ausdrücklich zu benennen. Diese menschliche Vielfalt wird im allgemeinen nicht gesehen, und deshalb fragen die Leute: »Ist das, was er da macht, wirklich Gestalttherapie?« Die Antwort lautet: Ja. Er schneidet sich sein Stück vom Gestalttherapiekuchen ab. Er entwickelt seine eigene Variante.

H: Ich nehme an, daß wir diese Erfahrung alle gemacht haben. Ich höre immer wieder Leute sagen: »Du kannst kein Gestalttherapeut sein, dafür bist du viel zu nett.« Sie müssen diesen Eindruck durch jemanden gewonnen haben, der sehr konfrontativ oder barsch arbeitet, wahrscheinlich durch Fritz oder das Gloria-Video, das die meisten Leute gesehen haben.

E: Ja, obwohl es auch viele Videoaufzeichnungen gibt, in denen Fritz sehr sanft arbeitet. Es kann sein, daß der Dreh- und Angelpunkt einer ganzen Therapie sehr deutlich als Gestalttherapie verstanden wird, während alles andere eine Art Vorbereitung war, um auf diesen Moment hinzuarbeiten. Du kannst eine ganz normales Gespräch führen, das sich von einer Unterhaltung außerhalb der Therapie praktisch nicht unterscheidet; und plötzlich verleiht ein bestimmter Fokus des Gewahrseins diesem Gespräch eine gestalttherapeutische Dimension. Aufgrund der Besonderheit der Therapiesituation, ihrer Dichte und ihrer Intensität führt man in der Therapie normalerweise keine gewöhnlichen Unterhaltungen. Aber man könnte; und es ist wichtig, das zu wissen, weil es die Erfahrung menschlicher macht.

H: Ja, das stimmt. Meine Erfahrung mit längeren Therapieprozesen ist, daß die Leute manchmal einfach über ihr Leben reden wollen – oder auch über das Leben des Therapeuten. Viele Leute wissen z. B., daß ich im Augenblick unterwegs bin, um Interviews zu machen. Die meisten meiner Klienten wissen, daß sie mich deshalb diese Woche nicht sehen können, und wenn ich zurück bin, werden einige mit Sicherheit fragen, was ich hier gemacht habe und wie es für mich war.

E: Um auf die Konzepte zurückzukommen, die mich beschäftigen, muß ich sagen, daß für mich weniger die allgemein bekannten Grundsätze der Gestalttherapie im Vordergrund stehen, als vielmehr ihre idiomatischen Varianten.

H: Ich würde gerne mehr darüber hören. Du arbeitest doch immer noch als Gestalttherapeut und bildest auch Therapeuten aus, nicht wahr?

E: Wenn ich Therapeuten ausbilde, arbeite ich mit grundlegenden Konzepten, was ich für sehr wichtig halte. Das ist die Grundlage der Gestalttherapie, und ich fange nicht unbedingt mit den Dingen an, über die ich im Augenblick nachdenke und die mir gerade besonders wichtig erscheinen. Zuerst lehre ich die Grundlagen, und diese Grundlagen lassen sich in drei große Bereiche einteilen: Kontakt, Gewahrsein und Experiment.

H: Ich würde das gerne zurückstellen. Ich fände es interessanter, zu erfahren, was dich im Augenblick beschäftigt. Wenn wir genügend Zeit haben, können wir später noch auf diese drei Schlüsselkonzepte zurückkommen. Aber ich würde gerne wissen, worüber du im Augenblick am meisten nachdenkst.

E: Eine Frage, eigentlich eine ganz alte Frage, die mich beschäftigt, ist, wie man die Technik mit dem ganz gewöhnlichen Erleben zusammenbringen kann. Eine mögliche Orientierung, mit Hilfe derer man sich Klarheit verschaffen kann, ist die Ähnlichkeit zwischen dem Schriftsteller und dem Psychotherapeuten. Der Schriftsteller hat den Luxus, niemanden heilen zu müssen. Er hat die Freiheit, mit allen Mitteln seiner Wahl zu zeigen, wie Menschen ihr Leben leben. Das kann das Leben eines jeden Menschen sein, ganz egal, ob es dabei um Psychotherapie geht, oder nicht. Aus der Sicht des Schriftstellers ist es hilfreich, jemanden unter dem Aspekt zu betrachten, was in seinem Leben besonders interessant oder dramatisch erscheint. Die Kraft des Dramatischen wirkt im Leben jedes Menschen, und dabei geht es sowohl um Handlung als auch um Perspektive. Was ich erreichen möchte ist, Gewöhnliches in Bemerkenswertes umzuwandeln. Häufig bemerken die Leute gar nicht, wie bemerkenswert ihr Leben eigentlich ist – abgesehen von den Dingen, die besonders schmerzlich oder pathologisch sind. In Wirklichkeit bilden aber gerade die Dinge, die sie aus ihrem Leben ausschließen, weil sie zu schmerzlich sind, den Stoff, aus dem ihre interessantesten Eigenschaften entstanden sind.

H: Was du über das Bemerkenswerte sagst, interessiert mich. Ich wollte gerade danach fragen. Wenn ich mir vorstelle, daß ich hier durch die Gegend fahre, um all die Leute zu treffen, die ich interviewen möchte, finde ich das irgendwie bemerkenswert. Als ich von Lois Brien zurückfuhr, hatte ich auf einmal ein Gespür dafür, daß dieser Vorgang des Fahrens auch etwas Abenteuerliches hat. Durch die Gegend zu fahren, ist nichts Besonderes. Viele Menschen tun das jeden Tag.

E: Ja, die Leute tun jeden Tag beachtliche Dinge.

H: Mich interessiert auch deine Idee, das Gewöhnliche in das Bemerkenswerte umzuwandeln. Mir fallen ein paar Leute ein, deren Leben sehr dramatisch, fast melodramatisch zu sein scheint, während andere ein ziemlich tristes Leben führen. Der Klient, über den du schreibst, dieser Taucher – wenn ich mich recht entsinne, machte er anfänglich auch einen etwas trüben Eindruck. Das war ein Stück Arbeit. Du mußtest ihm helfen, etwas Aufregendes zu finden. Ich empfinde so etwas als Herausforderung. Bei einigen meiner Klienten glaube ich manchmal, daß sie mir nichts Aufregendes zu sagen haben, selbst dann nicht, wenn ich sie einlade über etwas zu sprechen, das sie faszinierend finden könnten.

E: Was das Uninteressant-Sein betrifft, sind manche Klienten sehr clever. Ihre Fähigkeit, uninteressant zu sein ist größer als unsere Fähigkeit, interessiert zu sein. Interessiert und neugierig zu sein, ist ein Talent, eine Begabung.

H: Wie verbindest du dein Interesse und deine Neugier mit der Gestalttherapie?

E: Nun, es gibt eine ganze Menge Möglichkeiten, wenn du etwa an die drei Bereiche der Gestalttherapie denkst, die ich erwähnt habe: Kontakt, Gewahrsein und Experiment. Der Schriftsteller z.B. hat erstens die Aufgabe, bestimmte Aspekte zu fokussieren oder zu beleuchten, die ansonsten übergangen würden oder nicht assimiliert werden könnten. Darin, daß die Gestalttherapie den Fokus auf das Gewahrsein legt, zeigt sich ihre Art, die Dinge zu beleuchten. Letztendlich ist das Gewahrsein das Schlaglicht unserer Existenz. Mit den Geschichten, die Therapeuten bei ihren Klienten hervorrufen, beleuchten sie Erfahrungen, die ihnen ansonsten entgehen würden. Zweitens hat guter Kontakt von Natur aus etwas Dramatisches. Er ist frisch, überraschend, spannend und enthält Hinweise auf die Zukunft. Er enthält die Wünsche, von denen Menschen leben. Guter Kontakt schließt die Höhepunkte, auf die sich das Leben zubewegt, mit ein. Und drittens unterstreicht auch das Experiment die Erfahrung. Wenn du über deinen Großvater sprechen möchtest, dann führt z.B. das Experiment mit dem leeren Stuhl direkt in die Handlung und dadurch in das Drama hinein, also in die Erfahrung, mit oder zu dem Großvater zu sprechen. Anstatt den Großvater als netten Mann zu konzeptualisieren, was nicht sehr dramatisch wäre, kannst du ihn spielen, und zwar als jemanden, der Geschichten erzählen konnte. Diese Erfahrung hilft dir, dich daran zu erinnern, daß er ein wirklicher Großvater war. So entsteht Drama.

H: Du hast den Ausdruck Kontakt benutzt, und soviel ich weiß, ist dieser Begriff in dem Buch, das du zusammen mit Miriam geschrieben hast, definiert. Könntest du ihn für unsere Zwecke hier noch einmal definieren?

E: Kontakt ist einfach der Treffpunkt zwischen einer Person und dem, was nicht diese Person ist, bzw. zwischen einer Entität, die etwas anderem begegnet, und diesem anderen, das nicht diese Entität ist. Es gibt auch den Kontakt zwischen verschiedenen Teilen einer Person; das ist etwas, das wir uns in der Gestalttherapie häufig zunutze machen. Die Idee ist, daß Entität und Nicht-Entität sich begegnen – ob das eine Person ist, die einer anderen begegnet oder ob jemand einen Berg betrachtet, ein Kunstobjekt, ein Haus – oder wie die Begegnung sonst aussehen mag. Oder aber der Kontakt bezieht sich auf die Begegnung zwischen verschiedenen Anteilen einer Person. In jedem Fall handelt es sich bei dem Kontakt um eine Art Geburt, um eine neuartige Stimulation, eine neuartige Einheit. Wenn die Dinge nicht etwas anderem begegnen, das sie nicht selbst sind, verblassen sie. Das scheint ein natürlicher Vorgang zu sein. Selbst ein brennendes Stück Holz braucht Kontakt. Du mußt das Holz so anordnen, daß das Feuer von einem Stück Holz auf ein anderes überspringen kann. Wenn nur ein Holzscheit brennt, ist das ein anderes Feuer als eines, bei dem zwei Holzscheite »zusammentreffen«.

H: Es ist also möglich, daß ich in mir selbst, mit – sagen wir – verschiedenen Polaritäten in Kontakt komme, und zwar durch mein Gewahrsein. Würdest du sagen, das stimmt?

E: Mit Hilfe des Gewahrseins würdest du die verschiedenen Teile erkennen.

H: Die Einführung des Begriffs der Deflektion wird im allgemeinen dir und Miriam zugeschrieben, und das ist doch, wie ich es verstehe, eine Kontaktunterbrechung.

E: Es ist eine Kontaktreduzierung.

H: Eine Reduzierung. Kannst du mehr darüber sagen?

E: Wenn ich dich lediglich als Psychologen betrachte – und nicht als jemanden, der gerade mit mir spricht, mich dabei direkt ansieht, und der eine Brille und einen gelben Pullover trägt, dann mache ich nicht dieselbe lebhafte Erfahrung. Dasselbe gilt, wenn ich dich nicht als Person betrachte, sondern dich aufgrund deiner vollen Lippen, deiner Nasenform, der Tiefe der Augen oder deiner Hautfarbe konzeptualisiere. Wenn ich abstrahiere, deflektiere ich von der Fülle der Möglichkeiten, dich zu erleben oder zu erfahren. Unter Umständen kann es sehr sinnvoll sein, mein Erleben mithilfe der Abstraktion zu organisieren und dadurch meine Einstellung zu dir zu klären. Als Einleitung oder Zusammenfassung ist die Abstraktion sehr nützlich, aber wenn ich die Abstraktion an die Stelle der deutlicher spürbaren Erfahrung mit dir setze, dann deflektiere ich. Die Abstraktion kann beides sein, sowohl eine Deflektion als auch eine Einleitung oder Zusammenfassung.

H: Diese Art der Reduzierung von der du sprichst, scheint bei manchen Menschen eine Art Lebensstil zu sein. Sie reduzieren andere ständig auf etwas, das sie nicht wirklich sind. Das zeigt sich z. B. darin, daß die Leute von »ihrem« Psychologen oder »ihrem« Anwalt sprechen.

E: Genau. Das ist eine der Hauptmöglichkeiten, das eigene Erleben zu reduzieren.

H: Mir scheint, daß man dadurch – abgesehen von der Reduzierung des Kontakts – auch eine Menge Erregung aus seinem Leben raushält, oder daß es einen daran hindert, interessiert bzw. interessant zu sein.

E: Ja. Das passiert, wenn man den Kontakt durch Deflektion reduziert. Es gibt viele Arten von Deflektion, Abstraktion ist nur eine davon. Aber manche Gestalttherapeuten sind der Ansicht, Deflektion sei eigentlich nichts anderes als Retroflektion.

H: Ja, ich habe das Gespräch – oder die Diskussion oder wie man es nennen will – zwischen Miriam und Joel Latner gelesen.

E: Ich habe darüber auch mit Joel und Isadore From gesprochen, und sie bezeichnen bestimmte Dinge als Retroflektion, die ich einfach nicht als retroflektiven Prozeß betrachte.

H: Ich muß zugestehen, daß ich in dieser Frage mit Miriam und dir übereinstimme. Ich erkenne die Deflektion zweifellos an und arbeite auch damit.

E: Wenn ich mir, während du sprichst, das Bild an der Wand da drüben ansehe, dann retroflektiere ich nicht in dem Sinne, daß ich etwas gegen mich selbst richten würde. Ich schaue einfach nicht dich, sondern etwas anderes an. Wenn ich mir das Bild ansehe, habe ich nicht dieselbe Verbindung zu dir, wie wenn ich dich anschauen würde. Wenn ich aber meine Augenmuskulatur anspannen und den Druck reduzieren würde und dadurch mit mir selbst etwas machen würde, das eigentlich jemand anderem gilt, dann wäre das Retroflektion. Ich behaupte nicht, daß es Retroflektion nicht gibt, sondern daß es sich bei der Retroflektion und der Deflektion um verschiedene Phänomene handelt, wobei es natürlich viele Überschneidungen gibt. Aber auch zwischen den anderen sogenannten »Widerständen« gibt es Überschneidungen. Projektion, Konfluenz, Introjektion, Deflektion und Retroflektion – sie alle haben z.T. gemeinsame Merkmale.

H: Meine Erfahrung mit Gruppen ist, daß sie gerade während der ersten Phasen ein hohes Maß an Deflektion aufweisen.

E: Das zeigt sich z. B. in der Sprache.

H: Ja, die Leute behandeln mich als Gruppenleiter, und nicht als die wirkliche Person Bob. Oder sie behandeln eine bestimmte Teilnehmerin als die Krankenschwester der Gruppe. Nach meiner Erfahrung braucht es eine Zeit, um das hinter sich zu lassen, so daß zwischen den Gruppenmitgliedern Kontakt entstehen kann.

E: Natürlich. Retroflektion kann eine nützliche vorbereitende Erfahrung sein. Das Denken z.B. wird als retroflektorisch betrachtet. Nun, über etwas nachzudenken bevor ich es tue, kann sehr nützlich sein. Also kann Retroflektion ein sehr hilfreiches Phänomen darstellen. Das Problem entsteht, wenn es chronisch wird und den Anforderungen der gegebenen Situation nicht entspricht.

H: Ja. Ich glaube auch, daß diese Mechanismen, die wir angesprochen haben, manchmal sehr nützlich sein können.

E: Absolut.

H: Vor allem in Familien und bei Paaren. Da kann die Fähigkeit, zu retroflektieren, dazu beitragen, heftige Auseinandersetzungen zu verhindern. Später kann man den Ärger dann ansprechen. Ich glaube, das kann sehr hilfreich sein. Und sich in einer bestimmten Angelegenheit zusammenzutun, kann gewissermaßen eine sehr gesunde Art von Konfluenz darstellen. Also wie ich dich verstehe, entstehen die Probleme dann, wenn jemand chronisch retroflektiert oder deflektiert. Wenn das Retroflektieren zum Lebensstil wird, kann das zu psychosomatischen Problemen führen, zumindest aber dazu, daß man sich nicht wirklich vollständig ausdrückt.

Im Augenblick fehlen mir die Worte. Ich habe nicht das Gefühl, alles gesagt zu haben. Mir gefällt was du sagst, und ich freue mich über dich. Du siehst gesünder aus als im letzten Februar.

E: Ja. Um zwei Uhr habe ich einen Termin beim Arzt. Es geht mir sehr gut; es ist nur die jährliche Routineuntersuchung. Vor ein paar Wochen war ich da, um einige Tests zu machen, und heute bekomme ich die Ergebnisse. Aber es gibt nichts, das mich beunruhigen würde.

H: Ich denke an das Buch von Perls, Hefferline und Goodman, das von manchen als die »Bibel« der Gestalttherapie bezeichnet wird. Andere finden es sehr umständlich und schwer zu lesen. Es gibt da ein paar Passagen, die mir sehr viel sagen, und bei anderen Stellen habe ich keine Ahnung, wovon überhaupt die Rede ist. Hältst du dieses Buch für das definitive Werk der Gestalttherapie? Oder glaubst du, es war nur ein Anfang?

E: Ich halte es für ein Buch mit vielen weisen Beobachtungen über das Leben und die Menschen. Es sagt nicht außergewöhnlich viel über den eigentlichen Therapieprozeß, aber ich glaube, daß es gerade für Therapeuten sehr wichtig ist, zu verstehen, was in der Therapie und im Leben geschieht. Aber die Art, wie das Buch geschrieben ist, macht es sehr schwer, dabeizubleiben. Zum einen ist es überladen. Es wäre sinnvoll gewesen, es redigieren zu lassen, aber es enthält sehr schöne Beobachtungen über Sprache, das Ich und die Kindheit, darüber wie Menschen funktionieren, und wie sie etwas Bestimmtes tun und etwas anderes, womit es ihnen vielleicht bessergehen würde. Einige Abschnitte sind sehr wertvoll, aber ich halte es nicht für eine Bibel. Ich glaube, wir haben keine Bibel.

H: In dem älteren Buch [von Fritz Perls] »Ego, Hunger, and Aggression« finden sich ebenfalls einige sehr schöne Beobachtungen. Und auch dieses Buch enthält einiges an Material, das mir nicht sehr bedeutsam erscheint. Aber wenn ich an unsere Geschichte denke, dann war es wahrscheinlich der Anfang der Gestalttherapie.

E: Ja. Dieses Buch ist insofern schon eher eine Bibel, als es den Anfang repräsentiert. Aber ich halte Perls, Hefferline, Goodman – vor allem den Theorieteil – für sehr viel flüssiger, differenzierter und philosophischer. Es zeigt eine umfassendere Sichtweise vom Menschen als »Ego, Hunger, and Aggression«.

H: Worin siehst du den Hintergrund der Gestalttherapie? Wo liegen unsere Wurzeln? Was waren deiner Ansicht nach die primären Einflüsse?

E: Also, ich sehe die Grundlage in der Psychoanalyse. Fritz hatte die Gabe, die Einflüsse der Zeit zu sehen, ihre Zusammenhänge zu verstehen und sie miteinander zu verbinden. Er gilt nicht als Eklektizist, aber er hatte etwas Eklektizistisches. Das Verbindende bestand in seiner Fähigkeit, die Dinge auf prägnante Weise zusammenzusetzen. Er stand unter dem Einfluß des Existentialismus, des Buddhismus, außerdem von Rank, Reich, Horney usw., und auch von Moreno und den Bewegungsschulen, wie z.B. der von Charlotte Selver. Er tat das, ohne seine eigene Integrität zu verlieren. Wenn ich von Integrität spreche, dann meine ich seine Art von Zusammenhalt, den er unter dem Einfluß sehr unterschiedlicher Leute immer bewahrte. Ich glaube, sein vornehmlicher Beitrag bestand darin, daß er all diese verschiedenen Einflüsse miteinander verbinden konnte. George Bernard Shaw hat einmal gesagt, daß der große Schöpfungsakt nicht unbedingt in der Innovation, sondern in der Integration besteht. Integration nicht im Sinne eines Zusammenfassens, sondern als kraftvolle Nutzbarmachung in einer Weise, die sich vorher bereits angeboten hat. Zum Beispiel würde er sagen, daß Mozart eher einen Höhepunkt darstellte als eine Innovation. Diese kulminative Fähigkeit brachte Fritz in seiner Arbeit zur Geltung; es war die Kulmination der Kräfte dieses Jahrhunderts, angefangen mit Freud bis hin zu Perls selbst. Aber er hatte nicht dieses kommunikative Denken, das es ihm oder der Gestalttherapie erlaubt hätte, als etwas Kulminatives verstanden zu werden. Er war viel zu sehr daran interessiert, die Rolle des enfant terrible zu spielen. Außerdem hatte er im Hinblick auf die Ordnung dessen, was ihn unterstützte, keinen sehr guten Geschmack. Er mißachtete die Ursprünge seiner Entwicklung. Obwohl er gelegentlich fremde Einflüsse einräumte und anerkannte, war er anti-abhängig; er vergaß die Anerkennung und betrachtete vieles, was nicht von ihm kam, einfach als Mist. Ein großer Teil der Entwicklung der Psychotherapie während der letzten 35 bis 40 Jahre ist stark durch die Gestalttherapie beeinflußt worden, aber dieser Einfluß ist nicht so deutlich, wie das wünschenswert wäre. Zum Beispiel wurden große Teile der Encountergruppen-Bewegung durch Fritz' Arbeit in Esalen angeregt. Nicht, daß er der einzige gewesen wäre; neben einigen anderen wirkten auch Rogers und Maslow sehr entscheidend auf diese Entwicklung mit ein. Von einem methodologischen Standpunkt aus betrachtet, schuf seine Arbeit die Voraussetzungen für einen Großteil der gegenwärtigen Methodologie. Für die handlungsorientierten Systeme (die so entgegengesetzte Schulen wie Primärtherapie und Verhaltenstherapie umfassen), über die existentiellen Therapieformen und die Betonung des aktuellen Erlebens bis hin zur Spezialisierung der therapeutischen Arbeit war er ein bedeutender Faktor. Es gibt eine ganze Reihe von Dingen, die er als Therapie bezeichnen würde: das Entwerfen von therapeutischen Experimenten (das in der strategischen Therapie eine Rolle spielt), die dialogische Arbeit usw. All das floriert – unabhängig von der Gestalttherapie. Selbst in psychoanalytischen Kreisen gibt es beachtliche Überschneidungen, z.B. was die Objektbeziehungen angeht. All diese sich gegenseitig überschneidenden Richtungen sollten eigentlich eine Gemeinschaft bilden. Mit Fritz war das nicht leicht zu bewerkstelligen, aber heute wäre so etwas möglich.

H: Ich habe meine Frage vergessen, aber deine Antwort gefällt mir! Du hast erwähnt, daß die Gestalttherapie für die Betonung der gegenwärtigen Erfahrung eingetreten ist. Könntest du das für diejenigen, die keine Gestalttherapeuten sind, etwas näher erläutern?

E: Ja, ich schließe mich der Betonung der Gegenwart nicht an. Die Betonung der gegenwärtigen Erfahrung verfolgte ursprünglich eine andere Absicht als das, was sich dann in ihrer Anwendung zeigte. Was ich damit sagen will ist, daß die Betonung der Gegenwart darauf abzielte, Funktion und Konzentration hervorzuheben. Doch dann traten Funktion und Konzentration zugunsten des »Hier-und-Jetzt« in den Hintergrund. Die Betonung des Hier-und-Jetzt war im Grunde genommen ein Instrument der Abgrenzung. Es half den Leuten, sich von den Einflüssen ihres Lebens abzukoppeln. Wenn man das Hier-und-Jetzt betont, dann werden die Verbote von Vater und Mutter eine weniger große Rolle spielen als in der allgemein üblichen, umfassenderen Orientierung. Die Betonung des Hier-und-Jetzt hat eine ähnliche Wirkung wie Hypnose, Gehirnwäsche oder Drogen. Sie entzieht dich deinem Kontext. Das Hier-und-Jetzt fordert dich im wesentlichen dazu auf, deinen Kontext zu verlassen. Das Problem dabei ist, daß der Kontext wieder auftauchen wird. Um eine verläßliche Veränderung im Leben zu bewirken, muß man sich damit auseinandersetzen. Wenn du ein dissoziiertes Leben führst, indem du im Hier-und-Jetzt bleibst, kann es sein, daß die Fortschritte, die du machst, sich auf die Situationen, in denen du sie anwenden willst, nicht übertragen lassen. Wenn du die Perspektive einengst, sieht es so aus, als ob es nur darauf ankäme, was du hier und jetzt tust, aber das stimmt nicht. Ebenso wie der heutige Wohlstand auf einem Schuldenberg basiert, der Milliarden von Dollar umfaßt. Man kann das ignorieren, aber früher oder später wird diese Tatsache uns einholen. Im Hier-und-Jetzt kannst du sagen, daß alles in Ordnung ist. Im übrigen ist die Gestalttherapie eine Figur-Grund-Therapie, d.h. wir gehen davon aus, daß sämtliche Erfahrungen unweigerlich miteinander verbunden sind. Das Hier-und-Jetzt-Prinzip läßt diesen Grundsatz außer acht. Es wäre richtiger, zu sagen, daß Klischee des Hier-und-Jetzt läßt ihn außer acht.

H: Da gebe ich dir Recht. Hast du ein Beispiel dafür? Ein Beispiel aus der Therapie?

E: Ich denke da an einen meiner Klienten, der sich seiner eigenen Wünsche kaum bewußt war. Wünsche richten sich immer auf die Zukunft. Wenn du etwas bereits hast, dann ist es kein Wunsch mehr. Also ging es darum, seinen Glauben an seine Zukunft zu stärken. Er lebte sein Leben so, als ob sich heute alles ergeben würde – ohne die dazu notwendige Vorbereitung, aber er war Therapeut und hatte eine sehr kleine Praxis. Er hatte praktisch keine Gemeinschaft. Er war besessen von einer Frau, mit der er keine Zukunftsperspektive hatte. Er hatte angefangen, den Boden für seine Zukunft zu bereiten, indem er sich auf seine Promotion vorbereitete, aber er kam keinen Schritt weiter. Inzwischen erlebt er seine klaren Bemühungen als unterstützend, und er lernt mehr als von ihm erwartet wird. Er erfährt Unterstützung, weil er sieht, daß die Gemeinschaft im großen und ganzen bereits besteht, und weil er seinen Freundeskreis erweitert. Dadurch ist seine Welt größer geworden, und er ist nicht mehr so ängstlich, weil er in der Lage ist, sich aus diesen verschiedenen Bereichen Unterstützung zu holen: aus seiner Ausbildung, seinen neuen Freunden und seinen neuen Zukunftsaussichten.

H: Dann verstehe ich, glaube ich, was du sagst. Wenn du dich mit ihm auf das Hier-und-Jetzt konzentrierst, bleibt es eng.

E: Zumindest solange, wie seine Philosophie mitsamt seinen Intentionen und Aktivitäten sich auf das Hier-und-Jetzt bzw. auf seine eingeschränkte Sichtweise beschränkt. Aber mein Fokus liegt auf den vielen Erfahrungen, die er hinsichtlich der Frage seiner Funktion gemacht hat: was er tun möchte, mit wem er spricht, mit wem er gern sprechen würde, oder ob er möchte, daß seine Praxis besser läuft als bisher, usw. Wenn ich diese Erfahrungen aufgreife und er dadurch anfängt, darüber nachzudenken, dann ist das eine fruchtbare Form der Gegenwart. Bleibt es jedoch eine philosophische Gegenwart, dann wird die natürliche Sorge um die Zukunft, die in der Gegenwart enthalten ist, und die natürliche Bewegung dieser Gegenwart beschnitten. Es gibt keine eigentliche Gegenwart; die Gegenwart ist lediglich ein Punkt in der Dimension der Zeit. Im Gegensatz zur digitalen Uhr bewegen wir uns permanent. Ein digitaler Zeitmesser sagt dir, wie spät es ist, aber er sagt nichts über die vergangene oder die zukünftige Zeit oder den zeitlichen Kontext. Die Betonung der gegenwärtigen Erfahrung ähnelt dieser digitalen Uhr. Was ich betonen möchte, ist, wie wichtig es ist, die Bewegung wiederherzustellen und ihr die entsprechende Richtung zu geben. Sobald du das tust, fragst du nach der Spannung im Leben, und nicht bloß nach Klarheit. Das Leben ist von Natur aus spannend, weil du einerseits nie weißt, und dich andererseits doch damit beschäftigst, was passieren wird. Du kannst nicht gespannt sein, wenn du ausschließlich mit dem Hier-und-Jetzt beschäftigt bist. Die Anhänger des Gestalt-Kults würden jetzt sagen, daß die Zukunft für sich selbst sorgen wird. Das stimmt natürlich. Sie wird kommen. Aber wenn du nicht auf die Zukunft vorbereitet bist, wenn du dich nicht mit ihr beschäftigst, wenn du angesichts dieser Zukunft keine Spannung empfindest, dann verliert dein Leben seine Lebendigkeit.

Wir müssen unterscheiden zwischen denen, die den »Hier-und-Jetzt-Kult« pflegen und damit Spannung, Drama und Kontext eliminieren, und denjenigen, die Funktion und Konzentration für wesentlich halten und die Bewegung betonen. Für mich liegt der entscheidende Fokus nicht auf dem Hier-und-Jetzt, sondern auf dem Übergang. Ich versuche, den Leuten das Gefühl für den Übergang zu erleichtern, das Gespür dafür, wie die Dinge sich verändern anstatt nur darauf zu achten, wie sie jetzt gerade sind. Ist die Konzentration gefestigt, dann geschieht das auf ganz natürliche Weise. Die wesentliche Unterscheidung ist die zwischen Konzentration und Fixierung.

H: Der Kult, den du angesprochen hast, ist eine Karikatur der Gestalttherapie – z.B. darauf zu achten, wie ich meine Hand halte oder Aussagen wie: »Ich bin mir gewahr, daß du deinen Kopf schüttelst.« Das sieht mir nicht nach Psychotherapie aus.

E: Das war in der Gestalttherapie noch nicht einmal beabsichtigt, aber ich glaube fest an die Erkenntnis der Deutungsfähigkeit eines jeden Prinzips. Wenn die Deutungen dich an einen Punkt bringen, wo du eigentlich gar nicht hinwillst, dann mußt du dich mit den Deutungen und Bedeutungen, die du hervorgerufen hast, auseinandersetzen. Als Fritz z.B. sagte, das Hier-und-Jetzt sei alles, was für ihn zähle, dachte er nicht darüber nach, wie die Leute, mit denen er sprach, das auffassen würden. Später bemerkte er dann, daß einige Leute ihn falsch verstanden hatten. In »Gestalt Therapy Verbatim« widersprach er dem Glauben an eine schnelle Heilung, den er überall wahrnahm, und verweigerte dieser Idee seine Unterstützung. Aber das reichte nicht aus, um die falschen Deutungen dessen, was er gesagt hatte, zu korrigieren.

H: Kannst du etwas mehr über deine Vorstellung vom Übergang sagen?

E: Ja. Wenn du hörst, was ich jetzt sage, wirst du dich ganz natürlich auf das nächste Wort hin orientieren. Bei jedem Wort, das ich sage, achtest du bereits auf das nächste. Wenn du diese Eigenschaft deines Geistes, sich vorzulehnen, ein bißchen übertreibst und bewußt darauf achtest, also nicht so sehr auf das Wort, das ich gerade sage, sondern auf das nächste und dich in den Fluß meiner Rede hineinlehnst, wirst du wahrscheinlich eine Steigerung der Gefühlsintensität wahrnehmen. Merkst du es?

H: Ja. Das ist diese Haltung, von der du gesprochen hast.

E: Genau. Das meine ich mit Übergang, und es geschieht ganz von selbst. Aber wenn du auf die momentane Erfahrung fixiert bist, funktioniert es nicht so leicht, wie wenn du dich auf die fortlaufende Erfahrung einstellst, also das, was Fritz als »Gewahrseinskontinuum« bezeichnet hätte. Seine Intention war zwar, daß dieses Kontinuum in seiner ganzen Prozeßhaftigkeit erlebt werden sollte, aber er sprach nicht genug über das Kontinuum. Die Frage ist nun, wie man dieses Interesse wieder herstellen kann. Es läßt sich sicherlich nicht dadurch wiederherstellen, daß man – wie Fritz das tat – behauptet, es gebe nichts als das Hier-und-Jetzt. Einen solchen Widerspruch kann das menschliche Denken nicht fassen. Als Fritz anfing, schauten die Leute zu weit in die Zukunft, und dagegen setzte er sich zur Wehr. Heutzutage wird dagegen die Gegenwart mißbraucht und korrumpiert, und deshalb geht es m.E. jetzt darum, den Sinn für Bewegung und Kontext wiederherzustellen, aber auch das kann natürlich außer Kontrolle geraten. Es müßte einen kontinuierlichen Fluß in der Theoriebildung geben, der den jeweils deutlichsten, aktuellen Mißbrauch berücksichtigt. Als Theoretiker müssen wir uns mit diesen Mißbräuchen auseinandersetzen, die unser System im Laufe seiner Entwicklung hervorgerufen hat, um mit anderen Mißbräuchen fertigzuwerden.

H: Das leuchtet mir ein. In der Praxis wäre eine unserer Aufgaben als Therapeuten also dazu beizutragen, diesen Übergang spannend und aufregend anstatt beängstigend zu machen. Anstatt mich also selbst zu ängstigen, weil ich durch die Gegend fahre und hierher komme, um ein Interview mit dir zu machen, würde es ein Abenteuer für mich werden. Durch die Therapiesitzungen, die ich bei dir gemacht habe, betrachte ich manche Dinge als aufregender und weniger furchterregend.

E: Ja, genau. Was ich bei einigen Menschen festgestellt habe ist, daß sie die Angst ausgeschaltet haben, indem sie beängstigende Vorstellungen hinter sich lassen, die sie nicht abstellen können, und sie leben gut damit. Um bei deinem Bild zu bleiben: wenn du ausschließlich im Hier-und-Jetzt leben würdest und Angst vor dem Interview hättest, anstatt dich mit dieser Angst auseinanderzusetzen, würdest du das Interview nicht machen.

H: Du sagtest vorhin, du seist nicht der Ansicht, daß wir ein definitives Gestalttherapiebuch hätten, also eine Bibel. Was müßte noch hinzugefügt werden? Was fehlt deiner Ansicht nach in unserer Literatur?

E: Ich glaube, was fehlt, ist ein großer Schreiber. Ich denke, das Material ist vorhanden. Jemand der lebendig und mit menschlichem Interesse schreibt, mit Konzepten, die etwas zum Klingen bringen, jemand, der weise schreibt, und weniger stereotyp oder formal. Jemand, der auf zwei Ebenen kommunizieren kann, sowohl auf einer einfachen als auch auf einer tiefen Ebene. Freud z.B. kann man auch als Laie lesen. Als Laie kann ich seine grundlegende Einführung in die Psychoanalyse durchaus lesen, ebenso seine neuen einführenden Vorlesungen und wahrscheinlich noch einige andere seiner Schriften. Gleichzeitig haben diese Schriften aber auch eine gewisse Tiefe. Diese Begabung, die man braucht, wenn es um eine Art Bibel geht, kommt nicht allzu häufig vor. Freud hatte sie. Seine Ideen waren nicht so viel besser als etwa die von Janet, aber er war in der Lage auf beiden Ebenen zu kommunizieren. Puccini ist ein gutes Beispiel für den Bereich der Musik. Man muß sich nicht für Opern interessieren, um Puccinis Musik zu mögen, aber man kann sie auch auf einer sehr tiefen Ebene lieben. Eine Bibel ist sehr tief und gleichzeitig sehr gastfreundlich zu ihrem Leser. Diese Kombination fehlt uns, aber das gilt nicht nur für die Gestalttherapie.

H: Das stimmt. Wird die Gestalttherapie weiterbestehen? Glaubst du, es wird uns auch in Zukunft noch geben?

E: Ich glaube, daß die Gestalttherapie einige der entscheidendsten Grundprinzipien der Therapie enthält, aber im allgemeinen werden sie nicht mit der Gestalttherapie in Verbindung gebracht. Es gibt eine ganze Reihe von Leuten, die verschiedene Aspekte der Getalttherapie herausgreifen und sie für ihre Arbeit bedeutsam machen, aber sie betrachten sich selbst nicht als Gestalttherapeuten. Dafür gibt es verschiedene Image-Gründe. Einer dieser Gründe besteht darin, daß Gestalttherapeuten ein Image aufgebaut haben, das sie als rau, fordernd und abweisend darstellt. Bei meinen Demonstrationen sind die Leute im Nachhinein häufig erstaunt, daß ich so freundlich zu ihnen war. Das ist eine Sache des Renommees, häufig falsch, aber nichtsdestoweniger einflußreich. Ein anderer Faktor ist, daß wir keine so ausgefeilten Ausbildungssysteme haben, wie wir sie bräuchten. Ich sehe diesen Mangel in unseren Trainingsprogrammen. Was wir tun ist, daß wir die Leute in die Gestalttherapie einführen; dabei gehen wir wahrscheinlich genauso gründlich vor wie andere Ausbildungsprogramme, die meines Wissens alle mehr oder weniger einführenden Charakter haben. Diese Trainings wenden sich an Leute, die in ihrem Arbeitsleben stehen und nur für eine sehr begrenzte Zeit hierherkommen. Eines dieser Programme ist so konzipiert, daß die Teilnehmer sich drei Jahre lang einmal wöchentlich treffen, ein anderes dauert zwei mal einen ganzen Monat. Das reicht nicht aus, um einen Kern von Leuten zu bekommen, die sich der weitergehenden Auseinandersetzung mit gestalttherapeutischen Fragen widmen wollen.

Was wir brauchen, ist ein Fulltime-Training, das mindestens ein Jahr dauert und sowohl die Arbeit im klinischen Bereich beinhaltet als auch Supervision, Theorie und Praxiserläuterung usw. Der dritte Faktor ist, daß wir nicht organisiert sind. Das bringt einige Vorteile mit sich, z.B. eine gewisse Freiheit. Man braucht keiner Liturgie zu folgen. Aber die Nachteile sind nicht weniger groß: niemand kann wirklich sagen, wofür wir eigentlich stehen, und wir werden permanent fehlrepräsentiert. Nicht nur sind unsere einzelnen Stimmen sehr unterschiedlich, sondern wir haben auch einen großen Abstand untereinander. Ich kann mich kaum erinnern, wann ich zum letzten Mal eine der anderen einflußreichen Stimmen der Gestalttherapie gehört habe. Leute, die ich wirklich sehr mag – aber ich sehe sie nie. Nächstes Jahr wird es in Kalifornien ein Treffen geben, das von San Franzisko aus organisiert wird. Das letzte Mal hatten wir so ein Treffen vor ungefähr zehn Jahren. Es gab nie eine Fortsetzung. Ich weiß nicht, ob dieses nächste Treffen eine Fortsetzung haben wird, aber es gibt keine organisierte Kontinuität. Ich glaube, das »Gestalt Journal« hat dazu beigetragen, daß die Dinge etwas mehr zusammenkommen; das ist ein Anfang für unsere Kommunikationsmöglichkeiten, aber es reicht nicht aus. Wir bräuchten jemanden, der daran interessiert und in der Lage ist, uns zusammenzubringen. Ich glaube, daß unsere Prinzipien lange fortbestehen werden, weil sie m.E. sehr grundlegend und in den unterschiedlichsten gesellschaftlichen Verhältnissen anwendbar sind.

H: Ja. Ich denke daran, wie es war, als ich die Ausbildung bei Jim Simkin angefangen habe. Wir waren 22 Leute in einem einmonatigen Workshop. Ich glaube, du warst 1972 als Gasttrainer da. Unter diesen 22 Teilnehmern sind nur zwei oder drei, von denen ich sagen würde, daß sie ein intensives Interesse an Gestalttherapie bewahrt haben und sich weiterbilden. Ich habe das Training bei Jim abgeschlossen und betrachte mich immer noch als »Lernender«. Deshalb kam ich letzten Februar zurück, um mit Miriam und dir zu arbeiten.

E: Ja, aber wir brauchen mehr Kontinuität. Ansonsten werden nur die engagiertesten Leute weitermachen, wie du z.B. in Florida, aber du bekommst keine Unterstützung. Du stehst ziemlich alleine da. Ich glaube, in der gestalttherapeutischen Szene waren wir zu sehr auf uns selbst und zu wenig auf die Gemeinschaft zentriert; ich nehme mich da nicht aus.

H: Wenn du Diktator wärst, was würde passieren?

E: Wenn wir den Diktator mal weglassen, habe ich ein Beispiel anzubieten. In Cleveland hatten wir, glaube ich, die lebensfähigste Organisationsstruktur innerhalb der Gestalttherapie seit Mitte der fünfziger Jahre. Wir hatten eine konkrete, vielleicht banale Vereinbarung ausgearbeitet. Alle Therapeuten verlangten eine deutlich reduzierte Bezahlung für die Arbeit, die sie im Institut leisteten. Dadurch bekam das Institut das Geld, das es brauchte, um arbeiten zu können. Das war ein Opfer, oder ein Geschenk, von Seiten der Therapeuten, also der Trainer.

Ich denke, wir brauchen eine vergleichbare gemeinschaftsorientierte Motivation auch auf nationaler Ebene. Wie die Dinge im Augenblick liegen, bin ich beispielsweise nicht motiviert, Zeit für eine landesweite Organisation zu investieren. Ich könnte motiviert sein, aber ich bin es nicht. Irgend jemand muß sich für die Entwicklung dieses Gefühls für eine gemeinschaftliche Zusammenarbeit interessieren. Vielleicht ist dieser Prozeß gerade am Anfang. Aber wenn jetzt in Chicago ein Treffen von Gestalttherapeuten stattfände, wieviele führende Köpfe der gestalttherapeutischen Szene, also von denen, die die einflußreichsten Stimmen haben, wären bereit, daran teilzunehmen, wenn sie nicht gebeten würden – wahrscheinlich gegen Bezahlung – eine bestimmte Arbeitsweise vorzustellen?

H: Ich gebe einen Tip ab: Nicht sehr viele.

E: Eben. Nehmen wir die Gestalt-Konferenz. Ich bin bereit, daran teilzunehmen und einen Vortrag zu halten, ohne Bezahlung, aber ich bin nicht bereit, hinzugehen, wenn ich keinen Vortrag halte. Ich glaube, ich wäre dazu bereit, wenn es Teil des ganzen Geschehens wäre. Wenn ich das Gefühl hätte, daß diese anderen Leute auch kommen würden und es eine gemeinschaftliche Erfahrung wäre, würde ich wahrscheinlich teilnehmen. Aber so läuft es nicht. Was das kalifornische Treffen angeht, kommen alle auf einer gemeinschaftlichen Basis, aber die ist nicht sehr groß. Wir müssen den Akzent auf einen gemeinschaftlichen Geist setzen, der aus meiner Sicht unter der Oberfläche existiert. Ich glaube, diese Dinge basieren auf einer selbstzentrierten Einstellung, die von Fritz ausging, ebenso wie das anarchistische Mißtrauen in Organisationen. Mir ist sehr wohl klar, daß es gute Gründe gibt, nicht an Organisation zu glauben, aber wenn man sie aufgibt, bezahlt man einen Preis dafür.

H: Du hast erwähnt, daß ich in Orlando lebe und tue, was ich tun kann, aber nicht sehr viel Unterstützung bekomme. Wie könnte diese Unterstützung aussehen?

E: Das weiß ich nicht genau. Vielleicht gibt es Leute, denen du schreiben und mit denen du dich über eure Erfahrungen hinsichtlich der Trainingsprogramme austauschen könntest. Vielleicht wäre es interessant, in den Programmen der jeweils anderen mitzuarbeiten. Es könnte ein nationales Treffen zu Ausbildungsfragen geben. Viele Trainingsprogramme werden von Leuten initiiert, die weitaus weniger Training und Erfahrung haben als du, und die weniger begabt dafür sind. Viele haben unternehmerische Fähigkeiten, aber keine entsprechende Substanz. Das ist schlecht für unseren Ruf. Hätten wir eine landesweite Organisation, dann wüßten wir mehr über die Leute, deren Arbeit wir respektieren und hätten vielleicht eine stärkere Stimme. Welche Form könnte das haben? Vielleicht ein Zertifikat? Das wäre sicherlich sehr problematisch.

H: In diesem Zusammenhang fällt mir ein, daß einige Mitglieder der American Group Therapy Association einen »Fellow-Status« haben. Die Fellows vereinbaren, daß sie für sämtliche Treffen von Gruppen, die der Gesellschaft angeschlossen sind, lediglich ihre tatsächlich entstandenen Kosten erstattet bekommen. Auf diese Weise wird eine Befruchtung und Unterstützung der örtlichen Gruppen ermöglicht. Geht das in die Richtung, die du vorschlägst?

E: Vielleicht. Diese Leute leisten einen Beitrag zum Entstehen einer landesweiten Identität. Das ist eine Möglichkeit, eine Stimme auszubilden. Natürlich gibt es direktere Wege: schreiben, lehren, forschen etc. Aber diese Möglichkeiten decken nicht alles ab. Ich wüßte gerne, ob jemand daran interessiert ist, das Organisatorische und das Gemeinschaftliche zu entwickeln.

H: Am ehesten wahrscheinlich Joe Wysong.

E: Das stimmt zwar, aber er hat sich eine speziellere Aufgabe gestellt. Ob er auch an einem globaleren Projekt interessiert wäre, weiß ich nicht. Im Augenblick muß er sich mit den landesweiten Angelegenheiten nicht auseinandersetzen. Er sucht Leute aus und lädt sie ein, und sie kommen oder sie lassen es bleiben. Was er tut, ist für unser Zusammenkommen sehr wertvoll. Wenn du Joe fragen würdest, ob er bereit wäre, ein nationales Komitee zu leiten, das den Interessen der Gestalttherapie dienen sollte, was glaubst du, würde er antworten?

H: Ich nehme an, er würde sagen: »Ich habe kein Interesse.« Das wäre meine Vermutung.

E: Vielleicht wäre er interessiert, wenn es eine starke Dynamik hätte und nicht nur Zeit und Geld zum Fenster hinausgeworfen würde, wenn es einen wirklichen Geist dahinter gäbe. Bis jetzt habe ich von einer solchen Entwicklung noch nichts mitbekommen.

H: Du hast als Diktator aufgegeben, weil es nicht funktionieren würde.

E: Ich weiß nicht einmal, was ich sagen sollte. Was würde man als Diktator sagen? Ihr kommt nach Chicago, oder ...!?

H: Unter welchen Bedingungen würdest du zur Gestalt-Konferenz kommen, ohne einen Vortrag zu halten?

E: Gemeinschaft. Ich werde nach Montreal fahren. Joe hat alle Redakteure eingeladen, und es ist eine Jubiläumsfeier.

H: Ist das ein Teil der Konferenz, die für 1988 geplant ist?

E: Ja, und ich kann mich nicht einmal an die Einzelheiten dieser Konferenz erinnern. Aber wie auch immer die Einzelheiten aussehen mögen, wenn ich wüßte, daß es dort ein Treffen gäbe, an dem Isadore [From], Laura [Perls], Joseph [Zinker], Bob Martin, Bob Resnick, Gary Yontef, Cynthia Sheldon, du – wenn dreißig solcher Leute teilnehmen würden, würde ich kommen. Ich wäre dabei. Nicht weil ich unter den »Großen« sein will. Ich habe genauso viel Spaß mit Leuten, die nicht soviel reden, die nicht schreiben und keine Trainings durchführen. Ich würde mich mehr in Gemeinschaft fühlen. Ich weiß nicht genau warum. Vielleicht weil durch ihre Anwesenheit auch ihre Mitstreiter angesprochen würden, die nicht dabeisein können, und die Konferenz dadurch ein breiteres Spektrum an Menschen ansprechen würde. Es würde die Gestalttherapie hervorheben.

H: Ich erinnere mich dunkel, daß Jim Simkin vor ein paar Jahren einige Leute zu sich nach Big Sur eingeladen hat. Wahrscheinlich waren Miriam und du, Cindy und Joel auch dort. Ich weiß nicht, wer alles da war. Es kann sogar sein, daß ich mir Videos angesehen oder die Transkripte gelesen habe.

E: Dieses Treffen hatte eine sehr warme Atmosphäre, und es hatte keine Wirkung! Auch in San Franzisko gab es so ein Treffen. Hatte keine Wirkung!

Als ich noch in Cleveland war, gab es ein Treffen. Bob Martin kam von Los Angeles. War Jim auch dabei? Wahrscheinlich ja, ich erinnere mich nicht genau. Es kamen eine ganze Reihe Leute. Hatte keine Wirkung! Warum zeigte es keine Wirkung? Weil es keine Kontinuität gab. So etwas kann man nicht ohne Kontinuität machen. Bei solchen Dingen funktioniert das Hier-und-Jetzt nicht. Kontinuität erfordert eine Verbindlichkeit, die über die eigene Karriere hinausgeht. Das Ganze beinhaltet auch eine gewisse Bereitschaft zu geben. Die »American Psychological Association« (APA) lebt von den Geschenken ihrer Mitglieder. Ein Teil dieses Geschenks ist, daß niemand für das, was er tut, bezahlt wird. Wahrscheinlich bezahlt ihnen nicht einmal jemand die Reisekosten.

H: Ich nehme an, daß einige der exponierteren Mitglieder ihre Kosten erstattet bekommen. Ich habe für die APA eine Präsentation gemacht und keinen Pfennig bekommen. Das war meine Art, einen Beitrag zu leisten.

E: Ja, genau.

H: In dem Zusammenhang: Ich war erstaunt über den Mangel an gestalttherapeutischen Vorträgen bei der APA. Ich glaube, während der letzten drei oder vier Jahre hat es keinen einzigen gegeben.

E: Ich glaube, die Gestalt-Leute mögen die APA nicht besonders.

H: Da bin ich sicher.

E: Vielleicht mögen sie die APA nicht, aber dort spielt sich eine Menge ab.

H: Ja, auf der anderen Seite ist sie eine der größten Organisationen. Ich würde mich freuen, wenn »wir« innerhalb dieser Organisation aktiver wären. Ich hatte einen Workshop bei der APA, eine Gesprächsrunde in Los Angeles 1981. Die letzten beiden Workshops, die ich eingereicht habe, wurden von der APA abgelehnt.

E: Was war das Thema?

H: Einmal ging es um aktuelle Ausbildungsmodalitäten der Gestalttherapie. Es sollte eine Fortsetzung von Jim Simkins Podiumsdiskussion von 1974 werden, und teilnehmen sollten Jim, Irma Lee Shepard, Jack Mulgrew und ich selbst. Der Vorschlag wurde abgelehnt. Ich hielt es für einen wirklich guten Programmpunkt. Ich erinnere mich noch an die Diskussion, die Jim angeboten hatte; sie zog die Leute zu Hunderten in seine Vorträge in New Orleans. Letztes Jahr schlug ich vor, eine Diskussion über die Entwicklungen der Gestaltgruppentherapie durchzuführen. Ich weiß nicht, ob es noch andere Leute gibt, die Vorschläge einreichen, oder nicht. Auf der nächsten Konferenz der »American Group Psychotherapy Association« (AGPA) in New Orleans bietet Harvey Rifkin etwas an. Ich werde auch ein Angebot machen, und dann ist noch ein Mann dabei, den ich nicht kenne, sein Name ist Doug Greve.

E: Ja, bei der AGPA habe ich auch regelmäßig etwas angeboten. Es ist nur so, daß ich nicht mehr sehr gerne an Konferenzen teilnehme. Ich habe das zehn Jahre lang gemacht.

H: Ich habe ein bißchen das Gefühl, daß es reicht. Wie ist es bei dir?

E: Das kommt darauf an, was du willst.

H: Also, die Dinge, die mir am wichtigsten sind, haben wir angesprochen. Im ersten Teil unseres Gesprächs haben wir über etwas anderes als Gewahrsein und Kontakt gesprochen. Denkst du noch über etwas anderes nach?

E: Ja, mich beschäftigt das Thema Härte und Sanftheit, und meistens wird die Gestalttherapie mit Härte assoziiert.

H: Wie kommt das? Ich kenne diesen Vorwurf seit ich mit Gestalttherapie angefangen habe. Miriam und dich habe ich nie als hart erlebt; ich habe euch immer eher für beständig gehalten. Und Jim – er konnte hart sein, aber ich habe ihn nie so erlebt.

E: Du hattest eine kontinuierliche Beziehung zu ihm. Mit zunehmendem Alter wurde Jim sehr viel sanfter. Er konnte immer schon sanft sein. Er war es auf eine ganz bestimmte Art und nahm es damit sehr genau. Damit kamen einige Leute nicht gut zurecht. Was die Gestalttherapie betrifft, glaube ich, daß die Härte teilweise daherrührt, daß einige Therapeuten schnelle Heilungserfolge erzielen wollten. Wenn du hart bist, bekommst du eine schnelle Reaktion. Irgend etwas wird passieren. Manches davon war äußerst vorteilhaft, solange die Therapeuten bei ihren Klienten blieben. Anderes war sehr unvorteilhaft. Aber selbst, wenn diese Prozesse sehr erfolgreich waren, würde jemand, der solche Sitzungen beobachtet oder davon gehört hat, sie kaum selbst erleben wollen.

H: Ja, diese Reaktion bekomme ich immer noch von Leuten, die am Anfang ihres Graduiertenprogramms stehen und die Gloria-Videos sehen. Diese Videos respräsentieren nicht den Stil der Gestalttherapie; eigentlich arbeiten nur sehr wenige Therapeuten so.

E: Selbst Fritz war nicht so. Er machte eine Show. Damals war Ehrlichkeit ein Fetisch, und insbesondere die Gestalttherapie wandte sich vehement gegen Heuchelei und Scheinheiligkeit. Was man nicht verstand war, daß Authentizität nur sehr schwer zu erreichen ist. Um dorthin zu kommen, muß man Heuchelei und Scheinheiligkeit möglicherweise durchmachen. Manchmal handelt es sich auch nicht um Heuchelei oder Unaufrichtigkeit, sondern lediglich um einen inneren Widerspruch. Als Heuchler zu bezeichnen verfehlt den Punkt. Würdest du zu einem Schizophrenen sagen: »Du bist ein Heuchler!«? Was könnte unauthentischer sein als ein Schizophrener? Aber ihn so zu betrachten zeugt von außerordentlicher Ungeduld. Um aufrichtig und authentisch zu werden, also alles andere als heuchlerisch, muß man die Widersprüche auflösen. Wenn du nur begrenzt Zeit hast, um eine Heilung zu erzielen, kann es sein, daß du ziemlich hart wirst. »Beweg deinen Hintern!« Manchmal ist diese Art von Druck sehr angemessen, aber meistens ist es nur ein billiger Trick.

H: Ja, du hast Recht. Viele Leute halten uns für hart und aggressiv. Aus welchen

Gründen auch immer – irgendwie schaffen wir es nicht, zu zeigen, daß das für die Gestalttherapie nicht typisch ist.

E: Ja, obwohl ich glaube, daß das heute ein bißchen deutlicher wird.

H: Innerhalb der Gestaltszene. Außerhalb unserer Szene, glaube ich nicht.

E: Aber es zieht seine Kreise. Wir müssen darüber reden. Wir reden nicht genug darüber. Die Bücher, die wir schreiben, berücksichtigen diesen Punkt nicht genug. Obwohl, wenn man Josephs Buch liest, das ja nicht neu ist, wird es ganz klar. Da findest du keine »Beweg deinen Hintern«-Sprache. Ich denke, das Buch, das ich gerade schreibe, wird auch eine andere Färbung haben. Und es gibt noch andere.

H: Wenn man die Fallpräsentation liest, die ich 1985 auf der Konferenz vorgestellt habe, wo ich mit einer Frau namens Rose gearbeitet habe, würde man sehen, daß die Arbeit sehr viel Sanftheit beinhaltet.

E: Auf jeden Fall.

H: Ich glaube, Yontef schreibt darüber in dem Simkin-Kapitel bei Corsini. Der Gestalttherapeut scheint sanfter zu sein.

E: Gary, du, ich – keiner von uns hat die projektive Kraft, die Fritz hatte – teilweise aufgrund seiner Persönlichkeit und teilweise, weil es eine andere Zeit war. Was er und die Leute um ihn herum damals taten, hat eine größere Langlebigkeit. Aber es wird sich verändern. Das tut es bereits.

H: Ich glaube, daß Miriams und dein Auftreten auf der Konferenz »Evolution of Psychotherapy« der Milton H. Erickson Foundation 1985 in Phoenix bei einigen Leuten eine Veränderung ihrer Einstellung gegenüber der Gestalttherapie bewirkt hat.

E: Davon habe ich gehört.

H: Als erstes möchte dich bitten, einfach laut über die Gestalttherapie und ihre Theorie nachzudenken und über alles zu reden, was dich im Augenblick interessiert.

M: Gut. In letzter Zeit beschäftigt mich die Frage, wie man verschiedene Phasen von Unterstützung unterscheiden und die Fortschritte, die in der Therapie gemacht werden, integrieren kann. Natürlich geht es innerhalb der Therapie um Unterstützung, aber die Fähigkeit, sich selbst außerhalb der eigentlichen therapeutischen Situation, also in anderen Umgebungen und unter anderen Umständen zu unterstützen, wächst und entwickelt sich phasenweise. In der Gestalttherapie betrachten wir Kontakt als ein Ereignis, das in Raum und Zeit und innerhalb eines Rahmens von bestimmten Gelegenheiten und Fähigkeiten stattfindet. Während wir uns von einer Umgebung zur nächsten bewegen, brauchen wir unter bestimmten Umständen notwendigerweise mehr oder weniger Unterstützung als unter anderen Umständen. Ich glaube, daß die Entwicklung von unterstütztem Verhalten verschiedene Phasen durchläuft. In unserem Buch sprechen Erv und ich vom Konzept der Ich-Grenze, die wir als Bandbreite derjenigen Erfahrungen definieren, die jemand für sich gelten lassen kann. Diese persönliche Demarkationslinie der Erfahrung beinhaltet die Notwendigkeit, darauf zu achten, wie die Balance zwischen Selbstunterstützung und Fremdunterstützung erreicht wird. Fritz Perls betrachtete Wachstum als eine Bewegung von der Fremdunterstützung zur Selbstunterstützung. Im Grunde genommen ist das eine relative Leistung, denn eine absolute Unabhängigkeit von äußerer Unterstützung ist letztlich für niemanden erreichbar. Die Frage ist aber: Wann ist die äußere Unterstützung wichtiger? Aus welchen Elementen setzt sie sich zusammen? Und auf welche therapeutischen Aufgaben muß der Therapeut möglicherweise achten, wenn der Klient sich zunehmend aus der Abhängigkeit von der Umgebung oder ihrem Druck befreit?

H: Du hast gesagt, es gebe verschiedene Stadien von Unterstützung. Kannst du beschreiben, wie sich diese Stadien aus deiner Sicht darstellen?

M: Ja, ich bezeichne das als Integrationssequenz. Dabei geht es um die Frage, wie der Klient das, was in der Therapie passiert, so integrieren kann, daß es in sein gewohntes Verhaltensrepertoire übergeht und ihm auch in seinem »täglichen Leben« zur Verfügung steht. Ich unterscheide drei Phasen:

1. Die Entdeckungsphase,
2. die Akkomodationsphase und
3. die Assimilationsphase. Während jeder dieser drei Phasen bedarf es der Unterstützung, die aus zwei verschiedenen Quellen kommen kann, nämlich aus der Umgebung und aus dem eigenen Selbst.

Das Stadium der Entdeckung ist genau das, was der Name schon sagt: Ein

Punkt, an dem ein neues Gewahrsein, eine neue Erkenntnis, eine ungewohnte Erfahrung, ein Impuls, Wunsch, Gefühl oder eine neue Empfindung in den Vordergrund tritt und vom Klienten erkannt und gewürdigt wird.

H: Kannst du ein Beispiel geben, um das etwas deutlicher zu machen?

M: Ja. Eine Frau, mit der ich gearbeitet habe, beschrieb sich selbst als »Armeekind.« Eines Tages kam sie zur Therapie und klagte über einen steifen Hals, der ihr seit ein paar Tagen zu schaffen machte. Ich schlug ihr vor, mit leichten Drehbewegungen ihres Kopfes zu experimentieren. Während sie das tat, schaute sie zufällig zur Decke. Etwas abwesend und fast beiläufig fragte sie: »Sind das echte Balken oder sind die nachgemacht?« Sie war über ihr eigenes Verhalten überrascht; es kam ihr ungehörig vor, so eine Frage zu stellen. Was sie überraschte – und was sie gleichzeitig entdeckte – war, daß sie als »Armeegöre« und Tochter eines passionierten Militärarztes gelernt hatte, daß man keine Fragen stellt. Um aber keine Fragen zu stellen, hatte sie gelernt, eine rigide und steife Haltung anzunehmen, immer geradeaus zu schauen und auf diese Weise zu verhindern, daß die Dinge um sie herum ihre Neugier weckten. Ihr steifer Nacken war einfach nur ein Mittel, das ihr half, sich zurückzuhalten. Aber sie entdeckte, daß sie eigentlich ein neugieriger Mensch war, und als sie einmal angefangen hatte, sich selbst zu erlauben, herumzuschauen, liebte sie es, Fragen zu stellen. Das war eine Entdeckung.

Der Moment der Entdeckung enthält die atemberaubende Erkenntnis, daß etwas Neues auftaucht, ein neuer Aspekt in der Art, wie diese Frau sich selbst in der Welt erlebt, und in diesem Moment muß sie sich selbst unterstützen. Es gibt drei Wege der Selbstunterstützung: die körperlich-muskuläre Unterstützung, den Atem und die kognitive Unterstützung. Diese Klientin z.B. mußte lernen, wie sie sich selbst körperlich unterstützen konnte, indem sie z.B. eine gute Sitzposition fand. Sie mußte ihre Handlungs- und Bewegungsspielräume kennenlernen, die sich öffneten, sobald sie aufhörte, ihre Beweglichkeit einzuschränken und anfing, da wo es möglich war, Bewegung zuzulassen. Sie mußte die Erregung unterstützen, die frei wurde, als sie bemerkte, wie sie sich selbst nicht nur gegen die Bewegung versteifte, sondern auch ihren Atem einschränkte und dadurch ihre Erregung in Angst umwandelte. Oft ist es so, daß in einem Augenblick der Entdeckung die ganze Welt stehenzubleiben scheint. Ein gleichmäßiger Atem stellt das Gefühl von Fluß und Kontinuität wieder her. Und schließlich mußte sie sich gedanklich darüber klar werden, was sie entdeckt hatte, daß nämlich das Verbot, neugierig zu sein, eine Lektion war, die sie einmal gelernt hatte und die ihrer jetzigen Lebenssituation nicht mehr entsprach. Schließlich war sie ja nicht in der Armee.

Die äußere Unterstützung entstand zum einen dadurch, daß ich ihre Neugier akzeptierte, und zum anderen aus der Vertraulichkeit des Settings und der Sicherheit der therapeutischen Beziehung heraus.

Die Aufgabe des Therapeuten besteht darin, das Verhältnis zwischen Selbst- und/oder Fremdunterstützung zu erforschen und auszugleichen. Das heißt, da, wo es nötig ist, unterstützt er den Klienten; gleichzeitig macht er ihn aber auch auf Möglichkeiten der Selbstunterstützung aufmerksam.

Sobald sich die Konsequenzen der ursprünglichen Entdeckung zeigen, beginnt die Akkomodationsphase. In diesem Stadium wird der Klientin langsam bewußt, was Neugier für sie noch alles beinhalten kann – außer banalen Fragen über die Balken an der Decke. Sie könnte z.B. anfangen, den Menschen, mit denen sie zu tun hat, alle möglichen Fragen zu stellen. Die Akkomodationsphase ist die Fortsetzung der ursprünglichen Entdeckung.

H: Ich nehme an, daß deiner Klientin die Menschen in ihrem Leben dadurch interessanter erscheinen. Natürlich waren sie das auch schon vorher, aber in dem Moment, wo sie sich mit Hilfe dieser Art von Unterstützung selbst erlaubt, interessierter zu sein, werden auch die anderen interessanter.

M: Genau. Und sie muß lernen, noch mit einer anderen Konsequenz umzugehen. Denn wenn die anderen interessanter werden, werden sie auch anregender. Wie geht sie nun mit dem Zuwachs an Erregung um, die sie vorher in ein nettes, wohlgeordnetes, unbefriedigendes, aber zumindest unproblematisches Leben hatte einfließen lassen?

H: Diese Art von Lösung war kalkulierbar. Nicht sehr befriedigend zwar, aber kalkulierbar.

M: Ja. Nach der Maßgabe: »Stell keine Fragen; das Leben geht weiter.« In der Akkomodationsphase muß der Therapeut ihr helfen, Selbstunterstützung zu mobilisieren und zu entwickeln. Die eigentliche Wirkung muß sich außerhalb des therapeutischen Rahmens zeigen, wo sie mit der äußeren Unterstützung, die sie in dieser »speziellen« Umgebung bekommt, nicht rechnen kann. Natürlich kann sich ein Teil auch innerhalb der Situation abspielen. Sie könnte z.B. anfangen, neugierig auf den Therapeuten zu werden, auf seine Bücher, die Praxis oder die Einrichtung. Es ist sogar möglich, daß sie ihre eigene autoritäre Art zu urteilen entdeckt, die sie bisher immer zensiert hat, und die sie in Schwierigkeiten bringen kann. In der Akkomodationsphase hat sie Gelegenheit, das Vertrauen in ihre Fähigkeit der Selbstunterstützung aufzubauen. Darüber hinaus muß sie ihr Gewahrsein für die Umgebung schärfen. Da sie nicht mit derselben äußeren Unterstützung rechnen kann, die sie innerhalb der therapeutischen Situation erfährt, muß sie lernen, ihre Umgebung, die ihr nicht dieselben Garantien geben kann, besser einzuschätzen. Sie muß sich umschauen und herausfinden, was sie in einer schwierigen Situation unterstützen, und wer ihr neues Verhalten akzeptieren könnte. Sie muß lernen, wo sie mit ihrer Neugier experimentieren kann und wo es klüger ist, es zwar zu erleben, aber nicht zu zeigen. Und sie entwickelt die Fähigkeit, sich selbst zu unterstützen, nicht nur körperlich, sondern auch geistig.

H: So wie du es beschreibst, klingt es, als gäbe es verschiedene Abstufungen von

Unterstützung. Man geht ja nicht so einfach los und fängt an, allen möglichen Leuten Fragen zu stellen. Zunächst sucht sie sich jemanden aus, bei dem sie sich sicher fühlt, oder eben dich – als ihre Therapeutin. Sie fängt mit dir an und geht dann langsam zu anderen Leuten über. Ich könnte mir vorstellen, daß sie diesen Prozeß faszinierend findet, denn sie äußert ja genau das, was sie so lange zurückgehalten hat.

M: Das könnte sein, ja. Verstehst du, in diesem Stadium muß sie sich nicht nur ihrer selbst gewahr sein, sondern in gewissem Maße auch der anderen. Im ersten Stadium, der Entdeckungsphase, ist sie sich ausschließlich ihrer selbst bewußt. In der Therapie braucht sie sich nicht zu schützen. Ich meine, sie kann, aber sie braucht nicht. Da die Umgebung als Ganzes aber sehr viel unsicherer und viel weniger kalkulierbar ist, muß sie ihr Gewahrsein während der Akkomodationsphase auf andere Bereiche ausdehnen. Durch ihr gesteigertes Gewahrsein ermöglicht sie eine Verbesserung der Kontaktqualität. Andererseits ist sie während dieses Stadiums immer noch ungeübt, und die Wahrscheinlichkeit, enttäuscht zu werden, ist genauso groß wie die, erfolgreich zu sein. Der Therapeut muß also die Perspektive der Klientin wiederherstellen und ihr helfen herauszufinden, wo und wie etwas schiefgelaufen ist bzw. was passiert, wenn sie etwas Neues ausprobiert.

Im dritten Stadium, der Assimilationsphase, akzeptiert die Klientin die möglichen Konsequenzen. Sie hat sich entschieden, wie sie sein und handeln will – unabhängig davon, ob das nun angenehm ist, oder nicht. Sie hat genügend Sensibilität entwickelt, um mit den Unwägbarkeiten der Umgebung fertigzuwerden, und sie hat erkannt: »Ja, das bin ich. Ich bin ein neugieriges Wesen, und das ist in Ordnung.« Das ist riskant, und die Folgen sind nicht immer absehbar. Es gibt keine Erfolgsgarantie. Während der Assimilationsphase kann es sein, daß sie öfter Erfolg hat als keinen. Trotzdem gibt es noch einen Hauch von Unsicherheit. Ihr Verhalten hängt immer noch zu einem gewissen Teil von der Umgebung ab. Vielleicht bezieht sie sich auf eine bestimmte Person oder auf bestimmte Umstände. Vielleicht stellt die Klientin ihre Fragen nach wie vor nur bestimmten Leuten, und anderen eben nicht. Vielleicht fragt sie einen Freund, aber nicht ihren Vater, oder sie fragt nur nach ganz bestimmten Dingen, aber nicht nach anderen. Es könnte z.B. sein, daß sie nach der Familiengeschichte fragt, aber nicht nach finanziellen Angelegenheiten. In der Assimilationsphase hat das Verhalten eine situationsgebundene Qualität und manchmal auch den Beigeschmack, eine bestimmte Haltung einnehmen oder etwas beweisen zu wollen. Es ist von einer gewissen Unsicherheit geprägt und noch nicht vollständig integriert.

Die letzte Phase, die Integrationsphase, zeigt sich darin, daß eine bestimmte Verhaltensoption Teil einer ganzen Palette möglicher Verhaltensweisen geworden ist. Sie ist dann nicht mehr oder weniger wahrscheinlich als andere mögliche Verhaltensweisen. Die Klientin ist in ihren Reaktionen flexibel, und diese Flexibilität ermöglicht es ihr zu wählen, anstatt irgend etwas bewußt beweisen zu müssen, außer dem, was sie in diesem bestimmten Augenblick gerade erregt. Es ist eine fließende Interaktion mit ihrem Umfeld, die sich innerhalb ihrer Ich-Grenzen etabliert, also innerhalb des Spektrums des ihr möglichen Erlebens.

H: Ja. Ich frage mich gerade, wie das mit dem Gewahrseinsprozeß zusammenhängt. Im letzten Stadium kann es sein, daß sie sich ihrer Neugier bewußt ist. Ihre Selbstunterstützung könnte darin bestehen, daß sie entweder nachfragt, oder aber entscheidet, daß die Situation für sie nicht angemessen ist.

M: Vielleicht entscheidet sie sich, später nachzufragen, wenn sie mehr Zeit hat, oder aber sie ist neugierig, oder sie läßt es als nicht so wichtig fallen. Sie fängt an, alle möglichen Alternativen zu sehen, von denen keine unsicherer oder wahrscheinlicher ist als die anderen.

H: Diese Unterstützungsphasen ermöglichen es ihr schließlich zu wählen, und dabei in vollem Kontakt zu bleiben.

M: So ist es. Das Entscheidende ist, daß ihr Verhalten und die Reaktionen der Umgebung während der Akkomodationsphase sehr viel unkalkulierbarer sind und die Wahrscheinlichkeit, daß sie sich ungeschickt oder unwohl fühlt und erfolglos bleibt, deutlich größer ist. Ihr Umfeld wird mit großer Wahrscheinlichkeit nicht so entgegenkommend sein wie ihre Therapeutin oder jemand, den sie auf den leeren Stuhl setzt und mit dem sie einen imaginären Dialog führt. In dieser Phase müssen sich sowohl Therapeutin als auch Klientin darüber im Klaren sein, daß Ungeschicklichkeit und Unwohlsein unvermeidbar sind.

H: Das gilt für jedes neue Verhalten.

M: Ja. Das ist die Phase, in der es wahrscheinlich zu Entmutigungen kommt und in der die Klientin versucht ist zu sagen: »Ich mache nicht weiter. Es funktioniert ja doch nicht.« Die therapeutische Aufgabe könnte dann sein, die Kriterien zu erforschen, nach denen die Klientin beurteilt, ob etwas funktioniert oder nicht, oder Experimente zu erfinden, in denen sie sich vorstellen kann, bei wem sie mit ihrer Neugier gut aufgehoben sein könnte. Sie könnte sich entschließen, mit der leichtesten Person anzufangen, anstatt mit der schwierigsten. Diesen Rat habe ich meinen Klienten schon häufiger gegeben.

H: Ich stimme dir zu, daß wann immer wir oder unsere Klienten etwas Neues ausprobieren, das unvermeidlich mit einer gewissen Unbehaglichkeit oder Unsicherheit verbunden ist, manchmal auch mit Aufregung. Für mich war es schön zu entdecken, daß ich auch dann noch einiges tun kann, wenn ich mich ungeschickt oder unwohl fühle. Wenn ich nur auf meine Unsicherheit oder mein Unbehagen achten würde, wäre es das leichteste, mich zurückzuziehen und keine Rede zu halten oder mit dir oder Erv kein Interview zu führen usw. Es ist wichtig zu wissen, daß ich unsicher sein und immer noch etwas tun kann.

M: Ich glaube, das ist es, was Lore Perls meinte als sie sagte, daß alles, was es wert ist, getan zu werden, es auch wert ist, schlecht getan zu werden.

H: Ja, das glaube ich auch. Dieser Kontakt, von dem du sprichst (und von dem wir in der Gestalttherapie ja immer wieder sprechen), wie definierst du den? Wie lautet deine Definition von Kontakt?

M: Hmmm! Einerseits brauchen wir Definitionen, und andererseits wird jede komplexe Idee oder Vorstellung durch Definitionen eingeschränkt. Als die Juden beschlossen, daß es verboten sein sollte, sich von Gott ein Bild zu machen, das man anbeten konnte, oder seinen Namen laut auszusprechen, trafen sie eine weise Entscheidung. Sie wußten, daß sie Gott in dem Augenblick, wo sie versuchen würden, ihn allzu deutlich darzustellen, verlieren würden.

Für mich ist guter Kontakt gleichbedeutend mit unvermittelter Begegnung. Es ist eine Begegnung mit so wenig »Dazwischen« wie möglich; eine Begegnung, bei der man bereit ist, sich von dem Ereignis ergreifen zu lassen, bei der man bereit ist, Hingabe und Teilnahme zu riskieren und gleichzeitig auf Reserviertheit und Zurückhaltung zu verzichten.

H: In diesem Zusammenhang denke ich vor allem an Paare. Wenn die Partner sich auf diese Weise begegnen, brauchen sie sich keine Sorgen zu machen, daß sie etwas sagen könnten, was später gegen sie verwendet werden könnte.

M: Das beste Beispiel, das ich dir geben kann, stammt aus meiner Kindheit – lange bevor ich zum erstenmal mit Gestalttherapie in Berührung kam. Ich erinnere mich, wie ich eines Tages draußen stand und in den Himmel sah. Der Himmel war blau, kein einziges Wölkchen weit und breit. Ein schönes, kräftiges Blau, rein und wunderschön. Ich erinnere mich, wie ich in den Himmel sah und während ich da hinaufschaute das Gefühl hatte, als seien meine Augen voll von diesem Blau, als wären meine Augen blau. Woran ich mich ebenfalls erinnere, ist eine meiner ersten Erfahrungen mit Musik – eine Folge von Akkorden, eine harmonische Abfolge von Akkorden eines bestimmten Walzers. Ich war in dem Haus, aus dem wir auszogen, als ich ungefähr elf Jahre alt war. Als ich diese Sequenz hörte, hatte ich das Gefühl, als ob mir jemand mit voller Wucht in den Bauch geschlagen hätte. Ich konnte dieser Musik überhaupt keinen Widerstand entgegensetzen, und sie beeindruckte mich so sehr, daß ich nach Luft schnappen mußte – so als ob jemand die Luft aus mir herausgepreßt hätte. Das meine ich – solche Dinge.

Die Schriftsteller können das besser beschreiben. T.S. Elliot erzählt von einer Musik, »die so tief gehört wird, daß du die Musik – solange sie anhält – nicht hörst, sondern bist.« E.M. Forster schreibt über einen himmlischen Omnibus, der ein Kind in eine Erfahrung versetzen kann, die für einen intellektuellen Erwachsenen nicht wahrnehmbar ist. Offensichtlich werden wir im Laufe unserer Entwicklung sehr klug; wir wissen, wie wir uns kleinmachen und gegen diese Invasion schützen können. Zu schade.

H: Ja, das ist wirklich schade.

M: Aber es läßt sich nicht verhindern. Schließlich brauchen die Kinder sich nicht die Zeitung unter den Arm zu klemmen und zur Arbeit zu gehen.

H: Ich denke an meine Stieftochter. Wenn sie aufgeregt ist, dann gibt es überhaupt keinen Zweifel: Sie ist aufgeregt, und zwar mit jeder Faser ihres Wesens. Bei dem, was du eben sagtest, dachte ich, daß Hingabe die Sache vielleicht genauso gut beschreibt, wie Erlaubnis.

M: Ja, das ist das Tao. Nicht im Weg zu stehen.

H: Ich finde es interessant, daß guter Kontakt, also eine vermittelte Begegnung, auch die Möglichkeit beinhaltet, daß man sich verliert oder verzettelt.

M: Ja. Du bist bereit, es zu riskieren. Für diesen Moment spielt das gewohnte Gefühl von »wer, was wie, warum oder wann« einfach keine Rolle. Das andere zeigt sich dir auf direkte und offene Weise, egal ob es sich dabei um einen anderen Menschen, einen Sonnenuntergang, eine Musik, eine Idee oder eine Blume handelt.

H: So wie du den Kontakt beschreibst, hat er eine enorme Fülle. Ich frage mich, wie oft ein normaler Durchschnittsmensch diese Art von Kontakt erlebt. Manchmal verpaßt man sicherlich einiges.

M: Das sind Momente, z. B. wenn du nach Hause kommst und einen wunderbaren Geruch wahrnimmst – frischgebackenes Brot, Kaffee oder gebratenen Speck, oder einfach den Geruch von Zuhause. Jedes Haus hat seinen eigenen Geruch. Der Geruchssinn ist übrigens von allen Kontaktfunktionen die älteste oder ursprünglichste. Ich hatte bisher nur zwei oder drei therapeutische Situationen, in denen es um den Geruchssinn ging, und sie waren alle sehr einfach und sehr jung.

H: Der Geruch eines Menschen hinterläßt einen äußerst starken Eindruck. Die Art von Kontakt, die du ansprichst, geht über den Bereich der zwischenmenschlichen Beziehungen hinaus und betrifft auch den Kontakt zwischen Organismus und Umfeld – Körpergeruch, Musik, Kunstformen, Visuelles, solche Dinge.

M: Ich glaube, Kontakt hängt davon ab, wie durchlässig wir sind, davon, ob wir für Eindrücke offen sind. Letztlich sind wir immer in Kontakt, aber einen hochwertigen, vollen Kontakt gibt es relativ selten.

H: Erv und du habt in euren Büchern und Artikeln verschiedene Formen von Kontaktunterbrechungen, -störungen und -vermeidungen dargestellt. Es ist allgemein anerkannt, daß die Idee der Deflektion als einer Grenzstörung von euch beiden eingeführt wurde. Du hast geschrieben, daß es sich bei der Deflektion um eine echte und eigenständige Grenzstörung handelt, und nicht um eine Variante anderer Störungsarten, wie z. B. der Retroflektion.

M: Es ist eine eigenständige Grenzstörung, aber sie kann auch als Komponente der Retroflektion auftreten.

H: Eine der Erfahrungen, die ich mit Deflektion gemacht habe, steht im Zusammenhang mit einer neuen Therapiegruppe, deren Teilnehmer sich noch nicht kennen. Um diese Gruppe in Bewegung zu bringen, mußte ich mich mit allen möglichen Arten von Deflektion auseinandersetzen. Die Teilnehmer deflektierten von den Erfahrungen innerhalb der Gruppe. Ich denke da an ein Beispiel, wo beim dritten oder vierten Treffen ein Mann hereinkam, der einen ziemlich niedergeschlagenen Eindruck machte. Er sah deprimiert aus. »An diesem Wochenende sollte ich meine Kinder bei mir haben. Ich mußte sie zurückbringen«, sagte er. Daraufhin fragte die Gruppe: »Hast du Jungen oder Mädchen?« Sie achteten nicht darauf, daß es diesem Mann schlecht ging. Für sie war es sehr viel angenehmer, von seinem Gefühl zu deflektieren und darüber zu sprechen, wieviele Kinder er hat, wie alt sie sind usw. Ich glaube, das ist ein ganz gutes Beispiel. Ich würde nicht sagen, daß es sich dabei um Rückzug oder Retroflektion handelt.

M: Ich auch nicht. Der Impuls geht nach außen, aber er verfehlt das Ziel; entweder er verfehlt die andere Person als Subjekt, oder er verfehlt den Kontakt auf andere Weise.

H: Übrigens habe ich auch Joseph Zinker interviewt. Unter anderem haben wir darüber gesprochen, daß er die Kontakt-Rückzug-Sequenz auf eine Sinuskurve projiziert hat. Er sagt, daß du und Bill Warner diese Idee entwickelt habt. Er meinte, daß Bill und du bei einem informellen Gespräch die Idee ins Spiel gebracht, und er dann darüber geschrieben hat. Mir war nicht klar, ob du das wußtest.

M: Es war mir aufgefallen. Aber ich hatte dieses Gespräch vergessen, das ist lange her.

H: Ja, sehr lange.

M: Das bringt mich auf einen weiteren Punkt, den ich interessant finde und für sehr wichtig halte. Ich glaube, daß wir in unserer Betonung des Kontakts manchmal die Tatsache außer Acht lassen, daß Rückzug sowohl unvermeidlich als auch notwendig ist. Wenn wir den Kontakt einmal auf seine physiologische Basis reduzieren, dann gibt es eine organische Parallele in der Refraktärzeit der Nervenzelle, also der Zeit, während der die Zelle nicht in der Lage ist, auf Reize zu reagieren. Ab einem bestimmten Punkt reagiert sie einfach nicht mehr. Wenn man so will, ist sie in ihrer Reaktionsfähigkeit geschwächt. Ich glaube, daß wir manchmal den Kontakt betonen, ohne uns der Notwendigkeit des Rückzugs hinreichend bewußt zu sein. In Das Ich, der Hunger und die Aggression gebraucht Perls das Bild einer flachen, neutralen Ebene mit einer Position oberhalb und einer unterhalb dieser Ebene. Diese einander gegenüberliegenden Punkte definieren sich gegenseitig, während der Punkt dazwischen den Ausgangspunkt darstellt. Rückzug könnte die Zuwendung zu diesem neutralen Punkt bedeuten. Vielleicht ist das nicht genügend berücksichtigt worden.

H: Ich stimme dir zu. Mir scheint, daß die interessante Frage in der Therapie lautet: wann zieht sich der Klient zurück, und von was? Und manchmal auch: wie lange bleibt er da?

M: Ja, und wie macht er das?

H: Und ist er bereit, zurückzukommen?

M: Ich erinnere mich an einen Workshop mit Fritz; das ist viele Jahre her. Er bat uns, unsere Augen zu schließen, in der Phantasie an einen Ort unserer Wahl zu gehen, dann wieder zurückzukommen und zu beschreiben, wohin wir gegangen waren. Er machte das, um herauszufinden, was uns unter den gegebenen Umständen fehlte. Was gab es dort, das wir hier brauchten oder das uns fehlte? Er benutzte den Rückzug, um einige der Elemente ausfindig zu machen, die einem guten Kontakt in der Gegenwart im Wege stehen konnten.

H: Wenn ich das tue und mich in die Phantasie einer sexuellen Erfahrung zurückziehe, könnte es das sein, was mir in meiner laufenden Erfahrung fehlt. Oder es ist eine bestimmte Aktivität, wie Sport, Tanzen oder was auch immer; in jedem Fall kann diese Phantasie eine wichtige Botschaft für mich enthalten.

M: Ja, das stimmt. Es könnte auch etwas darüber aussagen, was du im Augenblick für verboten hältst, und das kann dann entweder tatsächlich so sein, oder auch nicht. Wovon bist du hier ausgegangen, ohne dich zu vergewissern? Auf welche Weise bist du konfluent mit etwas, das vielleicht gar nicht stimmt? Wie erreichen die Teilnehmer einer Gruppe diese Konfluenz, wenn sie glauben, daß sie sich nicht umschauen sollten, um zu sehen, wen sie sexuell attraktiv finden?

H: Da fällt mir eine kurze Arbeit ein, die du mit einer Teilnehmerin auf dem Workshop in St. Pete gemacht hast. Diese Frau hatte Schwierigkeiten zu sehen, was sie hatte oder haben konnte. Sie wollte immer etwas, das unerreichbar war. Sie schien wie besessen von dem Gedanken: »Ich will dies und das, und ich kann es nicht bekommen.« Sie übersah einfach die ganze Fülle ihrer Möglichkeiten.

M: Ja, genau. Ich bin mir nicht sicher, was das mit Rückzug zu tun hat, aber es könnte gut sein, daß wenn sie sich ein paar Momente des Rückzugs gegönnt hätte, sie ihre tatsächlichen Möglichkeiten etwas klarer gesehen hätte.

H: Was ich dazu dachte war, daß wenn sie sich selbst erlauben würde, sich zurückzuziehen, ihr vielleicht bewußt würde, daß sie die meiste Zeit in ihrer Phantasie verbringt und darüber nachdenkt, was ihr fehlt. Das scheint mir etwas anderes zu sein als der Rückzug in die fruchtbaren Möglichkeiten dessen, was da sein könnte.

M: Ja, das verstehe ich. Wir haben den Rückzug noch nicht genügend erforscht.

H: Auf diesem Workshop hast du noch etwas anderes angesprochen, das ich dich bitten möchte, ein bißchen auszuführen. Ich glaube, die Arbeit hatte mit der Vorstellung von den eigenen Introjekten zu tun; es ging um eine klassische Introjekt-Situation. Im Anschluß an deine Arbeit meinte jemand, du hättest dem Klienten ein neues Introjekt gegeben, und deine Antwort war, daß es manchmal sehr hilfreich sein könnte, ein negatives Introjekt durch ein positives zu ersetzen. Könntest du etwas mehr dazu sagen?

M: Ja. Ich glaube, daß es für Therapeuten sehr wichtig ist, das zu verstehen. Die Objektbeziehungstheoretiker kennen etwas, das sie als Übergangsobjekt bezeichnen. In einem gewissen Sinne spreche ich von so einem Übergangsobjekt. Wenn man so will, verhält es sich damit ähnlich wie mit dem Heilungsprozeß bei jemandem, der Probleme mit der Verdauung hat und zeitweise eine Diät einhalten muß. Es geht nicht darum, daß er für den Rest seines Lebens auf Diät bleiben und nur noch weiche oder sehr milde Nahrung zu sich nehmen soll. Aber an einem bestimmten Punkt ist es genau das, was er braucht, um wieder gesund zu werden. Die Metapher ist insofern sehr zutreffend, als ein Introjekt etwas ist, das ein Mensch (oder eine Gesellschaft) einem anderen einflößt, der es dann schluckt. Ein mildes Introjekt kann einem harten und lähmenden entgegenwirken oder es zeitweise ersetzen. Es hat eher eine unterstützende als eine zerstörende Funktion. Letztlich muß der Therapeut jedoch sehen, daß der Klient auch darüber hinauswächst. Bei manchen Klienten ersetzt du das lähmende Introjekt zunächst durch ein milderes, und wenn der Klient dann bereit ist, über das introjektive Handeln hinauszugehen, kannst du ihn einladen, ihn daran erinnern oder ihm zeigen, wie er Fragen stellen, differenzieren oder einfach einen Augenblick warten kann, bevor er das annimmt, was du ihm anbietest.

Ideal wäre es natürlich, wenn dem Klienten einfach einmal gesagt worden wäre, daß er nicht alles glauben oder richtig finden muß, was der Therapeut erzählt, aber leider sind unsere Klienten nicht schon geheilt, wenn sie zur Therapie kommen. Man kann das Übergangsobjekt damit vergleichen, daß man in einem Auto sitzt, das ins Schleudern geraten ist. Man kontrolliert das Schleudern, indem man die Räder in die Richtung lenkt, in die das Auto sich bewegt; dadurch gewinnt man die Kontrolle zurück und kann wieder die ursprüngliche Richtung einschlagen.

H: Aus meiner Sicht paßt das insofern zu deinen Vorstellungen von Unterstützung, als das positive oder milde Introjekt den Klienten unterstützt, während er fortfährt, sich selbst zu entdecken; und es gibt ihm Gelegenheit, neues Verhalten auszuprobieren. Dadurch kann er zu etwas übergehen, das die Selbstunterstützung verstärkt.

M: Ja, der Klient nimmt ein exploratorisches Introjekt an. Der Therapeut sagt: »Ist das nicht interessant?«, anstatt »Das ist nicht das, was ich wollte. Tun Sie das nicht noch einmal.« Und dann forscht er nach: Wie fühlt sich das an? Was fällt Ihnen auf? Was haben Sie als nächstes vor? Wir wecken das Interesse der Leute an neuem Verhalten, nicht an stereotypen Verhaltensmustern.

H: So, wie du deine Therapie und andere Dinge beschreibst, klingt es, als ob du davon ausgehst, daß der Klient dieses neue Verhalten auch außerhalb der Therapie ausprobiert. Im Laufe der weiteren Arbeit kannst du dich danach erkundigen und vom Klienten ein Feedback bekommen.

M: Ja, natürlich. Ich meine, ist das nicht die implizite Hoffnung in der Therapie? Letztlich wird doch das, was wir in dieser künstlichen therapeutischen

Situation tun, ganz woanders gebraucht und umgesetzt. Isadore From meinte einmal, Therapie sei das Zweitbeste, es komme direkt nach dem wirklichen Leben.

H: Ich bin sicher, daß die Klienten diese Hoffnung haben.

M: Seriöse Therapeuten aber auch.

H: Wahrscheinlich würden die Klienten ansonsten kaum bei uns bleiben.

M: Ja, das stimmt, aber hast du nicht auch Klienten gehabt, die in der Therapie wunderbare Dinge tun? Für gewöhnlich sind das die erfahrenen Klienten, allerdings auch die verführerischen. In der Therapie tun sie wunderbare Dinge, und irgendwann bemerkst du dann, daß sich nichts verändert. Sie machen ständig die tollsten Entdeckungen und Durchbrüche, aber immer nur innerhalb der therapeutischen Situation. Sobald sie aus der Tür sind, scheint nicht mehr viel zu passieren. Mit anderen Worten: Sie kommen nie wirklich in die Akkomodationsphase, sie bleiben beim Entdecken stehen.

H: Ja, sie bewegen sich ständig in der Entdeckungsphase.

M: Und dann ist es Zeit, ihnen eine Hausaufgabe zu geben, um den Einsatz zu erhöhen.

H: Diese Erfahrung habe ich in meiner Ausbildung auch gemacht. Ich war jeweils einen Monat lang dort. Danach hatte ich elf Monate Zeit, um zu integrieren und zu assimilieren. Ich glaube, manche Menschen werden süchtig nach der Entdeckungsphase. Kann man etwas tun, um solchen Klienten zu helfen, über die Entdeckungsphase hinauszukommen?

M: Ja, ich glaube, das müssen wir. An diesem Punkt kommt das Experimentieren mit Hausaufgaben ins Spiel.

H: Zum Beispiel hast du der Klientin, die du vorhin erwähnt hast, geholfen zu unterscheiden, bei welchen Menschen in ihrem Leben sie genügend Sicherheit hat, um ihre neuen Möglichkeiten auszuprobieren.

M: Es kann auch etwas anderes sein. Ich erinnere mich, daß ich einmal mit einem Mann gearbeitet habe, der Schwierigkeiten mit einem adoptierten Kind hatte. Er hatte ein Mädchen, das mit ungefähr neun Jahren in die Familie gekommen war. Sie hatte bereits in mehreren Pflegefamilien gelebt, und einige der Schwierigkeiten, die sie mitbrachte, lagen auf der Hand. Ihr Adoptivvater rühmte sich seiner Fähigkeit, die Menschen zu lieben, und er hatte recht. Er war ein sehr liebender und großzügiger, aufgeschlossener Mann, aber er hatte Schwierigkeiten, dieses Mädchen zu lieben. Sie war nicht liebenswert. Sie tat nichts, woran er Gefallen finden konnte und tat sogar Dinge, die er schlichtweg nicht ertragen konnte. Er war verzweifelt, denn das war ein enormer Widerspruch zu allem, was er sonst über sich selbst dachte und glaubte. Wir sprachen darüber, und er fing an, wieder ein bißchen mehr Vertrauen in seine eigene Liebesfähigkeit zu entwickeln. Ich gab ihm eine Hausaufgabe. Jeden Abend sollte er ihr etwas über seinen Tag erzählen, und es mußte etwas sein, das er sonst niemandem erzählte. Es mußte nichts Großes sein, vielleicht nur, daß er zu Mittag ein Schinkenbrot gegessen hatte, aber niemand sonst sollte es wissen. Er sollte nicht erwarten, daß sie irgendwie darauf reagieren würde, es ging einzig und allein um seine Erfahrung und sein Erleben. Das führte dazu, daß der aggressive Charakter ihrer Beziehung aufweichte – dieses kleine bißchen an Information reichte schon.

Ein anderes Mal stellte ich ihm die Aufgabe, jeden Tag eine Möglichkeit zu finden, wie er sie beiläufig berühren konnte – am Kopf, an der Schulter, ganz einfach, nur so im Vorbeigehen. Er fing an, sich anders zu fühlen. Eine solche Situation erfordert unendliche Geduld, denn man macht nur sehr kleine Fortschritte. Sobald er sich als liebender Mensch fühlte, hatte er diese Geduld, aber wenn er das Gefühl hatte, nicht lieben zu können, war er entmutigt.

H: Ich bin selbst Stiefvater. Wenn ich darauf bestünde, daß meine Stieftochter mich liebt oder daß ich sie liebe, bekämen wir arge Schwierigkeiten. Ich habe festgestellt, daß wir auch ohne den Anspruch, daß sie mir gegenüber dieselben Gefühle haben muß, die sie wahrscheinlich für ihren leiblichen Vater empfinden würde, eine ganz gute Beziehung haben können. Ich empfinde das als Entlastung.

M: Ein Freund von uns hat etwas ähnliches über seine Gefühle gegenüber seiner Frau erzählt. Die beiden haben relativ spät geheiratet, nachdem der frühere Partner des einen gestorben war und der andere eine unglückliche Scheidung hinter sich hatte. Sie trafen sich und heirateten. Damals waren sie etwas mehr als ein Jahr miteinander verheiratet. Der Mann sagte, er liebe seine zweite Frau jetzt, aber er sei nicht in sie »verliebt.« Er meinte, das würde ein paar Jahre dauern. Ich finde, das ist ein Knüller. »Verliebt« zu sein – das ist wie ein völliges Aufgeben jeglicher Abwehr, wobei man den Reflex zur Vorsicht verliert.

H: Wir sprachen über Hausaufgaben. Manch einer bringt das nicht unbedingt mit Gestalttherapie in Verbindung. Einige Leute, die uns nicht besonders gut verstehen, denken, daß wir vor allem an der – ich mag den Ausdruck nicht, aber er wird immer noch benutzt – »Hier-und-jetzt-Erfahrung« interessiert seien. Demnach müßten Hausaufgaben uns eher fremd sein. Wenn ich mit Kollegen spreche, habe ich den Eindruck, daß wir auf die eine oder andere Art fast alle mit Hausaufgaben arbeiten.

M: Ja, ich glaube, daß man all die Dinge, die wir als Teil der Gestaltmethodologie beschreiben, entweder benutzen kann oder nicht. Ich bin davon überzeugt, daß es eine ganze Reihe Gestalttherapeuten gibt, die exzellente Arbeit leisten und nie von der Möglichkeit der Hausaufgaben Gebrauch machen.

H: Ich hatte Klienten, die zu mir sagten: »Das ist wunderbar, Bob, ich kann das hier mit dir machen, aber außerhalb der Therapie gelingt es mir nicht.« Natürlich habe ich dann darauf geachtet, wie sie sich selbst daran hinderten, es auch außerhalb der Therapiesietzungen umzusetzen; oder ich schlug ihnen vor, sich jemanden zu suchen, der eine gewisse Ähnlichkeit mit mir hat, so daß sie etwas lernen oder übertragen konnten.

M: Ja, genau. Es ist ein bißchen so, wie wenn ein Klient sich in uns verliebt. Für einige mag das die erste gute Wahl sein, die sie in ihrem Leben getroffen haben. Vielleicht haben sie vorher Menschen geliebt, die nicht zu ihnen paßten, und jetzt kommen sie in eine Situation, in der sie mit jemandem ehrlich über intime Dinge sprechen können und wo ihnen Zeit und Respekt entgegengebracht wird. Das sind Elemente, die für die Liebe sehr wesentlich sind. Also verlieben sich manche Klienten natürlich in ihre Therapeuten. Es ist an der Zeit, daß sie lernen, was Liebe bedeutet oder wie sie sich anfühlen kann. Der nächste Schritt ist dann, daß sie einen geeigneten Partner finden, den sie wirklich lieben können und der auch sie so lieben kann, wie sie es verdienen.

H: Ja, das sehe ich genauso, vor allem in der Arbeit mit Klienten, die unglücklich verheiratet sind. Ich muß mich selbst warnen, und manchmal auch die Klientin. Ich biete ihr die Art von Beziehung, die sie nicht hat, aber vielleicht gerne hätte. Ich schenke ihr Aufmerksamkeit. Ich höre ihr zu. Ich gehe vorsichtig mit ihr um und vielleicht sogar liebevoll. Da besteht die Gefahr, daß ich dieser Klientin helfe, ihre Beziehung aufzugeben.

M: Entweder das, oder aber sie nimmt es als Information. Vielleicht geht sie nach Hause und versucht, ein ähnliches Gespräch mit ihrem Partner zu führen. Vielleicht versucht sie sogar, wenn sie kann, das Gespräch zu initiieren, anstatt nur darauf zu warten, daß es sich ergibt. Man kann nie wissen.

H: Das stimmt, man kann nie wissen. Wenn ich nach Hause gehe und mich meiner Frau gegenüber anders verhalte, wird sie auch irgendwie anders auf mich reagieren.

M: Ja. Habe ich dir schon mal erzählt, wie ich an meinen Kindern die klientenzentrierte Gesprächstherapie nach Rogers ausprobiert habe? Das war am Anfang meines Studiums, und ich schwöre, ich war völlig unerfahren. Ich ging nach Hause und war fest entschlossen, es mit ihnen auszuprobieren. Es schien recht einfach zu sein. Ich dachte sogar, daß ich mich ziemlich geschickt anstellte, bis unser Sohn Adam, der damals höchstens acht war, ein paar Minuten, nachdem unsere Sitzung – ich meine, unser Gespräch – begonnen hatte, meinte: »Mom, warum sagst du mir alles nach, was ich dir erzähle?«

H: Das gehört zu den schönen Seiten am Leben mit Kindern, man studiert – zumindest was uns betrifft; wir kommen nach Hause und probieren alles aus. Ich glaube, meine Kinder haben mehr Stanford-Binets und Wechsler-Tests mitgemacht als jeder andere in der Bevölkerung. Während der Testkurse wurden Greg und Tim von sämtlichen Studenten getestet mit denen wir befreundet waren.

M: Sarah hat, glaube ich, einen Stanford-Binet mitgemacht. Für mehr hat sie sich nicht hergegeben.

H: Ich möchte dich bitten, einen Augenblick darüber nachzudenken, was außer dem, worüber wir schon gesprochen haben, der Theorie der Gestalttherapie aus deiner Sicht fehlt. Was müßte die Theorie aufweisen, um umfassender zu werden?

M: Ich denke, wir brauchen eine Entwicklungstheorie. Wir müssen die Entwicklungsbedingungen dessen einschätzen können, was ich als selbstregulative Aktivität an der Kontaktgrenze bezeichne.

H: Das, was andere Störungen nennen würden?

M: Ja, andere sprechen von Störungen an der Kontaktgrenze. Ich bin nicht der Ansicht, daß es sich dabei bloß um Störungen handelt. Ich denke, wenn wir über den einzelnen sprechen (im Gegensatz zu seinem Umfeld), sind es selbstregulative Handlungen. Perls, Hefferline und Goodman sprechen von der »neurotischen Selbstregulation.« Demnach könnte man auch von funktionaler Selbstregulation sprechen. Ich glaube, daß dieses selbstregulative Handeln als der Entwicklung dienlich und repräsentativ betrachtet werden kann. Konfluenz z. B. ist zweifellos eine in utero Funktion. Introjektion ist offensichtlich eine Funktion des Neugeborenen. Wir könnten die Funktion dieser Aktivitäten beschreiben und zum Verhalten Erwachsener in Beziehung setzen. Das erwachsene Bedürfnis nach Konfluenz z.B. wäre dann mehr als nur der Instinkt, zurück ins Paradies zu wollen. Der Bauch der Mutter war schließlich nicht einfach nur himmlisch. Irgendwann mußte der Fötus da hinauswachsen und ihn verlassen – oder sterben.

Die Psychoanalyse basiert im wesentlichen auf drei Säulen: der Entwicklungstheorie, der Theorie der Persönlichkeitsstruktur und der Therapietheorie. Meines Erachtens ist die Entwicklungstheorie die stärkste dieser Säulen, und selbst diese weist einige Mängel auf. Meine Schwierigkeit mit der Freudschen Theorie (und da bin ich nicht die einzige) ist, daß seine Entwicklungstheorie, so schön sie auch sein mag, im wesentlichen nicht überprüfbar ist. Es ist also lediglich eine Theorie, nicht die einzige, und sicherlich auch keine für die Ewigkeit. Ein weiterer Nachteil ist, daß sie dem tatsächlichen körperlichen Erleben nicht genügend Respekt zollt. Sie skizziert das Muster der autoerotischen Reifung, aber erst Reich hat diesen Aspekt verstärkt und beschrieben, wie der Körper die persönliche Geschichte und die Traumata in den Muskeln, der Haltung und dem Atem speichert.

Unser Nachteil ist unser Mangel an einer Entwicklungstheorie. Und solange wir keine solche Theorie formulieren können, die mit der Theorie der Gestalttherapie übereinstimmt, wird man uns nicht so ernstnehmen, wie wir uns das wünschen. Diese Richtung hat nichts Ketzerisches. Sieh dir die neueren Ergänzungen der Freudschen Theorie an, das sind Verfeinerungen seiner z. T. recht groben und unvollständigen Überlegungen. Wir brauchen diese Art von Fruchtbarkeit.

H: Kennst du jemanden in der Gestaltszene, der so etwas macht?

M: Nein, ich kenne niemanden. Ich hoffe, daß jemand darüber nachdenkt. Ich denke an Violet Oaklander; sie arbeitet mit Kindern. Vielleicht sind wir an einem ähnlichen Punkt angekommen wie Erikson, als er die Freudsche Theorie überarbeitete. Er fand heraus, daß Freud genau da aufhörte, wo es anfing interessant zu werden, nämlich bei der Phase des jungen Erwachsenen. Also entwickelte Erikson weitere Phasen und beschrieb sie unter entwicklungstheoretischen Gesichtspunkten. Auch Jung mußte Freud um die Motivation des alternden Erwachsenen erweitern.

Das ist ein Defizit innerhalb der Theorie der Gestalttherapie. Es kann sein, daß Fritz, als er seine Überlegungen formulierte, die Freudsche Entwicklungstheorie für damalige Verhältnisse so vollständig vorkam, daß er kein Bedürfnis oder Interesse hatte, sie weiterzuentwickeln. Ich glaube, er hatte ohnehin kein sehr ausgeprägtes Interesse an Kindern, aber inzwischen sind wir mit der Lerntheorie ein ganzes Stück weiter. Ich bin nach wie vor nicht der Ansicht, daß die Psychotherapietheorie (abgesehen von den strikt behavioristischen Modellen) das psychologische Wissen über Lernprozesse ausreichend berücksichtigt. Piaget hat viel zu unserem Wissen über die kognitive Entwicklung von Kindern beigetragen. Die Gestaltpsychologen hatten eine umfassende Theorie des Lernens, die Instinkt und Erfahrung miteinander verband.

H: Ich glaube, daß Norman Shub aus Columbus angefangen hat, eine Gestalt-Entwicklungstheorie zu erarbeiten. Aber mir ist nicht bekannt, daß er etwas davon publiziert hätte.

M: Er arbeitet in Dayton, nicht wahr?

H: Vor ein paar Jahren hat er auf der Gestalt-Konferenz einen Vortrag gehalten; seit dem habe ich nichts mehr gehört. Zumindest hat er darüber nachgedacht.

M: Wenn wir das nicht tun, machen wir es den Leuten zu leicht, Gestalttherapie lediglich als Konglomerat von Techniken zu betrachten.

H: Du denkst in eine Richtung, die über die Ideen in »Ego, Hunger, and Aggression« hinausgeht. Dinge wie orale Fixierungen? In der Art?

M: Natürlich, das ist ein Anfang. Aber es gibt noch sehr viel mehr zu tun. Und vor allem in Verbindung mit anderen Quellen wie etwa den Gestaltpsychologen oder Piaget...

H: Es wäre gut, eine solche Theorie zu haben. Vielleicht ist das etwas, worüber Miriam Polster schreiben könnte.

M: Nein, nein. Zumindest noch nicht. Nicht bevor ich das, woran ich arbeite, zu Ende gebracht habe.

H: Gut, das ist noch ein anderes Thema. Wie kommst du damit voran?

M: Ich komme voran. Inzwischen habe ich den ersten Entwurf fertig und sehe ihn durch. Die Überarbeitung ist sehr viel schwieriger als der erste Entwurf. Beim ersten Entwurf setzt du dich hin und schreibst einfach auf, was immer dir einfällt. Dann liest du es und denkst: »Oh Gott!«, oder »Was um Himmels willen habe ich damit gemeint?«

H: Neulich habe ich mein Manuskript über Gestalt-Gruppentherapie noch einmal gelesen. Ich las einen Absatz und dachte: das kann nicht sein. Ich nahm das Original, und da stand es, genau so – in allen vier Versionen dasselbe, nachdem ich es schon vier oder fünfmal gelesen hatte. Es ergibt keinen Sinn, es paßt einfach nicht. Jetzt weiß ich es.

M: Es gibt noch andere einsame Momente, wenn du auf etwas stößt und du denkst: »Oh, das ist gut.« Und manchmal begegnet dir etwas, das du ganz toll findest (so toll, daß du denkst, jemand anderes hätte es geschrieben), und du merkst, daß es nicht paßt. Weg damit – das tut weh!

H: Ich möchte dich bitten, etwas mehr darüber zu sagen, warum du von »selbstregulatorischen Mechanismen« sprichst, und nicht, wie viele andere, von »Grenzstörungen«. Könntest du das näher ausführen?

M: Nun, einfach deshalb, weil ich glaube, daß jede dieser Verhaltensweisen als völlig natürlich und funktional definiert werden kann. Du hast bestimmt erlebt, daß deine Kinder, als sie klein waren und hohes Fieber bekamen, ganz benommen waren. Sie regulieren den Kontakt, indem sie ihn reduzieren, und wenn man will, kann man das natürlich als Störung betrachten. Aber es handelt sich dabei um einen natürlichen Prozeß, um eine gesunde Reaktion auf einen Zustand, der ansonsten unerträglich und zu schmerzvoll für sie gewesen wäre; eine simple tierische Reaktion auf eine überwältigende Erfahrung. Ich glaube, daß jede dieser selbstregulatorischen Aktivitäten unter bestimmten Umständen und als Reaktion auf entwicklungsbedingte Notwendigkeiten funktional und wachstumsfördernd ist.

Manchmal lernt man durch einfache Introjektion. Die Gestaltpsychologen, die Lerntheoretiker, waren der Ansicht, daß Imitation eine bedeutende Art des Lernens darstellt. Man erfindet das Rad nicht immer wieder neu. Im Gegenteil: man kann etwas anderes nur deshalb erfinden, weil das Rad bereits erfunden wurde. Also erfindet der nächste Erfinder ineinandergreifende Zahnräder und macht dabei einerseits vom Prinzip des Rades Gebrauch, geht aber andererseits darüber hinaus. Hier zeigt sich Introjektion als Grundlage der Kreativität.

H: Ich weiß nicht mehr, ob du in eurem Buch von Störungen sprichst, oder nicht. Ich erinnere mich an ein Kapitel, das mit »Der Umgang mit dem Widerstand« überschrieben ist.

M: Ja, ich glaube, das ist es.

H: Ist das für dich eine neue Posititon, oder eine, in die du hineingewachsen bist?

M: Ja, sie ist neu, und wir sind da hineingewachsen, aber sie ist ein Teil der Theorie der Gestalttherapie. Wir gehen davon aus, daß jeder Mensch so viel von sich selbst in den Moment der Begegnung mit einbringt, wie er kann. Er versucht nicht, Widerstand zu leisten, sondern so präsent zu sein, wie es ihm unter den gegebenen Umständen möglich ist.

H: Heißt das, diese selbstregulatorischen Aktivitäten bestimmen die Kontaktnahme, also die Frage, ob wir in der Lage sind, uns auf eine dieser unvermittelten Begegnungen einzulassen oder nicht?

M: Ja. Siehst du, wenn wir über die Kontaktgrenze sprechen, und insbesondere über die Ich-Grenzen, dann meinen wir damit das individuelle Spektrum der möglichen Erfahrung. Das Gleichgewicht verschiebt sich mit den Veränderungen, die entweder beim einzelnen oder innerhalb seines Umfeldes auftauchen. Es gibt Momente, in denen das Umfeld zu überwältigend ist und weder abgewehrt noch assimilierbar gemacht werden kann. Ein ungeheuer lautes Geräusch z. B. verzerrt das Gleichgewicht zwischen dem, der es hört und dem Umfeld, aus dem der schädigende Einfluß kommt. Sich die Ohren zuzuhalten ist eine gesunde, selbstregulatorische Reaktion, die langfristig den Erhalt eines guten Kontakts ermöglicht. Wenn ich mich nicht vor diesem lauten Geräusch schütze, kann das meine Fähigkeit, guten Kontakt herzustellen jetzt oder später ernsthaft beeinträchtigen. Wiederum, ein solches Verhalten als Störung zu bezeichnen wäre reduktionistisch. Das ist natürlich nur ein einfaches, physiologisches Beispiel, aber ein Prinzip muß auch auf einfache Beispiele anwendbar sein.

H: So wie du es beschreibst, fällt es mir leicht, das als gesunde Selbstregulation zu verstehen. Andererseits gibt es auch diese Art, ständig zu retroflektieren oder zu deflektieren. Das als Selbstregulation zu betrachten, fällt mir hingegen nicht ganz leicht.

M: Natürlich, aber das ist es, was Perls, Hefferline und Goodman als »neurotische Selbstregulation« bezeichnet haben. Und das stimmt. Wir beide würden sagen: »Aha, das funktioniert also nicht.« Zum einen fehlt die Erfahrung des Wählenkönnens. Wenn jemand in seinem Leben nie die Erfahrung macht, wählen zu können, ist das in der Regel eine neurotische Erfahrung: festgelegt, rigide, unflexibel und vorprogrammiert, verstehst du? Das bedeutet »neurotische Selbstregulation«.

H: Aber aus deiner Sicht ist es immer noch das Beste, was derjenige im Augenblick tun kann, nicht wahr?

M: Wenn man von seinem Erleben ausgeht?

H: Ja.

M: Ein Erleben, das auch veraltet, unzeitgemäß oder unverbunden sein kann?

H: Ja, das macht es noch klarer. Glaubst du, daß in unserer Darstellung der Gestalttherapie außer der Entwicklungstheorie noch andere Ideen oder Konzepte fehlen?

M: Etwas, das nicht eigentlich fehlt, aber meines Erachtens sehr viel klarer herausgestellt werden müßte, ist die Bedeutung des Verhältnisses zwischen Theorie und Technik in der Gestalttherapie. Mir scheint, daß wir nicht ausreichend deutlich machen, in welchem Verhältnis unsere Technik zur Theorie steht bzw. wie sie daraus hervorgeht. Das gilt natürlich nicht für unsere eigentliche Arbeit mit den Klienten, sondern für unsere theoretische Auseinandersetzung. Zum Beispiel glaube ich, daß Fritz Perls vieles tat, ohne jemals darüber zu reden, oder er tat etwas, wovon er gleichzeitig behauptete, es nie zu tun. Er sagte »Dies und das tue ich nie«, und dann liest man ein Transkript – und er macht es.

H: »Ich interpretiere nie.«

M: Ja, genau. Am Ende einer Sitzung, in der es um Träume ging, sagt Fritz Perls: »Siehst du, du brauchst keine Erlaubnis, um kreativ zu sein.« Was sollte das sein, wenn nicht eine Interpretation? Eine freie Assoziation? Laura ist dagegen äußerst beredt und auf brilliante Weise explizit.

H: Mir scheint, daß eine der Schwierigkeiten, mit denen Gestalttherapeuten zu tun haben, darin besteht, daß die Technik so dramatisch ist, daß die Leute glauben, es komme nur auf die Technik an.

M: Ja, sie verstehen den Begründungszusammenhang nicht, der im übrigen ein sehr eleganter ist und sich von den Anforderungen Freuds deutlich unterscheidet.

H: Ganz anders als zu Zeiten von Perls?

M: Ja, das stimmt.

H: Die rebellischen und anti-intellektuellen Zeiten, in denen sich die Gestalttherapie während der sechziger und siebziger Jahre entwickelte, sind vorbei.

M: Genau, das ist ein wichtiger Punkt. Das heißt, auf der einen Seite steht Freud, der seiner Zeit entsprechend die Rationalität hervorhob. Auf der anderen Seite steht Perls zusammen mit den Phänomenologen und Existentialisten, die darauf hingewiesen haben, daß der Verstand eine subjektive Erfahrung ist und über Macht und Ohnmacht reflektierten. Und heute haben wir es mit einer Generation zu tun, die sich um ein ausgewogenes Verhältnis zwischen Macht und Ohnmacht bemüht. Diese Generation beschäftigt sich mit Protest, Petitionen und Streiks.

H: Ich finde es ermutigend zu sehen, daß die Gestalttherapie sich weiterentwickelt, daß sie sich verändert und wächst. Ich glaube, daß diejenigen, die sich lediglich der Techniken bedienen, nur daran interessiert sind, was gerade en vogue ist. Neulich habe ich mit jemandem darüber gesprochen wie lange es her ist, daß ein Klient gesagt hätte: »Ich möchte einfach bewußter leben und als ganze Person wachsen.«

M: Ja, aber die Leute kommen auch mit ihren konkreten Problemen. Ich meine, Freud lebte in einer repressiven Gesellschaft, und dementsprechend kamen seine Klienten mit Leiden, die aus der Repression resultierten. Wir dagegen leben in einer Gesellschaft, von der man fast behaupten könnte, sie litte an einem Mangel an Repression. Wir haben es mit einem Gefühl der Grenzenlosigkeit zu tun, und vielleicht ist es das, was man mit dem Begriff der Borderlinepersönlichkeit zu umschreiben versucht. Das Gefühl, daß es keine unzulässigen Gedanken und vielleicht sogar keine unzulässigen Handlungen gebe. Die Menschen kämpfen mit der Schwierigkeit, sich auf einander zu beziehen, ja selbst andere zu finden, auf die sie sich beziehen könnten. Sie leiden an einem Mangel an tiefen Verbindungen. Sie wissen weder, wie sie sich mit anderen verbinden können, noch mit wem. Nur sehr selten kommt jemand mit einem nervösen Tick – wie zu Freuds Zeiten. Vielleicht stellt sich während der Therapie heraus, daß der eine oder andere Klient einen Tick hat, aber der Grund, warum die meisten zur Therapie kommen, liegt in irgendwelchen praktischen Problemen, für deren Lösung sie therapeutische Hilfe suchen.

Ich halte das für einen großen Fortschritt. Es handelt sich dabei nicht bloß um eine nette Übung zum Selbstgewahrsein. Die Therapie wird als praktische und nützliche Ressource betrachtet. Ein weiterer Aspekt von Therapie, der mich interessiert (und ich bin sicher, daß du diese Erfahrung auch gemacht hast), ist der, daß Leute, die sich auf eine Beziehung einlassen wollen, ihren Partner mitbringen. Das heißt, sie stellen den Partner nicht ihren Eltern vor, sondern ihrem Therapeuten! Ich weiß nicht, ob ich darüber lachen oder weinen soll.

H: Ja, an der Universität ist mir das schon häufiger begegnet. Die Klienten bringen jemanden mit und sagen: »Wir sind jetzt zusammen« oder »Wir überlegen, ob wir zusammenleben wollen.«

M: Ja, genau. Erst neulich bat mich jemand, seine geschiedene Partnerin zu sehen. Die beiden waren schon seit Jahren geschieden. Es ging nicht um eine Aussöhnung oder so etwas; die frühere Partnerin hatte Probleme, und dieser Mann wollte ihr helfen.

H: Gibt es etwas, worüber wir noch nicht gesprochen haben und das noch interessant wäre? Es gibt natürlich noch einiges, aber ich meine speziell in diesem Zusammenhang. Was beschäftigt dich gerade? Fällt dir etwas ein, das wir noch nicht angesprochen haben und das für die Theorie von Bedeutung sein könnte?

M: Mich beschäftigt noch etwas, worüber wir im Zusammenhang mit Hausaufgaben nur andeutungsweise gesprochen haben. Ich habe gesagt, daß ich mir einen hervorragenden Gestalttherapeuten vorstellen kann, der niemals jemanden auffordern würde, Hausaufgaben zu machen. Die Gefahr, die ich sehe, wenn man die Technik mit der Theorie verwechselt, besteht darin, daß wir die Bandbreite der möglichen Interventionen sehr unterschiedlich arbeitender Gestalttherapeuten eingrenzen. Wir müssen unsere theoretischen Grundaussagen definieren. Zum Beispiel könnten wir sagen, daß ein wichtiges Kriterium, das unsere Arbeit als Gestalttherapeuten von anderen Ansätzen unterscheidet, darin besteht, daß wir die Qualität von Kontakt und Gewahrsein betonen, und zwar unabhängig davon, welche Techniken wir verwenden. Unsere Grundaussage lautet, daß Gewahrsein und Kontakt wichtige Komponenten des Wachstums darstellen, die sich in der Wechselwirkung zwischen dem Individuum und seiner Umgebung zeigen.

Ich glaube, daß die Gestalttherapie unter sämtlichen mir bekannten Psychotherapietheorien das größte Repertoire an Interventionstechniken aufweist. Vielleicht rührt die Unsicherheit darüber, was einen Gestalttherapeuten eigentlich ausmacht, aus der großen Vielfalt seiner Möglichkeiten. Das Klischee besagt, daß ein Gestalttherapeut jemand ist, der mit dem leeren Stuhl arbeitet oder dich auffordert, mit deinem Magen zu reden usw. Aber das Korrektiv hierfür ist eine klar formulierte Theorie und Methodologie, deren Grundaussagen den Therapeuten, die sich mit diesen Prinzipien identifizieren, vertraut ist und von ihnen anerkannt wird.

H: Wenn man sich in der therapeutischen Szene umschaut, gewinnt man den Eindruck, daß vieles von dem, was die Gestalttherapie hervorgebracht hat, auch von anderen aufgegriffen wird, die sich nicht als Gestalttherapeuten verstehen. Vieles von dem, was wir in die Psychotherapie eingebracht haben, ist aufgegriffen und in andere Systeme integriert worden. Ich denke da z. B. an NLP, aber auch die Arbeit von Milton Erickson hat aus meiner Sicht eine gewisse Ähnlichkeit mit der Gestalttherapie.

M: Ich habe eine gewisse Abneigung dagegen, wie manche das Wort »Gestalt« als Verb gebrauchen. Im Englischen gibt es dieses Wort »gestalten« einfach nicht.

H: Ich meine mich zu erinnern, daß Isadore From sich darüber ziemlich aufregen konnte. Er bestand darauf, daß man über »Gestalttherapie« sprach, und nicht über das »Gestalten«.

M: Ja, es verwischt die Unterscheidung zwischen der Gestalttherapie und der Gestaltpsychologie. Aber diese Unterscheidung ist wichtig. Die Gestaltpsychologen waren Forscher, Lerntheoretiker, und keine Psychotherapeuten.

H: Und in manchen Fragen kommen sie einfach nicht zusammen. Erinnerst du dich an Mary Henles Artikel im American Psychologist vor ein paar Jahren? Sie vertrat die Ansicht, daß Gestalttherapie und Gestaltpsychologie nichts miteinander zu tun hätten.

M: Ja, aber das stimmt nicht.

H: Nein.

Von der Theorie zur Praxis: Eine gestalttherapeutische Sitzung

Louis Garzetta und Robert Harman

Das Ziel dieses Beitrags ist es zu zeigen, wie die Theorie der Gestalttherapie auf die Praxis wirkt. An einer Reihe von Techniken der Gestalttherapie wird illustriert, wie sie in einer Einzeltherapie-Sitzung angewendet werden. Davor jedoch werden einige grundlegende theoretische Konzepte skizziert. Die Methoden und Techniken der Gestalttherapie folgen aus diesen zentralen Prinzipien.

Allzu oft wird die Gestalttherapie als ein zuammengewürfeltes Bündel von Tricks und Übungen angesehen, die dazu dienen, ungewöhnliche neue Reaktionen hervorzurufen. Verloren gegangen ist dabei die Einsicht, daß die Praxis der Gestalttherapie aus einer starken theoretischen Basis hervorgegangen ist, die in »Gestalt Therapy: Excitement and Growth in the Human Personality« (Perls, Hefferline und Goodman, 1951) grundgelegt worden ist. Seit dem Erscheinen dieses Buches ist die Theorie weiterentwickelt und ausgeweitet worden. Dennoch sind die grundlegenden Prinzipen das Fundament des Ansatzes, der unter dem Namen Gestalttherapie firmiert.

Nach der theoretischen Skizze folgt die Information über das therapeutische Setting und die Klientin. Daran schließt sich das komplette Transkript einer gestalttherapeutischen Sitzung mit unregelmäßig eingestreuten Kommentaren an. Die Kommentare beschreiben oder erklären die angewendeten Techniken. Manchmal werden auch Beobachtungen oder Querverweise mitgeteilt, die helfen sollen, Theorie und Methode der Gestalttherapie besser zu verstehen.

Grundlegende Konezpte

Die Gestalttherapie wird richtig unter die »existentialistisch-humanistischen Schulen« gezählt. Laura Perls (Rosenfeld 1978) faßt es zusammen, indem sie sagt, Gestalttherapie sei »existentiell, experimentell und experientiell« (S. 26). Dies heißt, daß die Gestalttherapie im zwischenmenschlichen Bereich stattfindet, der Charakteristika wie »Ich, Du, Hier und Jetzt« beinhaltet (Simkin 1976, S. 226). »Ich und Du« ist der Titel einer philosophisch-anthropologischen Abhandlung von Martin Buber, die ursprünglich 1923 erschienen ist. Der dualistische Ansatz bezieht sich, wenn er auf ein therapeutisch-heilerisches Setting bezogen wird, auf die Haltung, die der Therapeut dem Klienten gegenüber einnimmt. Aufgrund dieser Haltung wird der Klient mit Respekt, Zuneigung, Sorge, Vertrauen und Würdigung bedacht. Buber (1970) stellt diese Haltung anderen Haltungen gegenüber wie die des »Ich-Ich« und die des »Ich-Es«, in denen der Gegenüber grundsätzlich als Mittel oder Objekt angesehen wird; es wird über ihn oder zu ihm gesprochen. Im »Ich-Du«-Modus wird der Gegenüber (und das eigene Selbst) als Zweck in sich selbst behandelt.

Der Gestalttherapeut ist ein engagierter »wirklicher« Teilnehmer an der

Therapiesitzung. Zeitweise wird er interpretieren, empfehlen oder sogar anweisen. Aber alle diese »Ich-Es«-Aktivitäten werden im Geist eines »Ich-Du«-Dialogs ausgeführt, in welchem der Respekt für die Integrität und die freie Wahl des Klienten beibehalten wird. Buber (1970) spricht der »Ich-Du«-Haltung die Qualitäten »Gegenwärtigkeit«, »Einschließlichkeit« und »Gegenseitigkeit« zu. Die persönlichen Erwartungen, Definitionen oder Wahrnehmungen des Therapeuten werden dem Klienten nicht übergestülpt. Durch das Einlassen auf die »Gegenwärtigkeit«, aus der nach Buber die Person hervorgeht, wird das Gegenüber als einzigartige Ganzheit gesehen (Greenberg und Johnson 1988).

Whitaker und Bumberry (1988) sprechen in ihrem »symbolisch-experientiellen Ansatz« von einem »Tanz« mit dem Klienten. Sie heben hervor: »Wenn die Psychotherapie wirklich ein menschliches Unterfangen ist, verlangt sie einen Therapeuten, der sich die Fähigkeit bewahrt hat, eine Person zu sein« (S. 35). Sie bemerken auch: »Therapeuten haben nicht die Macht, Wachstum aufzuoktroyieren ... [da] ... ›wir‹ nicht von ›ihnen‹ unterschieden sind« (S. 38). Smith (1985) argumentiert: »Techniken ... werden erst durch die Person des Therapeuten lebendig und bedeutsam« (S. 148). Er glaubt auch, daß es ein ethischer Imperativ für den Therapeuten sei, seine Methoden auf sein eigenes Ich abzustimmen. Damit meint er, daß ein Therapeut nur in eine solche Beziehung zu dem Klienten treten sollte, die dem Therapeuten entspricht.

Es wird nicht verlangt oder erwartet, daß der Klienten diese Haltung auch in seiner Beziehung zum Therapeuten einnimmt. Tatsächlich können die Methoden, die in der Gestalttherapie verwendet werden, als Mittel angesehen werden, um die Charakteristik des Klienten anzusprechen, die ihn daran hindert, seinen Mitmenschen (und sich selbst) mit einer fruchtbaren dialogischen Orientierung zu begegnen.

Eine Sitzung der Gestalttherapie entwickelt typischerweise eine dynamische Beziehung zwischen den Teilnehmern, die »im Hier und Jetzt arbeiten, selbst wenn ... sie Themen behandeln, die Dort und Damals spielen« (Crocker 1988, S. 122). »Hier und Jetzt« oder Gegenwärtigkeit beinhaltet, daß die Realität im Augenblick einer unmittelbaren Erfahrung existiert, die zu persönlichem Wachstum führen kann, wenn sie angenommen wird. Unter idealen »natürlichen« Bedingungen schreitet das Individuum vom Impuls über die Erregung zur Handlung, Ausführung, bis es schließlich zur Bedürfnisbefriedigung und dem »Rückzug« kommt. Dieser Prozeß wird »Kontakt-Rückzug-Zyklus« genannt (Harman 1989, Latner 1986, Perls et. al, 1951). Psychologische Gesundheit wird als Funktion der Fähigkeit des Individuums gesehen, spontan den Kontakt-Rückzug-Zyklus in der Weise zu durchlaufen, die den Beziehungen im »Organismus/Umwelt-Feld« angemessen ist (Perls et. al., 1951). Buber (1970) drückt es so aus: »Ereignis für Ereignis, Situation für Situation besteht Möglichkeit und Pflicht ..., daß der Mensch dem Ruf zum Ertragen und zum Entscheiden folgt. Oft denken wir, es gäbe nichts zu hören, als ob wir nicht vor langem unsere Ohren mit Wachs verstopft hätten« (S. 182).

Das deutsche Wort »Gestalt« bedeutet ungefähr soviel wie »Umriß« oder »Form« [shape or form] (Thomson 1968). In der Gestalttherapie ist dieses Konzept weitläufig auf die menschlichen psychologischen Funktionen angewendet worden. Beispielsweise wird von einem spezifischen Bedürfnis in Analogie zum visuellen Bild gesagt, daß es natürlicherweise in die Wahrnehmung des Organismus tritt, Form und Klarheit annimmt und Gefühle weckt, um auf vollen Ausdruck und volle Erfüllung zu drängen. Der Gebrauch des Wortes »Gestalt« betont, daß das Faktum im Bewußtsein als »natürlich organisierte, strukturierte und dynamische Ganzheit« (Thomson 1968, S. 245) erfahren wird, es sei denn, diese Erfahrung wird unterbrochen oder zerstört. Dem vollständigen Kontakt mit der Umwelt folgt Befriedigung und Rückzug, wobei sich die Figur auflöst (Perls et. al. 1951).

Zwei Hauptziele in der Gestalttherapie sind Gewahrsein und Kontakt. Zinker (1977) hofft, daß eine Person durch den Gestaltprozeß

a. größeres Gewahrsein für sich selbst entwickelt – für den Körper, die Gefühle und die Umwelt
b. diese Erfahrungen in Besitz nimmt, anstatt sie auf andere zu projizieren
c. ihre Bedürfnisse wahrnimmt und Wege entwickelt, sie zu befriedigen, ohne andere zu verletzen.

Kontakt wird definiert als »Wahrnehmung des Assimilierbaren und Bewegung auf dieses zu, sowie Ablehnung des unassimilierbaren Neuen« (Perls et. al. 1951, S. 230). Dies beinhaltet sensomotorische Funktionen, die zu längeren oder kürzeren Kontaktepisoden führen können, wenn man mit dem Gegenüber in einer ihn anerkennenden Weise so interagiert, daß implizit, wenn nicht explizit, wahrgenommen wird, was das »Selbst« und was »der Gegenüber« ist. Erregung und Wachstum sind möglich, wenn das Gewahrsein zwischen »Ich und Nicht-Ich« trennen kann und die Grenze bestimmt (Harman 1989). Einige Autoren (Harman 1974, Zinker 1977) haben noch weitere Ziele der Gestalttherapie benannt, aber die meisten Gestalttherapeuten glauben, daß alles, was notwendig ist, durch die Ausweitung von Gewahrsein und Kontakt erreicht werden kann, was die Person zu einer wachsenden Ganzheit reifen läßt. Simkin und Yontef (1984) halten dafür, in der Gestalttherapie sei »das Ziel immer Gewahrsein und nur Gewahrsein« (S. 294). Wenn es Gewahrsein und Kontakt gibt, können wir wählen, so zu sein, was wir sind. Ohne Gewahrsein und Kontakt werden wir »eingelullt in den Glauben, daß wir tun, was wir glauben, daß wir es täten« (Harman 1989, S. 5).

Gestalttherapeuten achten stark auf die Qualität des Kontaktes der Klienten, indem sie deren physische Eigenarten sowie deren verbale und emotionale Ausdrucksweise anschauen. Polster und Polster (1974) schreiben: »Jeder Mensch organisiert seine Energie so, daß er einen guten Kontakt zu seiner Umwelt findet, oder er leistet dem Kontakt Widerstand. Wenn er das Gefühl hat, daß seine Anstrengungen erfolgreich sein werden – daß er potent ist und daß seine Umwelt ihm eine Gegenleistung bieten kann –, dann wird er dieser Umwelt mit Lust, Vertrauen und sogar Wagemut gegenübertreten. Aber wenn seine Anstrengungen nicht das bringen, was er will, dann entstehen in ihm die verschiedensten störenden Gefühle: Ärger, Verwirrung, Groll, Impotenz, Enttäuschung usw. In diesem Fall muß er seine Energie auf vielfache Weise ableiten, was die Möglichkeiten einer kontaktreichen Interaktion mit seiner Umwelt verringert« (S. 70-71, dt. S. 81).

An der Grenze kann Energie aus einer vollständigen Kontakt-Interaktion abgezogen werden. Dies ist bekannt als »Kontakt-Störung« (Harman 1982, 1989). Der Klient ist sich dieser Kontaktstörungen meist nicht bewußt, die die kreative Anpassung (Perls et. al. 1951) und die Möglichkeit der Begegnung mit anderen begrenzen (Polster und Polster 1974) sowie eine ungesunde Lebensweise hervorbringen kann. Wenn der Ausdruck der Bedürfnisse und ihre Befriedigung unterbrochen werden, wird die Psyche mit »unbeendeten Situationen« belastet (Levitsky und Perls 1970). Harman (1989) sagt: »Kontakt ist ein natürliches Resultat, wenn man etwas Neues erfährt, seinen Interessen folgt und seine Bedürfnisse befriedigt. Die natürliche Erfahrung von wahrem Kontakt ist belebend im Gegensatz zu der Dumpfheit, Schlaffheit und Kraftlosigkeit, die aus einem erzwungenen Kontakt hervorgeht« (S. 10).

Die Störungen an der Kontaktgrenze können verschiedene Formen annehmen. Perls et. al. (1951) haben zuerst Konfluenz, Introjektion, Projektion, Retroflektion und Egozentrik als wesentliche Formen der Kontaktstörung beschrieben. Polster und Polster (1974) fügten dem die Deflektion hinzu, aber nahmen Egozentrik aus der Liste der Kontaktstörungen heraus. Die Theoretiker der Gestalttherapie sind in dieser Frage unterscheidlicher Meinung. Einige Theoretiker halten an den Störungen fest, die Perls et. al. (1951) aufgelistet haben, andere finden es sinnvoll, der Ansicht der Polsters (1974) zu folgen. In meiner Sicht der Dinge gibt es verschiedene Typen von Klienten, die durch unterschiedliche Kombinationen von Kontakt-Störungen gekennzeichnet sind. Gestalttherapeuten suchen spezifische Techniken aus oder entwickeln sie, um das Gewahrsein dessen zu erhöhen, wie jemand charakteristischerweise Kontakt unterbricht oder vermeidet.

Grundlegend ist dann, daß Gestalttherapeuten durch Kontakt und Gewahrsein an dem letztendlichen Ziel arbeiten, den Klienten zu helfen, »Kontakt mit jenen Quellen der Stärke in sich selbst aufzunehmen und beizubehalten, die sie in die Lage versetzen, sich selbst zu stützen und ... sowohl verantwortlich als auch spontan zu handeln« (Crocker 1988, S. 123).

Das therapeutische Setting

Die therapeutische Arbeit war Teil eines Trainingsprogramms für fortgeschrittene Gestalttherapeuten. Einer der Autoren (Harman) war der Supervisor des Trainees und der eigentliche Therapeut der Klientin. Der andere Autor (Garzetta) war der Trainee. Die transkribierte Sitzung war das dritte supervisierte Treffen zwischen der Klientin und dem Trainee. Zwischen den Treffen lagen jeweils ungefähr zwei Monate. Der Supervisor fungierte als »Videorecorder« und als Kotherapeut/Teilnehmer. Im Transkript steht »T« für den Trainee, »K« für die Klientin und »S« für den Supervisor.

Die Klientin

Als die Sitzung stattfand, hatte Katie, eine alleinstehende 30jährige Frau, gerade ihren Abschuß in Pädagogik gemacht. Davor hatte sie eine Krankenschwestern-Ausbildung absolviert, jedoch entschieden, ihre Berufspläne zu ändern. Ungefähr drei Jahre vor der Sitzung hatte die Klientin die Therapie bei dem Supervisor angefangen. Ursprünglich war sie mit Beschwerden wie Angst, Unentschiedenheit, Depression, mangelndem Selbstbewußtsein und einer tiefgreifenden »Identitätskrise« zur Therapie gekommen. Probleme mit dem Erinnerungsvermögen und der Konzentrationsfähigkeit beeinträchtigten sie bei ihrer Arbeit, während unbefriedigende Beziehungen zu Männern sie mit dem Gefühl zurückgelassen hatten, daß sie benutzt und erniedrigt worden war. Sie war mißtrauisch und fühlte sich isoliert und entfremdet.

Die Eltern der Klientin wurden als vernachlässigend und strafend beschrieben. So lange, wie sie sich erinnern konnte, fühlte sie sich als ungeliebte »Nichtperson«. Sie wuchs in dem Gefühl der Unsicherheit und des Argwohns auf, hungerte nach Aufmerksamkeit und Anerkennung. Die Eltern verlangten von ihr, respektvoll, damenhaft und gehorsam zu sein. Manchmal, wenn sie ihre Erwartungen nicht zu erfüllen vermochte, folgten demütigende Strafen. Die Klientin erinnterte beispielsweise eine Strafe, bei der sie einen großen Schluck Rizinusöl schucken und dann zur Schule gehen mußte. Trotz der Kontrolle und Drohungen führte die überbordende Lebenslust der Klientin und ihr Hunger nach Gesehen-Werden dazu, daß sie die elterlichen Befehle oft mißachtete. Sie handelte mit einer Energie, die sich manchmal bis zu Fanatismus, Ambivalenz und Unstetigkeit übersteigerte. In ihrer Beziehung zu Männern fühlte sie sich als erniedrigtes Opfer, während sie glaubte, daß andere Frauen sie entweder hemmten oder sie verachteten. Die meisten sozialen Interaktionen waren kurzfristig und oberflächlich. Besonders unter Streß sprudelte sie unzusammenhängende und abwegige Ideen hervor und wurde schnell erregt und von Emotionen überwältigt. Zeitweise brach ihre Syntax zusammen, aber meist war sie logisch und vernünftig.

Drei Jahren Psychotherapie führten zu einer erkennbaren Verbesserung, aber die genannten Charakteristika waren immer noch zu bemerken, besonders wenn die Klientin unter Streß stand. Dennoch schaffte sie den College-Abschluß, wurde in der Gemeinde sowohl sozial als auch politisch aktiv und knüpfte eine dauerhafte Beziehung zu einem Mann, der ungefähr in ihrem Alter war.

Das kommentierte Transkript der Sitzung

K: Ich werde wieder zu meinem Orthopäden gehen, und als ich das gestern entschieden hatte, ist mir sehr bewußt geworden, daß ich mir nicht sicher bin... es ist, denke ich, eine große Investition, *den ganzen Weg* zu ihm nach Orlando zu fahren. Das kommt mir vor wie ... eine Verschwendung. Ich sollte zu einem gehen, der näher ist... so habe ich das also in verschiedener Hinsicht als Investition gesehen, besonders wegen dem Fahren und der Zeit.

T: Ja, Zeit ist vielleicht unser kostbarster Besitz – habe ich mal gehört. Das macht mir Sinn.

K: Ich habe Zeit noch nie als »Besitz« gesehen, aber, ja klar.

T: Haben Sie eine Vorstellung davon, woran Sie heute arbeiten möchten? Wofür wollen wir heute unsere Zeit investieren?

Kommentar 1: T folgt – wie ein Fährtensucher – dem Bild der »Investition«. Zinker (1977) erwähnt diese wichtige therapeutische Methode, bei der der Gestalttherapeut mit dem Klienten und der Situation in einer offenen Weise mitgeht, damit sich eine Richtung oder ein Thema herauskristallisieren kann. Dies kann ermutigend wirken und hält in Bewegung, »bis der andere ihn mit einer einsichtvollen Erfahrung überraschen kann« (S. 47, dt. S. 55).

K: (Spicht schneller.) Darüber habe ich nicht nachgedacht. Ich bin schon bei Bob gewesen diese Woche. Ich bin bei Bob gewesen Sonntag – Montag – Dienstag oder Mittwoch! Ich bin Mittwoch bei Bob gewesen und habe gearbeitet ... ich habe an einer Projektion gearbeitet. Das ist es vielleicht, woran ich arbeiten möchte. Als ich in der Zentrale war, ist mir bewußt geworden, daß ich den perfekten Job gefunden habe. Ich habe mich beworben. Aber als ich in der Personalabteilung war, habe ich meine Gefühle in die Leute dort projiziert – ich bin nicht sehr überzeugend aufgetreten, als ich mich beworben habe, und ich bekam keine Rückmeldung in der Art wie »Wunderbar. Sie sind die perfekte Besetzung für die Position.« Ich habe überlegt, daß sie vielleicht denken – wissen Sie, daß ich vielleicht nicht die am besten geeignete Mitarbeiterin bin, für was auch immer.

T: Sie haben nicht das Feedback bekommen, auf das Sie gehofft hatten.

K: Richtig, richtig – und die meisten Leute an der Uni, wo ich jetzt den Abschluß mache – ich mache wirklich jetzt den Abschluß – aber die meisten Leute da, die wissen, daß ich mich für den Job beworben habe, haben gesagt: »Das ist toll. Wir wünschen dir Glück. Blah. Blah. Blah.« Wissen Sie. Aber die Personalleute tun das nicht, wenigstens nicht an dieser Uni. Sie geben nicht viel Rückmeldung – auf etwas.

T: Als Sie das gesagt haben, haben Sie am Ende Ihre Stimme gesenkt und die Augen verdreht – wenigstens ist es mir so vorgekommen. »Sie *geben* einem nicht viel Rückmeldung, wenigstens nicht an dieser Schule.«

K: Ja, sicher.

Kommentar 2: K schlägt das Thema Projektion im Zusammenhang mit der Personalabteilung vor. T macht eine Beobachtung an K's Ausdruck. Vielleicht waren Gefühle im Spiel, derer sie sich nicht bewußt war. Dies ist eine Methode, sich mehr auf den Prozeß zu konzentrieren und vom Inhalt abzusehen.

T: Können Sie bei diesem Gefühl ein bißchen bleiben? ... Sich hineinfallen lassen?

Kommentar 3: Dies ermutigt K, einen besseren Kontakt mit dem geweckten Gefühl herzustellen.

K: Was mir in den Sinn kommt: Ich hab nicht viel bekommen von den Personalleuten (leiser) – als ich dort war.
T: Ich höre, daß Ihre Stimme ohne viel Luft ist... Können Sie es einmal noch leiser sagen?
K: (Flüstert.) Ich habe nicht viel bekommen von den Personalleuten. – Ich fühle mich jetzt richtig traurig. – Mir kommen die Tränen. Ich habe nicht viel bekommen.

Kommentar 4: Diese Technik (»Sagen Sie es noch leiser«) beschäftigt sich mit der Störung an der Kontaktgrenze, die als Retroflektion bekannt ist: K unterdrückt oder bekämpft den spontanen Ausdruck. Die genaue Beobachtung des physischen Verhaltens von K zeigt eine Muskelkontraktion in der Kehle, die die Sprachkraft beeinflußt. Die Technik stellt Bedingungen her, vor denen angenommen wird, daß sie sich analog zu denen verhalten, die ursprünglich die Hemmung ausgelöst haben. Es wird eine neue Aktivität angeregt, die die entsprechende Muskulatur betrifft (Verstärkung). Dies verlangt von K, bewußt zu handeln: Indem sich K bewußter wahrnimmt, entwickelt sie eine immer größer werdende Chance, willentlich eine Änderung der unbewußt-kontrollierten Reaktion vorzunehmen. Polster und Polster (1977) notieren, daß man mit zunehmendem Gewahrwerden sich stärker der Fähigkeit nähert, die Themen seines Lebens zu artikulieren.

T: (Flüstert.) Was haben Sie erwartet?
K: Ich habe von denen erwartet, daß sie mir helfen. Daß – daß ich weiß, worum es geht... (leiser) Das habe ich nicht bekommen.
T: Was noch?
K: Nun, mir kommt in den Sinn, daß es ist, als würde ich über meine Eltern sprechen.

Kommentar 5: K hat die Möglichkeit angesprochen, daß die »Personalleute« im übertragenen Sinne die Eltern repräsentieren. Weil die Gestalttherapie existentialistisch-phänomenologisch vorgeht, nimmt nicht T diese Interpretation vor. Eine solche »direkte« Methode würde zu einer Abhängigkeit von der Autorität des Therapeuten führen.

Es wird fälschlicherweise angenommen, Gestalttherapeuten würden den Klienten nicht erlauben, das Hier und Jetzt zu verlassen und sich auf die Geschichte (Dort und Dann) zu konzentrieren. Die Gestalttherapie strebt an, den Klienten zu helfen, ein größeres Gewahrsein von sich selbst als Person zu erlangen – und dazu gehört auch ihre Geschichte (Crocker 1988). Im eigenen Hintergrund sammeln sich spezifische, strukturierte und bedeutsame Erfahrungen. Aufgrund dieser frühen Erfahrungen kommt es zu einer Einstellung zum Leben, die die gegenwärtige Erfahrung beeinflußt. Polster und Polster (1974) sagen, daß es die lebendigen Möglichkeiten der Existenz »verdirbt«, wenn man sich so verhält, als lebe man tatsächlich in der Vergangenheit oder Zukunft.

Perls et. al. (1951) weisen nachdrücklich darauf hin, daß der jeweilige Inhalt der »alten Szenen« relativ unwichtig im Vergleich zu ihrem Kontext ist – Kontext heißt: die Art, in der ein Kind die Welt erfährt. Sie schreiben: »Kindliche Gefühle sind wichtig, nicht als eine Vergangenheit, die abgelegt werden muß, sondern als die schönsten Kräfte des erwachsenen Lebens, die wiedergewonnen werden müssen: Spontaneität, Vorstellungskraft, Direktheit des Gewahrseins und der Manipulation« (S. 297).

Die Gestalttherapie besteht darum *nicht* darauf, daß die Klienten sich ausschließlich mit der gegenwärtigen Erfahrung beschäftigen. Wenn ein Klient vergangene Erlebnisse berichten, werden sie stattdessen als originär und lebendig betrachet. Die Bedeutung der vergangenen Geschehnisse ist gewiß groß, aber der Wunsch, den eigenen Erfahrungen Sinn zu verleihen, darf nicht die Wichtigkeit der Erfahrung selbst überflügeln. Wie Polster und Polster (1974) es ausdrücken: »Indem er ... nach Symbolen aus der Vergangenheit sucht, die die Gegenwart erhellen, übersieht er, daß die Gegenwart selbst Symbole produziert, die gültige Aussagen sind und die sich weit über die Grenzen der therapeutischen Interaktion erstrecken. Aufgrund seiner Fähigkeit, für das Individuum eine neue Bedeutung anzunehmen, wird ein Ereignis durch seine symbolische Qualität in die Zukunft projiziert. Wenn es eine solche Bedeutung erlangt, dann nimmt es seinen Platz im Leben des Individuums ein und bleibt nicht nur in jenen Interaktionen eingekapselt, die während der therapeutischen Sitzungen stattfinden« (S. 13-14, dt. S. 25).

T: Mögen Sie mir davon erzählen?

K: Nun ja. Können Sie mir mal ein Taschentuch geben? Ich habe Ihnen gesagt, daß mir die Tränen kommen und, nun ja, genau das passiert.

T: Ihre Eltern haben Ihnen nicht gegeben, was Sie sich wünschten. Sie gaben Ihnen nicht die Orientierung, die Unterstützung und – Ihre Traurigkeit, können Sie mir etwas über Ihre Traurigkeit sagen? Wie geht es Ihnen damit, jetzt wo sie davon erzählen?

K: Ich fühle, daß ich sie nicht mehr dafür hasse. Meine Traurigkeit, wissen Sie, ist nur – ich nehme da kein Selbstmitleid wahr. Sie ist nur ein allgemeines Gefühl, eine wirkliche Empathie dafür, daß ein Kind das alles durchmachen muß. Ich empfinde Empathie für mich selbst, nicht »Du armes kleines Kind«, sondern nur – »wie schade, daß deine Eltern so sind« – weil Eltern so zu Kindern sind. So eine Art allgemeiner Traurigkeit – ich sehe mich jetzt nicht mehr so sehr als Opfer, sondern es ist einfach eine traurige Situation... und ich fühle mich wie zugeschnürt. So um die Kehle rum. Wie man sich wahrscheinlich fühlt, wenn man schluchzt –

T: Ich habe das gerade nicht verstanden. (Ks letzte Worte waren nicht deutlich.)

K: Wie wenn man schluchzt. Ich weiß nicht. Ich schluchze nicht häufig, aber –

T: Unterdrücken Sie es, wenn Ihnen zum Weinen ist?

K: Vielleicht. Ich spüre, daß – ja – etwas zurückgehalten wird.

T: Was spricht gegen Weinen?

K: Nun, ich weine oft! (Sie lacht.) Dagegen spricht nichts.

T: Jetzt.

K: Ich weiß nicht. – Ich würde die totale Kontrolle verlieren.

T: Können Sie ein bißchen dabei bleiben? Sie würden die totale Kontrolle verlieren – was bedeutet das? Was beinhaltet das? Was würde ich mitbekommen, und wie würden Sie sich fühlen, wenn ich mitbekäme, wie Sie die totale Kontrolle verlieren?

K: Ich ruiniere mein Make-Up (lacht). Oh, wenn ich rauskomme, würden die Leute, die ich treffe, denken, daß ich so aussehe, als ob es mir sehr schlecht ginge. – Man würde mich ansehen und bescheid wissen und – Intellektuell weiß ich, daß ich mein Gesicht waschen und dann nach Hause gehen könnte und daß ich nichts zurückhalten sollte. Aber da ist auch eine Angst vor... Wie das: Ich darf das nicht tun.

T: Sagen Sie das noch einmal.

K: Ich *darf* das nicht tun.

T: Nochmal.

K: Ich darf das nicht tun. (Fängt an zu weinen.)

T: Ich bemerke gerade eine Änderung in Ihnen. Sie wirken *starrer*.

K: Nun... (leiser) Ich erinnere mich als kleines Kind.

T: Okay. Erzählen Sie mir die Geschichte, an die Sie sich erinnern?

K: Nun, ich erinnere mich nicht so sehr an eine Geschichte als daran, sehr klein zu sein und Dinge nicht zu dürfen.

T: Können Sie jetzt das kleine Kind sein? – »Ich bin ein kleines Kind.« -

K: (Traurig, mit kindlicher Stimme.) Okay. Ich bin ein kleines Kind. Ich bin vier Jahre alt. Und jedesmal, wenn ich etwas tue, greift meine Mutter ein und sagt Nein – zieht mich zurück. Sie läßt mich nichts machen.

T: Was würdest du tun wollen?

K: Nun, aus dem Fenster gucken im Restaurant (lacht). Rausgehen und spielen, (jetzt traurig) mit Kindern spielen, die in der Nachbarschaft wohnen, aber meine Mutter haßt deren Mütter. Darum darf ich mit denen nicht spielen. Vor allem, Dinge angucken und untersuchen. Wir müssen, weißt du, still sitzen, wie im Restaurant, und dürfen uns nicht bewegen. Einmal waren wir in einem Restaurant, als wir aus einer Stadt weggezogen sind. An einer Kreuzung haben wir Leute gesehen, die wir kannten. Wir wollten zum Fenster gehen und ihnen Lebwohl winken. Aber sie hat uns nicht gelassen.

T: Da haben Sie eine reale, konkrete Erinnerung, etwas Wirkliches: Die Zeit, als ihr in dem Restaurant ward.

K: (Weint.) Ich bin ganz traurig, daß jemand ein Kind davon zurückhält. Eine wirklich traurige Erfahrung... Das war solch eine unglückliche Kindheit. Darum habe ich nie eigene Kinder bekommen, weil ich nicht weiß, was ich mit ihnen tun sollte, wenn ich sie hätte. Ich würde nicht so sein wollen... Das macht mich sehr traurig (schluchzt kurz und lächelt dann). Gut, daß wir Kleenex haben...

S: Wo warst du, Louie?

T: Ich war bewegt. Ich möchte Ihnen viel Raum geben... so viel zu fühlen, wie Sie wollen, bevor ich antworte. Ich habe bemerkt, wie Sie mich, bevor Bob etwas sagte, angeschaut haben und bin wieder zurückgekehrt. Und dann war ich bereit, zu reagieren.

K: Jah, jah.

T: Aber, als ich Sie beobachtet habe – in Ihrem *Schmerz* – waren Ihre Augen anders. Sie waren hier, aber viel von Ihnen war dort, im Restaurant.

K: Kinästetisch war ich dort. Meine Erinnerung war keine intellektuelle Erinnerung. Es war – ich habe die Erinnerung in meinen Händen gefühlt.

T: Ich war sehr *beeindruckt*, wie Sie dorthin gegangen und wieder hierher zurückgekehrt sind. Sie haben die Kontrolle nicht verloren.

K: Nein, das habe ich nicht.

T: Sie sind in Ihre Vergangenheit zurückgekehrt, spürten sie, aber sie hat Sie nicht überwältigt. Sie machten den Eindruck, richtig traurig zu sein, und Sie sind anders als vorher, als Sie hier so starr waren (zeigt auf seine Stirn).

K: Jah, jah.

T: Also, ich war bewegt von dem, was vorgefallen ist. Ich war bewegt davon, wie Sie sich erlaubt haben, zu fühlen, und daß Sie nicht beunruhigt waren.

K: Hm. Es hat sich gut angefühlt – die Erinnerung zu haben und -

S: Ich war beeindruckt davon, daß Ihre Voraussage nicht eingetreten ist, daß Sie sich überwältigen lassen und völlig fassungslos sein würden. Es war eine traurige Erinnerung, Sie haben das ausgedrückt und sind zurückgekehrt. Louis, der näher bei Ihnen sitzt, hat bemerkt, daß Ihre Augen sich geändert haben. Ich, der ich etwas abseits bin, frage mich, ob es da irgend eine Verbindung zu dem gibt, was Sie machen, wenn Sie bei einem Einstellungsgespräch sind, bei dem Sie für das, was Sie sagen, nicht das erwünschte Feedback bekommen? Dieses Zurückhalten – wie Sie zurückgehalten worden sind – hat das etwas mit Ihrem Problem zu tun? Das ist es, worüber ich nachdenke. Ich meine nicht, daß Sie das beantworten müssen. Ich wollte Ihnen nur sagen, was mir in den Sinn gekommen ist.

K: Das ist interessant. Hm. Ich habe eine Antwort, aber sie ist hier (zeigt auf ihren Kopf), so daß ich...

Kommentar 6: S wiederholt in einem kognitiven Modus, was T figurativ ausgedrückt hat. Zusätzlich schlägt S vor, eine Verbindung zwischen dem Verhalten bei dem Einstellungsgespräch und dem früheren Verhalten gegenüber ihren Eltern zu ziehen. Wieder handelt es sich nicht um eine Interpretation. Es wird lediglich die Möglichkeit zur Diskussion gestellt, daß K's Wahrnehmung, die Personalleute würden »sich zurückhalten«, eine Projektion ihrer eigenen Zurückhaltung sein könnte. Die andere Möglichkeit ist natürlich, daß K auf die Personalleute die elterliche Härte projiziert, die sie in sich selbst nicht sehen will. Vergleiche in dieser Hinsicht die theoretische Bemerkung aus dem Kontext der Theorie der Objektbeziehungen (Kernberg 1988): »An dieser Stelle behandle ich auf neuartige Weise die Natur der Identifikation in der Übertragung. Ich behaupte, daß im Grunde alle Identifikationen nicht einem Objekt gelten, sondern der Beziehung zu einem Objekt, innerhalb derer der Patient sich sowohl mit seinem Selbst als auch mit dem Objekt und dessen Rolle in der Beziehung identifiziert. Daraus ergibt sich die Möglichkeit, entweder die Rolle des Selbst oder die Rolle des Objekts in der Beziehung auf die Probe zu stellen. ... In ... [der Theorie der Objektbeziehungen] ... kann beispielsweise ein ›aktiver‹ aggressiver Impuls, der zunächst passiv erfahren wird, einerseits als Aktivierung der Selbst-Repräsentation verstanden werden, die stattfindet, weil subjektiv ein Angriff durch das Objekt erlebt wird, andererseits als der aktive Ausdruck der Aggression als Teil der Aktivierung der Identifikation mit der Objekt-Repräsentation der Interaktion« (S. 488-489).

T: Ich mag es wirklich, wie Sie Verantwortung für Ihre eigene Arbeit übernehmen.
K: Danke. Ich übernehme viel mehr die Verantwortung als früher.
T: Jetzt tun Sie das gewiß. Ich stehe Ihnen zur Verfügung und bin gespannt, woran Sie nun arbeiten wollen, oder wo Sie jetzt gerade sind.

Kommentar 7: Nachdem T gesagt hat, daß er zur Verfügung steht, prüft er K's gegenwärtigen Zustand. Dies ermutigt sie sanft, mit ihrem augenblicklichen Zustand (dem Faktum der Bewußtheit) Kontakt aufzunehmen. Vielleicht ist noch etwas offen, oder K fühlt sich bereit, zu einem neuen Thema überzugehen. Indem T keine Vermutung über den Zustand von K äußert und keine Verantwortung dafür übernimmt, was folgt, hält er K in Kontakt mit ihrer eigenen Energie und fordert sie auf, das vorzubringen, was ihr in diesem Moment kommt.

K: Was ich denke, ist, daß ich immer, wenn ich Sie sehe, weine. (Lacht.)
T: Sie weinen jetzt nicht.

K: Nein, nein, aber ich habe *vorhin* geweint.

S: (Teilt seine Belustigung mit.) Sie haben diesen doppelten Effekt auf Leute. Erst weinen Sie, dann lachen Sie.

K: Genau das war es, was ich eine Minute vorher bemerkt habe, und wollte dies mit Ihnen teilen.

T: Diesen Zusammenhang habe ich nie hergestellt. Wenn ich mich erinnere und an Sie denke, habe ich den Eindruck, daß Sie eine breite Palette von Gefühlen haben. Sie benutzen viele Farben der Palette.

K: Oh, das ist interessant – denn ich *denke* – daß ich oft, wenn ich die Wahl habe, die dunkeren Farben wähle... Das ist, was ich eines Tages lernen möchte – mich auf die helleren Farben zu konzentrieren.

T: Möchten Sie daran arbeiten?

K: Jah, jah.

T: Okay. Kennen Sie einen Witz?

K: Gestern habe ich einen gehört. (Lacht.)

T: Wollen Sie ihn erzählen?

K: Es ist ein »sauberer« Witz. (Lacht.)

S: Fängt schon gut an.

K: Er handelt von einer Frau, die einen Papagei kauft. Sie geht in eine Tierhandlung und sagt, sie wolle ein Haustier kaufen, weiß aber nicht, was für eins. Der Verkäufer dreht ihr einen Papageien an, den er los werden will und sagt: »Wir haben hier diesen Papageien, ein gutes Tier. Ich gebe ihn preisgünstig ab.« Der Verkäufer sagt ihr nicht, daß Seeleute ihm das Fluchen beigebracht haben. Die Frau kauft den Papagei – kauft den Vogel, einen Käfig und alles – und nimmt ihn nach Hause. Das erste, was er zu ihr sagt, als sie zu ihm spricht ist: »Was willst du, du Hure?« Sie wird böse und schreit ihn an. Er beschimpft sie weiter – nennt sie »Votze«. Sie wird böse und steckt ihn in den Kühlschrank. Nach einer halben Stunde holt sie ihn heraus. Er kann sich kaum bewegen. Sie befreit ihn vom Eis und sagt: »Wirst du nun mit mir reden?« Er sagt: »Ja, aber eine Frage: Was hat der Truthahn im Kühlschrank gemacht?« (Lacht.) Ich habe ihn nicht so gut erzählt, wie ich ihn gehört habe. Es ist sehr witzig. – »Was hat der Truthan gemacht, daß du so ausgerastet bist?« (Lauteres Lachen.)

T: Hab schon verstanden. Dauerte was, bis ich's begriffen hab.

K: Ich bin zu einem Weihnachtsessen mit Verkäufern gewesen. Da wurden all die Verkäuferwitze erzählt.

T: (Nachdem das Lachen abgeebbt ist.) ... Nun, wie geht's uns bis jetzt. Was mich angeht, mir geht's ziemlich gut.

K: Ja, das *ist* eine hellere Farbe. Ich habe nie drüber nachgedacht. Ich weiß nicht – normalerweise – weiß ich nicht, wo die Leute ihre Witze herkriegen. – Wissen Sie. – Witze müssen wo herkommen. Aber ich verschwende nicht – das Wort kommt mir – verschwende keine Zeit an Geselligkeiten, wo man sitzt oder steht und Witze erzählt. Normalerweise – habe ich die Tendenz, mit der Tür ins Haus zu fallen.

Kommentar 8: Mit Freude und neuem Gewahrsein hat K ihre Empfänglichkeit für spontane Leichtigkeit entdeckt. Dann geht sie zu einer tieferen Ebene von Arbeit über, zwischen helleren und dunkleren Farben wählen zu können.

T: Wenn Sie wollen, können Sie mir sagen, warum Sie denken, daß es wichtig ist, keine Zeit mit Geselligkeiten zu verschwenden.

K: Nun, ein Grund ist, daß es manchmal schwer ist und ich es *vergesse*. Und so, wenn ich in eine Situation komme und vergesse, freundlich zu sein – ich bin nicht wirklich eine unfreundliche Person – und ich vergesse es! Ich fühle diese *Leere* – ich muß sie füllen! So fülle ich sie – »kommt, laßt uns anfangen« – wissen Sie – blah-blah-blah-blah-blah.

T: Es ist anstrengend für Sie, an Geselligkeiten zu denken und leichten Herzens zu sein. Aber Sie wissen, wie man die Dinge anfaßt. Gleich auf den Punkt kommt. Das Geschäft geht vor.

K: Jah, nehme ich an. Wenn nun die andere Person wirklich *gut drauf ist* – wenn sie *auf mich zukommt* – dann bekommt die ganze Sache natürlich eine andere Farbe! (Lacht.)

T: Ich habe in Erinnerung, daß ich Sie gefragt habe, warum es wichtig ist. Was sind die Vorteile?

Kommentar 9: T wiederholt seine Frage, nicht nur um die Klientin zu fokussieren, sondern weil die Gestalttherapie die Verantwortung für die eigenen Bedürfnisse und Handlungen betont. T gibt ein Beispiel dafür, indem er seine Aufforderung wiederholt, die unbeachtet geblieben ist.

K: Nicht Zeit zu verschwenden?

T: Ja, an Geselligkeit, direkt zum Geschäft zu kommen -

K: Nun, die Leute könnten denken, daß ich – denken, daß ich mich linkisch verhalte, wenn ich es versuchen würde.

T: Was versuchen würde?

K: Ja, wenn ich mich an Geselligkeit versuchen würde – äh – sie könnten mich als jemanden ansehen – das kommt mir in den Sinn – jemanden, der nicht besonders helle ist – wissen Sie – als soziales Anhängsel.

T: (Macht Zeichen in der Luft.) 90-60-90. So in der Art?

K: Jah, jah, jah. *Das* will ich nicht sein. Viele Männer – und ich weiß, daß viele Männer nicht so sind – viele Männer, die ich kennen gelernt habe, sind so. – Viele Männer nehmen Frauen als soziales Anhängsel. – Und es wichtig für mich, nicht so gesehen zu werden.

T: Als soziales Anhängsel und als nicht besonders helle.

K: Jah.

T: Wenn Sie also Zeit auf Geselligkeit verschwenden würden, wüden Sie vielleicht keine gute Arbeit leisten. Fehler machen. Dann würden Sie als dumm dastehen.

K: - Und nicht als Durchstarter.

T: Mir fällt auf, während Sie mir das sagen, daß sich vieles noch darum dreht, was die Leute denken könnten.

K: Ja, es ist witzig, daß ich, als Sie mir das gesagt haben, an meinen Vater gedacht habe.

T: Mm. Mm.

K: (Spricht schneller.) Äh, er war immer beunruhigt. Bevor er seinen militärischen Dienst quittierte, war er nie über so etwas beunruhigt, aber von dem Moment an, als er raus war, hatte er immer einen *Horror*, daß die Leute denken könnten, wir seien »Prolls«. Und unser ganzes Familienleben drehte sich darum, was die Leute denken könnten. Meine Mutter sorgte sich darum, was die Leute denken könnten, wenn wir etwas *taten*, mein Vater darum, daß die Leute uns als »Prolls« ansehen könnten. Wir durften nichts tun, was als »prolliges Verhalten« angesehen werden konnte.

T: Können Sie sich vorstellen, daß solches prolliges Verhalten Spaß machen könnte?

K: Jah, jah. Wie das Proll-Verhalten, zum Fenster des Restaurants zu gehen und zu winken... jah, jah.

T: Um also ganz sicher zu gehen – ganz sicher, nicht als Proll zu erscheinen – lassen Sie es bleiben, spielerisch und lebendig zu sein?

K: Hm, hm. Nun ja, ich kann damit leben. Ich habe das als Teenager ausgeglichen. Weil ich – ich schaue zurück – ich habe nie geglaubt, daß ich je darüber sprechen würde – als ich siebzehn war. (Leise.) Ich habe Drogen genommen. (Wieder lauter.) Und ich war sehr gesellig, wenn ich stoned war. Die Leute waren scharf darauf – immer scharf darauf, mich auf ihren Feten zu haben. Ich war so toll. Ich war witzig. Ich habe Witze erzählt, gesungen, ich habe all das gemacht und – äh – ich bin jetzt an dem Punkt, wo ich wieder *etwas* geselliger werden könnte. Ich war letzte Nacht gesellig – aber es war schwer. Wissen Sie. Als ich aufgehört habe, etwas zu nehmen – hatte ich das soziale *Schmiermittel* oder so, wissen Sie, das hatte ich nicht mehr, die *Entschuldigung*, lustig zu sein.

T: Sie haben sich gebremst -

K: – Ja. –

T: – als Sie mir das sagen wollten.

K: Jah. Nun, es ist schwer für mich, das zu sagen. Es ist – wissen Sie – ich meine – ich hasse es, was zu sagen, wie: *»Ich habe Drogen genommen.«*

T: Was ist dagegen einzuwenden?

K: Klingt nach Proll. (Lacht.)

T: Ich verspreche Ihnen, es nicht Mama und Papa zu verraten.

K: Okay. Und es klingt, als sei ich schwach. Und wirklich – meist habe ich Pot geraucht. Als ich – Drogen nahm – war ich eine der vorsichtigsten. Ich habe nie Haschisch-Öl geraucht, weil das zu Verbrennungen in der Lunge führen kann. Ich habe besonders darauf geachtet, wie ich den Pot geraucht habe – zum Ende hin – habe ich den Rauch nicht in der Lunge gehalten. Ich habe ihn immer sofort ausgeatmet, weil ich wußte, wie viel Teer da drin ist und wollte nicht, daß *der* in meine Lungen kommt. Ich war eine sehr *gesundheitsbewußte Drogenkonsumentin.* Vielleicht – Ich kannte niemanden, der gesundheitsbewußter war als ich, weil ich mir nicht selbst schaden wollte. Und so war da immer – wissen Sie – etwas hinter mir, das mir sagte, man müsse sehr vorsichtig sein.

T: Als Sie soetwas gesagt haben wie: »Ich wollte mir nicht selbst schaden,« waren die Bremsen wieder angezogen. Wo ich Sie immer besser kennen lerne, bemerke ich, wie Sie in Fahrt kommen – sehr *lebendig* und dynamisch werden, und dann sagen Sie ein paar Worte und es ist, als wenn Sie abrupt zum Stillstand kommen.

S: Ich hab fast schon gemeint, sie wäre wirklich prollig.

T: Na klar. – (Lacht.)

K: Das ist mir auch fast bewußt geworden – äh – daß wenn die Leute denken – und das ist *verrückt*, weil es ein absoluter Widerspruch zu dem ist, was ich gerade gesagt habe. Aber wissen Sie, ich bin etwas beschämt über meine Zusammenfassung. Wie über meine Erfolge – ich würde nicht wollen, daß die Leute denken, ich sei ein Überflieger, sehen Sie. Also trete ich auf die Bremse und entschuldige mich für das, was ich leiste. Ich entwerte meine eigene Erfahrung – und das ist wie ein Widerspruch – so daß ich mir nicht viel Raum lasse, wohin ich mich bewegen kann.

T: Ich habe gelernt, daß Sie etlichen Mythen anzuhängen scheinen über das, was richtiges Verhalten sei. Ein Mythos ist sicherlich, nicht prollig zu handeln. Ein anderer Mythos, den Sie angesprochen haben: nicht wie ein Streber auszusehen. Ich bin immer noch an der leichtherzigen Freude interessiert und der Faszination am Prolligen. Ich möchte daran noch etwas arbeiten. Es scheint lebendig zu sein und –

Kommentar 10: K offenbart einige internalisierte elterliche Werte, die ihre Spontaneität behindern. Die Gestalttheorie (und andere) hält dafür, daß das sich entwickelnde Kind eine verringerte Chance hat, Selbstvertrauen und Vertrauen in die Sicherheit freien Ausdrucks zu entwickeln, wenn die Eltern in einem frühem Stadium stark restriktiv sind. Während T hört, wie K über sich im Angesicht dieser Introjekte spricht, fühlt er sich persönlich betroffen. Indem er sein eigenes Intersse an K's Lebendigkeit bekundet, schlägt er vor, dieses Thema aufzunehmen. Dies stimmt mit der Gestalttheorie überein, die lebendige, expressive Arbeit ermutigt und das Prinzip »mit der Energie zu gehen« (Harman 1989) verfolgt.

K: Prollig? Okay. Ich habe nie herausgefunden, was das *wirklich* war.

T: Wenn Sie wollen, lassen Sie uns damit ein wenig experimentieren. Wir wollen nicht versuchen, es zu *definieren*, versuchen Sie vielmehr, damit in Berührung zu kommen. Und *wenn* Sie dann so drauf sind, seien Sie bitte wirklich prollig zu mir und Bob.

K: (Lacht.) Nun, ich muß eine Minute darüber nachdenken. Ich muß mich erinnern, wie es ist, prollig zu sein. Nun, wenn ich prollig sein wollte, müßte ich ein tief ausgeschnittenen Top tragen.

T: Okay, Sie wollen also mitmachen.

K: Nun, ich kann das so machen (zieht ihr Top etwas herunter), und ich würde hochhackige Schuhe tragen und engere Jeans. Ich würde lang herunterhängende Ohrringe anhaben und ein bißchen blöd dreingucken.

S: Können Sie jetzt *etwas* davon tun?

K: Ich versuche es. Das einzige, was mir einfällt ist – es müßte etwas sein, was ich *sage*. – Warten Sie eine Minute. Ich weiß, ich weiß, was Prolls tun. Sie sitzen so *da* (nimmt lässige Haltung an), und schlürfen immer Cola, wie mein Dad sagen würde. Cola schlürfen heißt, daß sie immer eine Coladose mit sich rumtragen und *das* ist prollig. Mir wurde verboten, Kinder mit ins Haus zu bringen, weil sie Cola schlürften. Nun, man hat eine Cola dabei und hängt rum und, ähh, man schläft bis zum Mittag – am Samstag – jeden Tag – schläft man bis Mittag.

T: Lassen Sie es uns *machen*, wenn Sie immer noch in der Stimmung sind, prollig zu sein.

Kommentar 11: T arbeitet daran, die lebendige Handlung herzustellen, anstatt nur über sie zu sprechen.

K: Okay.

T: Wenn ich Ihnen irgendwie behilflich sein kann, lassen Sie es mich wissen.

K: Okay, okay.

T: Okay. Damit Sie einen Anfang finden: Haben Sie Ihre Cola in der Hand?

K: Klar. Ich hab meine Cola. Oh, ich hab da eine Zigarette gesehen. – Nun, da ich prollig bin, werde ich mir nicht die Mühe machen, den Aschenbecher zu benutzen, sondern die Asche einfach auf den Boden schnippen. Und, huhu, da Sie hier sind, bin ich auch etwas faul und sage: »Louie, ich habe Hunger. Mach mir nen Sandwich.« (Lacht.)

T: Hm, hm.

K: »Und da du nun mal stehst, schalt doch grad die Glotze an. Ich will die Soap sehen.« (Lacht weiter.)

T: Was meinen Sie, wie ich darauf antworten muß, damit es weiter geht? Bleiben Sie dabei.

K: Nun, ich denke, Sie könnten zurückschreien und mir sagen, ich solle doch meinen faulen Arsch bewegen und es selbst machen.

T: O.K. Also: »Beweg deinen *faulen Arsch* von der Couch und mach es selbst!«

K: »Ich will es sowieso nicht sehen. Ich warte noch.« Äh, das ist es, was ich sage. »Ich beweg mich nicht vom Fleck. Ich will nicht den ganzen Abwasch sehen… Ich sitze hier und rauche meine Zigarette – und denke so vor mich hin – weißt du, wir tun den Tag lang nix, siehst du. Wir hängen den Tag lang herum und tun nichts. Ich meine, ich will nicht rausgehen und im Hof arbeiten, das Auto reparieren oder was auch immer. Wir hängen hier ab und trinken Bier die ganze Nacht. – Trinken Bier die ganze Nacht und schlafen den ganzen Tag morgen. – Das ist, was ich mir unter Wochenende vorstelle.«

T: (Pause.) Nun – wenn Sie sich aufraffen können –

K: Okay. Es ist schwer, sich in dieser Haltung aufzuraffen, wissen Sie – sie macht, daß man sich schlecht fühlt. (Lacht.)

T: Sollte ich sagen, wenn Sie sich runterraffen können?

K: Prima, genau. (Lacht.)

T: Wenn Sie sich runterraffen, fühlen Sie bitte selbst, wie es sich im Moment anfühlt und sagen es mir bitte.

Kommentar 12: Obwohl K etwas Spontaneität und Munterkeit gezeigt hat, ermutigt T sie, in dem Rollenspiel noch mehr emotionales Engagement zu zeigen, um größeres Gewahrsein zu erreichen (vielleicht kommen weitere innere Begrenzungen zu Tage). Wie der folgende Abschnitt belegt, spürt K wieder starke Ablehnung gegenüber Zeitverschwendung. Dieses Thema, das sie am Beginn der Sitzung angeschnitten hatte, kommt dem Wunsch von K in die Quere, mit anderen »Farben« zu experimentieren. Sie hat Schwierigkeiten, in der Gegenwart zu verbleiben, wenn die aktuelle Erfahrung »farbig« wird. Offensichtlich treten dann unangenehme Erinnerungen aus der Vergangenheit und negative Vorhersagen für die Zukunft auf. In der Gestalttheorie wird Angst gesehen als eine Erfahrung, die zustande kommt, wenn man hauptsächlich mit einem Bewußtsein der Zukunft lebt, das die Gegenwart mit Befürchtungen darüber überschwemmt, was später passieren könnte. Umgekehrt kann Leben, bei dem das Bewußtsein auf die Vergangenheit konzentriert ist, zu Gram und Reue über das führen, was nicht verändert werden kann.

K: Es fühlt sich nicht sehr schlecht an. Fremd. Es fühlt sich – was ich wirklich will, ist mich aufrecht zu setzen. Dies ist nicht bequem. Ich fühle mich so nicht wohl – nur – es gibt so viel zu tun im Leben und besseres mit der Zeit – mit meiner Zeit – zu tun, als auf der Couch rumzugammeln, zu rauchen und Cola zu trinken. Ich sage nicht, daß es nie gut ist, sich zu *entspannen*, aber es ist doch Zeitverschwendung. Mir ist bewußt geworden, daß ich viel Zeit damit verbracht habe, bekifft herumzusitzen – auf die eine oder andere Weise.

T: Das letzte habe ich nicht verstanden.

K: Nun, so war es. Das hat eine Geschichte. – Wenn Sie sich meine Geschichte anschauen, habe ich viel Zeit verschwendet.

T: Okay.

K: Wenn ich so rumsitzen würde, würde ich vielleicht keine Motivation haben, irgend etwas zu tun. Ich kann sehen, warum Leute, die –

T: Woher wissen Sie das? Sie haben gesagt: »Wenn ich so rumsitzen würde.«

K Es fühlt sich hoffnungslos an. Es fühlt sich an, als sei ich so ein – Proll. Es scheint völlig hoffnunglos zu sein. Wissen Sie. Wenn die Dinge meiner Kontrolle entgleiten, dann werden sie hoffnungslos und ich werde nicht mehr fertig damit.

T: Die Bemerkung, etwas würde Ihrer Kontrolle entgleiten, habe ich schon mal gehört.

K: Mm, mm.

T: Mein Eindruck war, daß Sie es sagen, aber die Kontrolle sehr wohl behalten.

K: Jah, so war es, jah.

T: Mir scheint, daß Sie Reisen in die Zukunft unternehmen, magische »Was-wäre-wenn«-Reisen in die Zukunft und sagen: »Mein Gott, wissen Sie, ich werde direkt in die Hölle sausen.«

K: (Lacht.)

T: Mir scheint es auch, daß Sie in die Vergangenheit reisen und sich daran erinnern, wie viel Zeit Sie bekifft verbracht haben – so als *quälten* Sie sich mit den Erinnerungen, die sich heute nicht gut anfühlen – oder den Voraussagen über die Zukunft, die heute beängstigend sind.

K: Jah, und ich scheine nicht – für lange – die rosigeren, helleren Farben für das Gemälde der Zukunft zu haben. Mir scheint das nicht leichtzufallen, und wenn ich gute Voraussagen *mache*, sind sie fast zu gut, um wahr zu sein, und ich betrachte nicht alle Seiten – einer Situation.

T: Ich betrachte Sie jetzt. Sie scheinen entspannter zu sein.

K: Jah, ich entspanne mich. Es wird angenehmer. Ich weiß nicht, ob ich normalerweise so rumhängen möchte oder nicht.

T: Haben Sie gehört, was Sie da gesagt haben: »Ich weiß nicht, ob ich normalerweise so rumhängen möchte oder nicht.«

K: Jah.

T: Schauen Sie in der Computer-Statistik nach, was die Norm ist.

S: Ich mag den Weg, auf dem du bist, Louie. (Zu K.) Sie springen in die Zukunft oder in die Vergangenheit, und Sie *verpassen* den *Beweis* der Gegenwart. »Ich kann prollig sein« – was immer das heißen mag – »und kann die Kontrolle behalten«. Und wenn Sie sich das Tonband anhören, werden Sie überrascht sein, festzustellen, daß Sie Spaß gehabt haben – ein klitzekleines Bißchen.

Kommentar 13: S verstärkt, was T gesagt hat, und schlägt vor, daß K ihre Erinnerung über die vergangenen Fehler und die vorgestellten zukünftigen

Schrecken mit der gegenwärtigen Befriedigung vergleicht, die sie aus dem zieht, was sie in der Sitzung macht.

K: Jah.

S: Darum denke ich, daß es ein guter Weg ist, das auszusprechen. Hier ist sie. Sie springt hin und her, macht Vorhersagen und fühlt sich schlecht; oder schaut zurück und fühlt sich schlecht. Aber hier machen Sie einige der Dinge, die Ihnen Spaß machen. Sie lehnen sich sogar zurück und haben eine *gute Diskussion* über diese Dinge und verlieren nichts.

K: Ich mag das Wort Beweis – der Beweis der Gegenwart . – Das paßt für mich. Das ist auch eine prollige Art zu sitzen. Wissen Sie, Füße auf der Couch, uh, und so, könnte man sagen, übergeschlagen – (seufzt). Nicht viel geschafft bekommen. Wir wissen, ein guter Spießer würde aufrecht sitzen, etwas tun, während er sitzt. Wissen Sie. Stricken oder flicken oder so was oder Zeitung lesen. *Wir müssen produktiv sein.*

T: Ein Teil von Ihnen *ist*, äh, prollig, aber die Worte haben noch den Inhalt des *Anti*-Prolls.

Kommentar 14: Der Bemerkung von S folgend, experimentiert P mehr mit ihrem »prolligen« Auftritt. Ihre Freude daran verschwindet schnell und die Unterstützung, die sie von sich selbst für diese Aktivität erhält, wird durch das Wiederauftauchen der Ablehnung von Zeitverschwendung untergraben. Beachten Sie bitte, wie K unwillentlich von ihrem Kontakt zur Erfahrung des »Prolligen« zum Bewußtsein der introjizierten Ablehnung solchen Verhaltens übergeht, das Zeitverschwendung sei.

K: (Spricht schneller.) Mm, mm. Ich erinnere mich auch daran, weil ich mich so daliegen sehe – Mein Dad, der nie wollte, daß wir prollig sind, verbrachte die ganze Zeit zu Hause und lag auf der Couch (lacht) und tat nie etwas. Na ja, vielleicht hat er ein Buch gelesen. Vielleicht hat er ein Buch in den Händen gehabt, und er bot uns, als wir klein waren, zehn Pfennige an, wenn wir seine Füße massieren. Meine Schwester bekam meist die zehn Pfennig. Ich fand das albern. Nun, wenn das nicht prollig ist! (Lächelt und lacht.)

T: Können Sie das sagen, ohne zu lächeln?

Kommentar 15: Diese Aufforderung ist eine Methode, Gewahrsein zu fördern sowie Gedanken und Gefühl zu integrieren. In diesem Falle wird das Lächeln theoretisch als Widerstand oder »phobische Vermeidung« gewertet. Da der Neurotiker gewohnheitsmäßig den Kontakt mit unangenehmen oder bedrückenden Erfahrungen vermeidet, werden wesentliche Erfahrungsbereiche »nie angemessen bewältigt« (Levitsky und Perls 1970, S. 149).

K: Jah, ich kann es versuchen. »*Das* ist in meinen Augen prollig!«

T: Was? Die Füße für zehn Pfennige zu massieren?
K: Mit – den zehn Pfennigen. Mit – das erscheint mir, als würde ein Kind ausgebeutet. Wissen Sie. Ich komme nicht aus einer Familie, in der man sich berührte... Ich weiß nicht. – Es erscheint mir, als ginge da nicht alles mit rechten Dingen zu. Er hat meinen *Bruder* nie darum gebeten – meinen Bruder. Das ist es, woran ich mich erinnere. Das kommt mir in den Sinn.
T: War mehr als Füße massieren?
K: Scheint mir so. Oh, ich war mir damals als Kind nicht darüber bewußt, aber heute erschient es mir nicht als *normal*... (leise) als normale Sache. – Wissen Sie, das beunruhigt mich.
T: Sie meinen, wenn ich Sie fragen würde, ob Sie mir die Füße massieren, wäre das nicht normal?
K: Nun, Sie würden mir keine zehn Pfennige dafür anbieten (lacht), ich weiß nicht. – Ich glaube, es liegt daran, daß er mein Dad ist und Geld im Spiel war -
T: Ah, ich verstehe. Klar -
K: Das gab mir das Gefühl – der Ablehnung.
T: Aha, hm, hm.
S: Das fühlen Sie jetzt, wo Sie es bewerten.
K: Ja.
S: Damals – was es anders. – Verstehe ich das richtig?

Kommentar 16: S ist bestrebt, Material aus der Vergangenheit in K's gegenwärtige Erfahrung zu bringen, um die Wirkung der Unmittelbarkeit zu entfalten (Levitsky und Perls 1970).

K: Damals – damals fühlte ich mich – ich fühlte mich *»dienstbar«*. Hm. Ich *mag* das. Ich war jemandem *zu Diensten*, wenn ich das tat.
T: Vorhin haben Sie gesagt, es sei Ihnen wichtig – nicht rüberzubringen, ein Dummerchen zu sein. Wissen Sie, im Vergleich zu Männern –
K: Hm, hm –
T: – Das hört sich an, als ob Sie schon in jungen Jahren – mit Ihrer begrenzten Erfahrung – ziemlich gut wußten, wie man auf die *Bremse* tritt und sagt: »Nicht mit mir.«
K: Ich hatte gute Lehrer.
T: Dem kann ich nicht folgen.
K: Ich meine meine Eltern, wissen Sie. Vielleicht habe ich von ihnen gelernt, auf die Bremse zu treten. – Nun, mein Bruder hat mir erzählt, daß sich ein Nachbar, den wir hatten, als ich drei Jahre alt war, viel über mich beschwert hat. Darum haben sie mich gebremst, sogar bevor ich drei war. Selbst wenn sie mit mir durch den Park gingen, war ich angeleint. Sie hatten einen Kinderwagen mit Leine für mich, das bremst ein Kind, nicht wahr?
S: Louie, ich möchte dich etwas fragen. Ich denke, du bist folgendem auf der

Spur: Sie hat darüber gesprochen, sich dienstbar oder dumm zu fühlen. Sie hat als Kind gelernt, daß – es ihre Schwester machen zu lassen. So konnte sie sich da heraushalten. Ist es das, was du meinst? (T: Ja.) Daß sie damals die Fähigkeit hatte, sich nicht ausbeuten zu lassen, und sie diese angewendet hat.

Kommentar 17: S lenkt die Aufmerksamkeit von K auf eine Beobachtung zurück, die T gemacht hat, nämlich daß sie sich tatsächlich entschieden hat, etwas nicht zu machen, was ihr nicht richtig erschien. K weicht auf ein anderes Thema aus, das mit der Einschränkung durch die Eltern zu tun hat. Charakteristischerweise folgt K flüchtigen Assoziationen, die mit emotionaler Überflutung einher gehen. T's Intervention stellt den Fokus wieder her. Indem K zum Thema zurückkehrt, beginnt sie zu bemerken, wie sie ihren Vater imitiert hat. Auf diese Weise wird sich K beim Durcharbeiten ihrer inneren Gegensätze bewußter.

K: Hm, machmal habe ich es getan, aber wissen Sie, es war nicht so: »Hey, okay, ich mach es für zehn Pfennige.« Tatsächlich habe ich meine Schwester ausgebeutet – ich habe ihr zehn Pfennige in der Woche gegeben, um mein Zimmer aufzuräumen.

T: *Wow!*

S: War das nun prollig oder was? – Wow.

K: Sie hat das gut gemacht. (Lacht.)

S: Schaut sie euch an! Sie hat Spaß daran, sich an das prollige Zeug zu erinnern, das sie gemacht hat. Richtig?

K: Jo. (Schneller.) Selbst als ich von zuhause auszog, habe ich ihr eine Mark für die Stunde gegeben, um meine Wohnung zu putzen, und sie machte das *immer* wunderbar, bis ihr Freund meinte, daß das wirklich prollig sei – das zu machen! ... Meine Schwester ist eine ordentliche Person. Wenn man darüber hinwegsieht, daß sie jetzt anti-prollig ist – nun, sehen Sie. Sie ist heute eine baptistische Fundamentalistin... Das ist irgendwie prollig – wenn man überall Jesus-Bilder an der Wand hat. Das setzt ein klares Zeichen. – Ich hoffe, ihr habt hier keine Jesus-Bilder – aber Sie wissen, was ich meine. Sie wissen, man kann diese total billigen Jesus-Bilder kaufen, die wirklich billig aussehen. Wenn Sie je in einem wirklich billigen Apartment gewohnt haben, ich habe in einem wirklich billigen Apartment gewohnt – ein wirkliches Loch, und da hing ein Plastikbild von Jesus drin, und ich habe immer gedacht: »Wie niveaulos. Wer kann je solch ein Jesus-Bild haben wollen, um damit seine Wand zu schmücken?«

T: In unserem Gespräch sind mir einige Dinge *mehr* bewußt geworden, die für Sie wichtig sind. Und es ist sehr wichtig für Sie, nicht »niveaulos«, »prollig« oder »vulgär« auszusehen.

Kommentar 18: T prüft die Möglichkeit, daß es noch mehr introjizierte elterliche Werte gibt, die bislang nicht bemerkt worden sind.

K: Wissen Sie, etwas, das mir in den Sinn kommt, äh – und ich glaube, ich bin schon immer so gewesen – ich bin so geboren worden. – Daß es wichtig für mich ist, nicht niveaulos und vulgär zu erscheinen. Ich versuche, keine Bewertungen vorzunehmen. Ich fühle, daß ich Leute in weniger glücklichen Umständen nicht abwerte. Ich versuche – wissen Sie, nicht so jemand zu sein – der – sagt, daß diese Leute unter diesen Umständen leben, weil es es so wollen. So etwas, wissen Sie. Ich sehe sie als Opfer des Lebens, und, obwohl ich nicht so sein möchte, ärgert es mich darum, wenn ich jemanden höre, der Vorurteile hat – starke anti-prollige Gefühle – der die Leute runtermacht.

T: Was ist gegen Bewertung einzuwenden?

K: (Seufzt.) Nun – ich finde es sehr verletzend. Äh –

T: Verletzend?

K: Jah, ich fühle mich verletzt durch solche Leute, weil, sehen Sie – um Gotteswillen, wer weiß, wie sie sich in einer solchen Situation verhalten würden? Denken Sie an den Fall Hedda Nessbaum [1989]. Wissen Sie, der New Yorker Anwalt Joel Steinberg, der das Kind totgeschlagen hat. Und seine Frau Hedda Nessbaum ist verhaftet worden. Ich habe viel Mitleid mit ihr. Er hat auch sie bedroht und verprügelt. Wissen Sie, sie war *selbst* Opfer, obwohl sie drei Stunden neben ihrer schwer verletzten achtjährigen Tochter Lisa verbracht und keine Hilfe geholt hat, weswegen das Kind starb – ich sehe die Frau als Opfer. Wissen Sie, so hätte ich mich unter den gleichen Umständen vielleicht auch verhalten. Verstehen Sie?

T: Ich habe Schwierigkeiten, Ihnen zu folgen. Sie haben so viel *Wertvolles* zu sagen, aber ein Teil von mir ist immer noch meilenweit entfernt. Ich würde gern –

K: Vielleicht bin ich auch zusammenhanglos gewesen, so –

T: Lassen Sie uns sehen, ob wir zum Punkt zurückkehren können.

K: Okay.

T: Mich hat interesiert, was Sie über »Bewertung« gesagt haben, und ich habe Sie gefragt, was dagegen spricht. Wenn Sie mögen, würde ich es gut finden, daß Sie sich dem bewertenden Teil in sich selbst *öffnen*.

K: Okay, okay.

T: Äh – lassen Sie mich den Anfang machen: »Leute, die Plastikbilder von Jesus in ihrem Haus haben, sind total vulgär.«

Kommentar 19: T schlägt ein Experiment vor, um K zu helfen, zu einer größeren Integration des Selbst zu finden. Dies folgt direkt aus der Perspektive der Gestalttherapie, die annimmt, daß sich das Leben als eine endlose Serie von Polaritäten oder Gegensätze darstellt. Jede Manifestation oder jeder Ausdruck des Selbst beinhaltet darum die Existenz des Gegensatzes oder der antithetischen

Qualität (Polster und Polster 1974). Perls (1969a) sagt: »Indem wir eine einseitige Anschauung vermeiden, gewinnen wir eine viel tiefere Einsicht in die Struktur und die Funktion des Organismus« (S. 15, dt. S. 19). Mehr noch: »Gegensätze im gleichen Zusammenhang stehen in einer engeren Beziehung zueinander als zu irgendeinem anderen Begriff« (S. 17, dt. S. 21). Indem K geholfen wird, beide Aspekte ihres Selbst zu bemerken und die Kraft zu entwickeln, sie auszudrücken und anzunehmen, kann die Integration stattfinden. Dieser theoretische Ansatz entspricht dem Konzept des »Splittings« in der Theorie der Objektbeziehungen (Fairbairn 1954, Masterson 1981). Der Kommentar von Latner (1986) ist bemerkenswert: »Wir klagen uns oder andere an. Wir machen uns oder andere runter. Das eine Mal sind wir eingeschnappt, das andere Mal fühlen wir uns schuldig. Machmal sind wir rechthaberisch, das andere Mal reumütig. Wir drehen uns im Kreise und finden kein Ende, weil das Ziel gerade darin besteht, daß wir keine Lösung für unser Unglück finden – Unsere Introjekte fechten einen Konflikt miteinander aus oder mit der Konzeption unserer Bedürfnisse. Nichts ist wirklich« (S. 99). Ziehen Sie auch das Folgende von Polster und Polster (1974) in Betracht: »Um die Polaritäten aufzulösen, muß jeder Teil helfen, sich voll auszuleben und gleichzeitig Verbindung mit seinem polaren Gegenstück aufzunehmen. Dies verringert die Möglichkeit, daß ein Teil im Sumpf seiner eigenen Impotenz steckenbleibt, am Status quo festhält. Statt dessen wird er angespornt, seine eigenen Bedürfnisse und Wünsche bekanntzugeben, und sich als ernst zu nehmende Kraft in einer neuen Verbindung der Kräfte zu behaupten« (S. 62, dt. S. 73). Zinker (1977) sagt, die polaren Konzepte stünden im Zusammenhang mit dem individuellen Hintergrund und der inneren Realität: »Unsere innere Realität besteht aus solchen Polaritäten und Merkmalen, die ich-gerecht bzw. für unser bewußtes Selbst akzeptabel sind, und solchen, die ich-widrig bzw. inakzeptabel für das Selbst sind. Oft schließt das Selbstkonzept ein scherzhaftes Gewahrsein der polaren Kräfte in uns aus. Ich möchte mich selbst lieber als klug sehen denn als dumm, lieber als anmutig denn als schwerfällig, lieber als weich denn als hart, lieber als freundlich denn als grausam« (S. 197, dt. S. 103).

K: Okay. Nun gut – das muß, wissen Sie, niveaulos sein – einen Plastik-Jesus zu haben. *Oh!* Ich fühle Dinge, aber bin mir nicht sicher, ob ich sie sagen soll. Sie *sind* sehr bewertend. – Äh, also – das sind Leute, die nicht darüber nachdenken, was sie glauben. Mir kommt da was, was mir schwer fällt zu sagen, weil ich befürchte, daß Sie katholisch sind, und ich habe ein sehr antikatholisches Gefühl, das in mir steckt.

T: Also gut, ich möchte, daß Sie eins von zwei Dingen tun.

K: Okay.

T: Geben Sie mir das anti-katholische Gefühl.

K: Okay.

T: Oder das Gegenteil.

Kommentar 20: T bleibt beim gegenwärtigen Konflikt von K und führt eine Gestalttechnik ein, Polaritäten zu versöhnen. K wird aufgefordert, ein Gefühl oder dessen Gegenteil auszudrücken, das den Widerstand repräsentiert. Dies ist ein anderer Weg, um die Störung an der Kontaktgrenze zu behandeln, die als Retroflektion bekannt ist. K unterdrückt (oder hält zurück), was sie (bewußt oder unbewußt) fühlt und kontrolliert dessen Ausdruck. Klienten, die diese Störung der Kontaktgrenze häufig benutzen, sind typischerweise mit innerem Dialog oder Selbstzweifel und Selbstkritik beschäftigt. Sie drücken sich so aus: »Ich sage mir selbst, daß ...« oder »Ich empfinde mich als ...«.

K: Nun, ich gebe Ihnen das anti-katholische Gefühl. Es können arme Leute sein, wissen Sie, Katholiken, die überall Bilder von Jesus aufhängen. Wissen Sie – im Auto – überall! Wissen Sie, sie können Gott weiß was sein –
T: Ich höre die Bewertung nicht – sie ist irgendwie indirekt.
K: Okay.
T: Was ich möchte ist: »Ich denke, das ist es.« – Wissen Sie –

Kommentar 21: T ermutigt K, sich auf die Anklage »einzulasssen«, um auf diese Weise ihr eigenes Gefühl in Besitz zu nehmen (Zinker 1977).

K: Ich denke, das ist prollig. Wissen Sie, Kanacken [spics = sehr abfällige Bezeichnung für Latinos] hängen sich Plastik-Jesusse an die Wand, tun sich Jesus- und Jungfrau-Maria-Statuen ins Auto, und ...
T: Bleiben Sie dabei.
K: Jah, sie – jah, sie haben Kunstfell am Amaturenbrett und Häkelspitzen an der Winschutzscheibe, an ihren Spiegeln und sie – sie drehen das Radio auf und fahren langsam und sie pfeifen Frauen hinterher. Das ist tiefste Unterschicht.
T: Ich möchte, daß Sie es so sagen: (Feste Stimme.) »Sie bringen Häkelspitzen an ihrer Windschutzscheibe an – und *das ist schrecklich*. Sie bringen Plüsch dort an – und *das ist schrecklich*.« Ich möchte, daß Sie bewerten –
K: Sie haben Häkeleien an den Scheiben ihrer Autos und, wissen Sie (mit lebendigerer, aber leiseren Stimme) das tun Schwatte!
T: Genau so.
K: Wissen Sie – und der ganze Plüsch-Kram – das machen Zuhälter. Ich meine, das ist richtig abstoßend. Und sie pfeifen aus dem Fenster Frauen hinterher – und das ist unverzeihlich. Ich möchte noch was schlimmeres sagen und ich finde nichts schlimmeres – aber das ist Unterschicht!
T: - Mickrig.
K: Mickrig. Ja, mickrig. Das mag ich. Super.
T: (Spaßig.) Es geht hier richtig »kanackig« ab.
K: (Lacht.) Jah, das tut es, jah.
T: (Immer noch spaßig.) Da es Mexikaner sind, ist es mickri-kanisch.

K: Mickri-kanisch. Das muß ich mir merken. Und ich erinnere mich an diesen einen Typen – der sich sogar rausgelehnt und mich angefaßt hat. Er war ein Kancke und ich, ich hasse das. Ich meine, es war wirklich unpassend, und es war – »mikri-kanisch«. Ich, ich hätte ihm etwas aufs mickrige Maul geben sollen, das ist es, was ich hätte tun sollen.

T: Wie war das – ehem, daß Sie sich der »Bewertung« in sich geöffnet haben?

Kommentar 22: T leitet K wieder an, sich der Polaritäten in ihr bewußt zu werden und sie differenziert warzunehmen.

K: Es war nicht – es kam nicht locker. Es war – schwerer.

S: Schwerer als was? –

K: – Schwerer als prollig zu sein. (Lacht.)

S: Okay.

T: Es war einfacher, der andere Pol zu sein.

K: Prollig – jah.

T: Unterschicht...

K: Bewertet, jah.

T: Ich bin begeistert, daß ich – äh – Lebendigkeit gesehen habe, Energie. Ich fand es *toll*, wie Sie in Kontakt mit dem von Ihnen gekommen sind, was irgendwie *da* ist, ob Sie es mögen oder nicht.

K: Mm, mm.

T: Ich meine, es ist irgendwie da. Und ich fand es toll, daß Sie sich die Freiheit genommen haben, damit in Berührung zu kommen, anstatt Energie da rein zu stecken, so zu sein, wie Sie meinen, sein zu sollen...

Kommentar 23: Diese Beobachtung entspringt dem, was Beisser (1970) die »paradoxe Theorie der Veränderung« genannt hat. Er schreibt: »[Der Gestalttherapeut] ... glaubt, daß Veränderung nicht durch Bemühen, Zwang, Überzeugung, Einsicht, Interpretation oder ähnliche Mittel zu bewirken ist. Vielmehr entsteht Veränderung, wenn der Klient – zumindest für einen Moment – aufgibt, anders werden zu wollen, und stattdessen versucht zu sein, was er ist.« (S. 77, dt. S. 144). In dem gleichen Artikel geht der Autor weiter und stellt einige wichtige Unerschiede zwischen der Gestalttherapie und anderen Ansätzen dar: »[Der Psychoanalytiker benutzt] Kunstgriffe wie Traumdeutung, freie Assoziation, Übertragung und Interpretation, um Einsicht zu bewirken, die dann wiederum zu Veränderung führen soll. Der Verhaltenstherapeut belohnt oder bestraft Verhalten, um es zu modifizieren. Nach Überzeugung des Gestalttherapeuten geht es darum, den Klienten dabei zu ermutigen, daß er sich auf das einläßt und das wird, was er in einem jeweiligen Moment erlebt. Er meint mit Proust: ›Um ein Leiden zu heilen, muß man es ganz erfahren‹« (S. 78, dt. S. 145). Später sagt Beisser: »Wenn fragmentierte, voneinander entfremdete Teile des Selbst in einer Person die Form separater Rollen annehmen, regt der

Gestalttherapeut eine Kommunikation zwischen diesen Rollen an. Gegebenenfalls fordert er sie buchstäblich dazu auf, miteinander zu sprechen. Falls der Klient dem widerspricht oder auf eine Blockade hinweist, lädt der Therapeut ihn einfach ein, sich vollständig in den Widerspruch oder die Blockade hineinzuversetzen. Die Erfahrung hat gezeigt, daß Integration eintritt, wenn der Klient sich mit den entfremdeten Teilen identifiziert. Folglich kann man anders werden, wenn man – vollständig – wird, was man ist« (S. 78, dt. S. 146).

S: Können Sie etwas damit anfangen?

K: Ja, mit dem, was Sie gerade gesagt haben, äh, die Energie in das reinzustecken, was ich bin, anstatt zu versuchen, was ich sein sollte. Und was mir in den Sinn kommt, ist, daß es mir so scheint, daß es viele Kräfte im Leben gibt, die die Leute nicht ermutigen, das zu sein, was sie sind.

T: Wie wirkt sich das auf Sie aus?

K: Nun, das wirkt sich auf mich aus, wenn es im Job oder sonstwo rauskommt, daß die Leute wissen, daß ich eine Krankenschwster bin, dann tun sie mich automatisch in diese Schublade, auf der steht »Krankenschwester«.

T: Das ist, was Sie sein *sollten* ...

K: (Aufgebracht.) Das ist, was ich bin, oder sie sagen: »Du bist dafür ausgebildet. Du schuldest das der *Menschheit*, weißt du. Du bist ein Engel der Gnade!« – Und ich fühle mich sehr in die Enge getrieben.

T: Können wir zu Ihnen übergehen. Würden Sie mir sagen, was Sie sich selbst sagen, wie Sie sein *sollten* oder wie Sie versuchen sollten zu sein?

K: Jah, jah. Und was ich mir selbst sage, ist, daß ich das sein sollte, was für mich richtig ist, aber ich weiß noch nicht, was das ist. Aber was es auch sein mag, es muß was Kreatives sein und etwas, was ich tun möchte. Wissen Sie, manche Dinge, die ich tue, fühlen sich gut an, und ich mag sie, und ich tue sie, und irgendwie so etwas muß es sein wie – äh – so etwas, was man für jemanden macht, ohne daß der was zahlen muß. Wissen Sie, daß es etwas geben muß, was gut für mich ist – Und als ich mich als Krankenschwester gesehen habe – wissen Sie – habe ich Sachen gemacht, Energie aufgebracht, um zu sein, was ich sein *sollte*, anstatt was ich bin. Das ist bedrückend.

Kommentar 24: Es ist ersichtlich, daß K darum ringt, sich mehr Unterstützung für die Entwicklung einer selbstbestimmten Identität zu geben. In der Gestalttherapie wird stark betont, daß bedeutsame Beziehungen und Kontakt mit anderen ausreichende Selbstunterstützung verlangt, durch die man seine eigene Erfahrung als unterschiedlich von der anderer aufrecht erhält (Harman 1982, 1989).

T: Und was würden Sie jetzt im Moment sein wollen? Wie würden Sie jetzt im Moment sein wollen?

K: Meinen Sie einen Job? Oder was ich für einen Charakter haben möchte?

T: Was immer Ihnen in den Sinn kommt.

K: Nun, was mir einfällt – was mir gerade in den Sinn kommt – ich denke, nun – ich weiß nicht, was für einen Beruf ich haben möchte – aber ich weiß, daß ich meinen Gefühlen gegenüber treu bleiben will. Ich möchte ehrlich sein und aufrichtig und ich möchte das, was ich mache, gut machen. Ich möchte etwas machen, was ich kann und sehr – und *gut* machen kann, und wofür ich Anerkennung bekomme, dafür, daß ich es tue.

T: Das beeindruckt mich, aber es ist sehr abstrakt und ich bin neugierig zu erfahren, ob Sie in Kontakt damit kommen können, was Sie jetzt sein möchten, ohne es zu etikettieren.

Kommentar 25: T trachtet danach, eine Konzentration auf die gegenwärtige Struktur von K's Bedürfnissen zu erreichen, ein durch sich selbst bewiesenes Faktum, keine Generalisation.

K: Ich möchte, daß sich mein Körper wohlfühlt.

T: Wie steht es damit? Wie fühlt sich Ihr Körper jetzt?

K: Oh, er fühlt sich okay, aber ich meine, so richtig wunderbar, mein Rücken wunderbar – richtig toll – und, äh, fast wie Sonnenschein – oder wie die Farbe Gelb, meine Farbe.

T: In diesem Moment.

K: (Schneller.) Jah, so ist es nicht. Ich muß – Normalerweise kommt das, wenn ich etwas vollbracht habe, und das heißt nicht etwas Physisches. Ich habe etwas richtig gemacht – ich fühle es aufsteigen – unten vom Rückgrat über den Rücken, und es fühlt sich richtig gut an, und dann fühlt sich mein ganzer Körper gut. Es fängt unten an, das ist, wo (langamer, leise) ich, als ich Krankenschwester war, verletzt worden bin. Wissen Sie, ich kann mich überbeanspruchen und die Muskeln verhärten.

T: (leise) Wie fühlt sich Ihr Rücken jetzt?

K: Ich spüre, daß er da ist. Nicht ganz entspannt.

T: Können Sie ihm etwas Aufmerksamkeit schenken?

K: Jah.

T: Okay. Können Sie der Teil ihres Rückens *sein* und zu ihm sprechen, so daß Sie auf diese Weise vielleicht besser in Kontakt mit ihm treten können: »Ich bin der untere Teil deines Rückens und bin nicht sehr entspannt -«

Kommentar 26: Dieser neuerliche Einsatz des »Kontinuums des Gewahrseins« – des »Wie« der Erfahrung – ist »absolut grundlegend für die Gestalttherapie« (Levitsky und Perls 1970, S. 142). Die Autoren schreiben: »Die Anwendungsmöglichkeiten des Bewußtheitskontinuums sind unerschöpflich. In erster Linie ist es jedoch ein effektiver Weg, um den Menschen zu dem festen Fundament seiner Erfahrungen zu führen und von dem Viele-Worte-Machen, von den Erklärungen und Interpretationen wegzubringen. Die Bewußtheit von unseren

Körpergefühlen und von Empfindungen und Wahrnehmungen stellt unser sicherstes Wissen dar – vielleicht unser einziges sicheres Wissen. Sich auf die von unserer Bewußtheit gelieferte Information zu verlassen, ist die beste Methode, Perls' Maxime des ›Laß deinen Verstand los und komm zu deinen Sinnen‹ zu erfüllen. Die Anwendung des Bewußtheitskontinuums ist für den Gestalttherapeuten das beste Mittel, den Patienten von der Betonung des Warum seines Verhaltens (psychoanalytische Interpretation) wegzuführen und zu dem Was und Wie des Verhaltens (experimentelle Psychotherapie) hinzuführen« (S. 143, dt. S. 196).

K: »Ich bin der untere Teil deines Rückens und ich entspanne mich langsam…«
T: Antworten Sie darauf.
K: Sie wollen, daß ich darauf antworte?
T: Ja.

Kommentar 27: T schlägt ein Experiment vor, in welchem K einen Dialog zwischen zwei Teilen von sich beginnt. Diese Technik zielt darauf, Integration zu erreichen. Eine Wurzel der Gestalttherapie ist die Theorie von Wilhelm Reich (Perls 1969b). Reich führte den Begriff »muskuläre Panzerung« ein, der bezeichnet, daß Angst physisch im Reich des Körperlichen gebunden wird. Perls (1969b) bestärkt die Therapeuten darin, auf die psychosomatische Sprache der Klienten zu achten. Er betont auch, daß der Körper in die therapeutische Arbeit einbezogen werden muß, um einen vollständigen organismischen Ausdruck des Affektes zu erreichen. K fing die Sitzung mit der Bemerkung an, sie würde zu ihrem Orthopäden fahren. Die Arbeit erlaubt nun, die psychologischen Aspekte ihrer Rückenschmerzen zu ergründen.

K: »Ich bin froh, daß du dich entspannst, weil es mir besser geht, wenn du dich entspannst.«
T: Nun Ihr Kreuz.
K: Es sagt: »Ich bin froh, daß du mich beachtest.« (Lacht.) Ich mag es, wenn, äh, nun, ja, ich mag es. Nun, mein Rücken sagt mir, daß er es *mag*, wenn ich ihn beachte und mich darum kümmere, wie er sich fühlt und an ihn denke.
T: Ja, ja.
K: Das ist ziemlich lustig. (Lacht.) Und, und ich antworte meinem Rücken: »Du fühlst dich nun noch entspannter an,« und es fühlt sich sehr entspannt an.
T: Ist es das, was Sie sein möchten?
K: Jah, ich mag es, wie es ist.
T: Es ist toll, wenn Sie sich erlauben, so zu sein, wie Sie sein wollen. Haben Sie noch eine Empfindung, die Sie dem Rücken mitteilen wollen?
K: »Ich habe dir das Leben schwer gemacht und ich entschuldige mich« (lacht).

Ich weiß nicht, warum ich jetzt lache, aber ich fühle mich – ich weiß nicht – mein Rücken sagt mir das. Das, jah, ich weiß nicht –

Kommentar 28: K drückt ein seltenes, echtes Selbstmitleid aus. Es folgt eine Reduzierung der Spannung, wenigstens momentan.

T: Es ist ein bißchen verrückt.

K: Jah, jah, das ist es. Als ich zu meinen Händen gesprochen habe, habe ich mich nicht so blöd gefühlt, aber dies klingt ein bißchen blöd, aber es macht Spaß... Es ist nicht sehr prollig. (Lacht.)

T: Das haben wir nun hinter uns. Wir müßten es noch prüfen. – Könnte es nicht vielleicht doch prollig sein? (Lacht.)

S: Jah. Immer, wenn sie an etwas Spaß findet – muß sie es noch prüfen –

T: Im Computer nachschauen – nachschauen, ob es darüber etwas gibt –

S: »Ist das etwas, woran ich Freude haben darf oder ist es prollig?«

K: Wissen Sie, ich war mir nicht bewußt, daß ich mir diese Frage gestellt habe.

S: Nun, es ist kein bewußter Gedanke.

K: Okay.

S: Es ist etwas, was Sie automatisch tun... Ich habe darauf geachtet, wie *lebendig* Sie waren, als Sie es gemacht haben – und wieviel Spaß Sie dabei gehabt haben.

K: Jah, es hat *viel* Spaß gemacht, jah.

S: Als Beobachter hat es mir Freude gemacht, Sie zu beobachten. Ich meine, Louie, – sie hat einige Teile – und dem einen, dem prolligen, spaßorientierten Teil erlauben Sie nicht, sich auszuleben – weil Sie in der Öffentlichkeit stehen. Sie wollen ernst sein. Sie wollen einer Sache dienen und eine gute (scherzend) Republikanerin sein – und was sonst noch dazu gehört – und Sie scheinen nicht auf den Gedanken zu kommen »Ich könnte Spaß haben, wenn ich das mache – ich könnte einen Witz erzählen – irgendwas, um eine gute Zeit zu haben.«

Kommentar 29: S bietet Ideen darüber an, wie in K der Wunsch, spontan, spaßig und prollig zu sein, mit dem kämpft, ernst und emotional kontrolliert zu erscheinen. Er deutet an, daß sie einen Weg finden könnte, eine bessere Harmonie zwischen den unterschiedlichen Teilen ihrer selbst herzustellen.

K: Jah.

S: Wir sind nun am Ende.

K: (Zu S.) Ich bin Demokratin.

S: Ich weiß. Das weiß ich. Das wußte ich.

T: Das wird noch richtig prollig.

K: Oh, Brad hat mir gesagt – komisch, daß das Wort »prollig« mich daran erinnert – Brad hat mir gesagt, ich solle Sie grüßen. (Gelächter.)

S: Okay. Ihnen hat es gefallen, ja? (Zu T:) Du weißt, wer Brad ist?

T: Nein, wer ist das?

S: Ihr Freund.

K: Wir haben über Sie gesprochen. Er hat gesagt: »Harman wird sicher wieder irgend etwas über irgend jemanden sagen.« Und ich habe gesagt: »Brad, du mußt ihn dir nicht zum Vorbild nehmen.«

Zusammenfassung

Dieses Kapitel hat die grundlegenden Konzepte der Gestalttherapie dargestellt und dann Techniken anhand einer Therapiesitzung illustriert und diskutiert. Hoffentlich trägt dies zu einem besseren Verständnis der Theorie und Praxis der Gestalttherapie bei. Vielleicht stößt die Lebendigkeit und Kreativität dieses Behandlungsansatzes auf etwas Anerkennung. Der Therapeut hat nicht versucht, ein Geschehnis herbeizuführen. An einigen Stellen gab es Leichtigkeit und Witz, an anderen Stellen Trauer, Angst, Ärger und Schmerz. Alles von dem wurde miteinander geteilt.

Seit ihrem Entstehen hat die Gestalttherapie immer mehr Methoden und Techniken aufgenommen, einige aus anderen Ansätzen abgeleitet. Dennoch ist es, wie Crocker (1988) schreibt: »Welche Methoden auch immer wir ... [aus anderen Ansätzen] ... aufnehmen (nicht introjizieren), wir werden sie an den speziellen ›Gestaltansatz‹ anpassen. Wir werden nicht alles Neue in einer eklektischen Weise aufsaugen. ... [Wir] werden immer die Gegenwärtigkeit betonen ... Sowohl als therapeutisches Mittel als auch als existentielles Ziel werden wir immer daran arbeiten, unseren Klienten zu helfen, einen lebendigen und unmittelbaren Kontakt zu sich und anderen zu finden – eingeschlossen den verschiedenen Aspekten von sich selbst« (S. 122-123).

Nicht jeder ist vom Temperament her geeignet, ein Gestalttherapeut zu werden – oder ein Klient der Gestalttherapie. In jeder Form der Behandlung wird kompetente Arbeit geleistet, wenn sie von Verantwortungsbewußtsein und Sensibilität getragen wird. Gründliche theoretische Kenntnisse und Übung machen das möglich. In einem Workshop, den Erving Polster 1987 geleitet hat, bemerkte er, daß er zu jedem beliebigen Punkt in einer Therapiesitzung einen Grund dafür angeben könne, wie er mit dem Klienten gearbeitet habe. Das ist das Ideal, nach dem wir streben.

Zum Schluß eine kritische Bemerkung. Die Sitzung endete, als die Zeit um war. Das hätte besser eingeschätzt werden sollen, so daß Zeit für eine Zusammenfassung und einen Abschluß geblieben wäre.

Anhang

Lois Brien ist Dekanin des Fachbereichs für Psychologie und menschliches Verhalten an der »National University« von San Diego. Sie ist auch in privater Praxis tätig und ist Mitglied des »Institute for the Study and Practice of Gestalt Therapy«, San Diego. Sie schrieb viele Beiträge über Gestalttherapie, so ist sie z. B. die Ko-Autorin eines Beitrags in dem Klassiker »Gestalt Therapy Now« (hg. von Fagan/Sheperd, 1970). Außerdem hat sie ein Kapitel in »Psychotherapists' Casebook« (hg. von Kutash/Wolf, 1986) mit ediert.

Louis Garzetta ist ein klinischer Psychologe mit einer privaten Praxis in Fort Myers, Florida. Er hat eine Ausbildung am »Gestalt Institute of Central Florida« absolviert. Vorher hat er eine extensive Ausbildung in Gruppentherapie an den »National Training Laboratories« erhalten. Gegenwärtig ist er Präsident der »Florida Group Psychotherapy Society« und aktiv in der »American Group Psychotherapy Association«.

Robert Harman ist Direktor des »Counseling and Testing Center« der »University of Central Florida«, Orlando. Er ist Verbindungsmann für »Counseling Psychology« des »American Board of Professional Psychology« und Gründer des »Gestalt Institute of Central Florida«, an welchem er Ausbildungen durchführt. Er ist Autor eines Buches über Gestalttherapie und eines Beitrags über Gestalt-Gruppentherapie für das Buch »Six Group Therapies« (hg. von Samuel Long, 1988). Er hat mehr als 30 Artikel über Gestalttherapie in Zeitschriften veröffentlicht, hielt viele Vorträge und leitete etliche Workshops bei berufsständischen Veranstaltungen.

Erving Polster ist Ko-Leiter des »Gestalt Training Center«, San Diego und klinischer Professor für Psychiatrie am medizinischen Fachbereich der »University of California«, San Diego. Dr. Polster hat zahlreiche Artikel über Gestalttherapie geschrieben und ist zusammen mit seiner Frau, Miriam Polster, Autor von »Gestalt Therapy Integrated« (dt. Gestalttherapie, neue Ausgabe Peter Hammer 2001). Außerdem hat er »Every Person's Life Is Worth a Novel« (dt. Jedes Menschen Leben ist einen Roman wert, Köln 1987) veröffentlicht.

Miriam Polster ist eine langjährige Ausbilderin für Gestalttherapie. Sie hat Gestalttherapeuten in den Vereinigten Staaten und anderswo auf der Welt ausgebildet. Sie ist klinische Professorin für Psychiatrie am medizinischen Fachbereich der »University of California«, San Diego, und Ko-Leiterin des Gestalt Training Center, San Diego. Dr. Polster ist, zusammen mit ihrem Mann, Erving Polster, Autorin von »Gestalt Therapy Integrated« und hat ein Buch mit dem Titel »Eve's Daughter: The Forbidden Heroism of Women« (dt. Evas Töchter: Frauen als heimliche Heldinnen, Köln 1994) verfaßt.

Robert Resnick unterhält eine private Praxis in Santa Monica und ist Dozent am »Gestalt Therapy Institute of Los Angeles«. Sein Interesse an der Arbeit mit Paaren hat dazu geführt, daß er das »Couples Therapy and Training Center« mit gegründet hat. Er hat auf der Gestalt Conference 1982 den Eröffnungsvortrag gehalten. Sein Artikel »Chicken Soup is Poison« wird als Klassiker in der Literatur der Gestalttherapie angesehen.

Edward Smith ist überwiegend in privater Praxis tätig. Er hat sich auf Therapie mit Erwachsenen, Therapeuten-Weiterbildung und Beratung spezialisiert. Er ist Professor für klinische Psychologie an der »Georgia State University«. Er ist Fellow der »American Psychological Association« (APA) und Mitglied der »American Academy of Psychotherapists« (AAP), der »Association of Humanistic Psychology« sowie der »Southeastern« und der »Georgian Psychological Associations«. Er hat Gedichte veröffentlich, mehr als 40 Fachartikel, mehrere Beiträge zu Büchern, die Bände »The Growing Edge of Gestalt Therapy« und »Gestalt Voices« herausgegeben sowie »The Body in Psychotherapy« und »Sexual Aliveness« geschrieben. Er war im redaktionellen Beirat der Zeitschriften »Voices« und »Pilgrimage«. Sein professionelles Interesse konzentriert sich darauf, seinen Therapiestil weiterzuentwickeln, der den Gestaltansatz, die reichianische und neo-reichianische Arbeit sowie andere körperorientierte Ansätze mit dem Kontext der persönlichen Beziehungen verbindet.

Gary Yontef hat eine private Praxis in Santa Monica. Er ist Alterspräsident und Leiter des Ausbildungsprogramms am »Gestalt Therapy Institute of Los Angeles«. Er ist Autor zahlloser Artikel und Beiträge über Gestalttherapie und hat das Buch »A Review of the Practice of Gestalt Therapy« veröffentlicht. Er hat den ursprünglich von Jim Simkin stammenden Beitrag zur Gestalttherapie in der amerikanischen Ausgabe des Buches von R. Corsini »Current Psychotherapies« (1984) überarbeitet. Seine vielseitigen Interessen beinhalten unter anderem die Ausbildung in der Gestalttherapie sowie unser Erbe der Gestaltpsychologie.

Joseph Zinker hat eine private Praxis in Cleveland und ist seit 1958 Dozent am »Gestalt Institute of Cleveland«. Er hielt den Eröffnungsvortrag auf der Gestalt Conference 1986. Sein viel beachtetes Buch »Creative Process in Gestalt Therapy« kam 1977 heraus (dt. Gestalttherapie als kreativer Prozeß, Paderborn 1982). Er wurde ausgewählt, einen Workshop über »Gestalt Therapy With Couples« auf dem jährlichen Treffen der »American Academy of Psychotherapists« 1988 zu leiten.

Beisser, A. (1970) .The Paradoxial Theory of Change. In: J. Fagan / I. Shepherd (Hg.). Gestalt Therapy Now. Palo Alto, CA: Science and Behavior Books. Dt.: Die Paradoxe Theorie der Veränderung, in: A. Beisser. Wozu brauche ich Flügel? Ein Gestalttherapeut betrachtet sein Leben als Gelähmter. Wuppertal 1997: Peter Hammer.

Buber, M. (1970). I and Thou. New York: Charles Scribner. Original 1923 erschienen. Dt. Ich und Du. Z.B. Ditzingen 1995: Reclam.

Corsini, R. (Hg.). (1984). Current Psychotherapies. Itasca, Il: F.E. Peacock.

Crocker, S. (1988). Boundary Processes, States, and the Self. In: The Gestalt Journal 11 (2).

Fairbairn, W. (1954). An Objection Relations Theory of the Personality. New York: Basic Books.

Feder, B. / Ronall, R. (Hg.). (1980). Beyond the Hotseat: Gestalt Approaches to Group. New York: Brunner/Mazel. Dt.: Gestaltgruppen. Stuttgart 1983: Klett-Cotta.

Greenberg, L. / Jonhson, S. (1988). Emotionally Focused Therapy for Couples. New York: Guilford.

Harman, R. (1974). Goals of Gestalt Therapy. In: Professional Psychology, 5.

Harman, R. (1982). Working at the Contact Boundary. In: The Gestalt Journal, 5 (1).

Harman, R. (1984). Recent Developments in Gestalt Group Therapy. In: International Journal of Group Psychotherapy, 34.

Harman, R. (1986). Gestalt Therapy with Couples. In: International Journal of Family Psychiatry, 7.

Harman, R. (1989). Gestalt Therapy with Groups, Sexually Disfunctional Men, and Dreams. Springfield, IL: Charles C Thomas.

Harman, R. (1989). Gestalt Therapy Discussed: An Interview with James E. Simkin. In: E. Smith, Gestalt Voices, Norwood, NJ 1992: Ablex Publishing Corporation.

Hycner, R. (1985). Dialogical Gestalt Therapy. In: The Gestalt Journal 1985, 8/1. Dt.: Für eine dialogische Gestalttherapie. In: E. Doubrawa / F.-M. Staemmler (Hg.). Heilende Beziehung: Dialogische Gestalttherapie. Wuppertal 1999: Peter Hammer.

Jacobs, L. (1989). Dialogue in Gestalt Theory and Therapy. In: The Gestalt Journal 1989, 12/1. Dt.: Ich und Du, hier und jetzt. In: E. Doubrawa / F.-M. Staemmler (Hg.). Heilende Beziehung: Dialogische Gestalttherapie. Wuppertal 1999: Peter Hammer.

Kernberg, O. (1988). Object Relations Theory in Clinical Practice. In: Psychoanalytic Quarterly, 57.

Kutash, I. / Wolf, A. (Hg.). (1987). Psychotherapists' Casebook. San Francisco: Jossey-Bass.

Latner, J. (1986). Spelling Out Structures. In: The Gestalt Journal, 9 (2).

Levitsky, A. / Perls, F. (1970). The Rules and Games of Gestalt Therapy. In: J. Fagan / I. Shepherd (Hg.). Gestalt Therapy Now. Palo Alto, Ca: Science and Behavior Books. Dt.: Regeln und Spiele der Gestalttherapie. In: F. Perls: Gestalt, Wachstum, Integration: Aufsätze, Vorträge, Therapiesitzungen. Hg. von H. Petzold. Paderborn 1980: Junfermann.

Masterson, J. (1981). The Narcissistic and Boderline Disorders. New York: Brunner/Mazel.

Naranjo, C. (1993). GestaltTherapy. The Attitude and Praxis of an Athoretical Experientialism, Nevada City, Ca: Gateways. Dt. Gestalt: Präsenz, Gewahrsein, Verantwortung. Schönau 1996: Arbor.

Norwood, R. (1985). Women who Love too Much. Los Angeles: Jeremy P. Tarcher. Dt.: Wenn Frauen zu sehr lieben. Reinbek 2001: Rowohlt.

Perls, L. / Rosenfeld, E. (1988). An Oral History of Gestalt Therapy. Part One: A Conversation with Laura Perls. In: J. Wysong / E. Rosenfeld (Hg.), An Oral History of Gestalt Therapy, Highland, NY: The Gestalt Journal. Dt.: Aus dem Schatten treten. Interview. In: Gestaltkritik 2/2001. Zeitschrift des Gestalt-Instituts Köln/GIK Bildungswerkstatt.

Perls, F. (1969a). Ego, Hunger, and Aggression. New York: Vintage Books. Original 1947 erschienen. Dt.: Das Ich, der Hunger und die Aggression. Stuttgart 1978: Klett-Cotta

Perls, F. (1969b). In and Out of the Garbage Pail. New York: Bantam Books. Dt.: Gestalt-Wahrnehmung: Verworfenes und Wiedergefundenes aus meiner Mülltonne. Frankfurt 1981: Verlag für humanistische Psychologie.

Perls, F. (1969c). Gestalt Therapy Verbatim. Lafayette, Ca: Real People Press. Dt.: Gestalttherapie in Aktion. Stuttgart 1986: Klett-Cotta.

Perls, F. / Hefferline, R. / Goodman, P. (1951). Gestalt Therapy. New York: Julian Press. Aktuelle Ausgabe: New York 1994: The Gestalt Journal Press. Dt.: Gestalttherapie. 2 Bände. München 1991: dtv.

Polster, E. / Polster, M. (1974). Gestalt Therapy Integrated. New York: Vintage Books. Dt.: Gestalttherapie. Wuppertal 2001: Peter Hammer.

Rosenfeld, E. (1978). An Oral History of Gestalt Therapy. Part 1: An Conversation with Laura Perls. In: The Gestalt Journal 1 (1). Dt. Aus dem Schatten treten. In: Gestaltkrtik, Zeitschrift des Gestalt-Insituts Köln 2/2001.

Resnick, R.W. (1970). Chicken Soup Is Poison. In: Voices: Fall 1970.

Simkin, J. (1976). The Development of Gestalt Therapy. In: C. Hatcher / P. Himelstein (Hg.). The Handbook of Gestalt Therapy. New York: Jason Aronson.

Simkin, J. / Yontef, G. (1984). Gestalt Therapy. In: R. Corsini (Hg.). Current Psychotherapies. Itasca, Il: F.E. Peacock. Hinweis: Dieser Beitrag ist nicht in der deutschen Übersetzung des Handbuches erschienen.

Smith, E. (1974). Contributions of Gestalt Psychology to Gestalt Therapy. In: The Counseling Psychologist, 4 (4).

Smith, E. (1976). The Growing Edge of Gestalt Therapy. New York: Brunner/Mazel.

Smith, E. (1985). The Body in Psychotherapy. Jefferson, NC: MacFarland.

Stern, E.M. (Hg.) (1986). Psychotherapy and the Grieving Patient, Bridgehampton, NY: Haworth Press.

Stevens, B. (1970). Don't Push the River. Moab, Utah: Real People Press. Dt.: Don't Push the River: Gestalttherapie an ihren Wurzeln. Wuppertal 2000: Peter Hammer.

Stevens, J. (Hg.) (1975). Gestalt is. Moab, Utah: Real People Press. Hinweis: Die Texte von Fritz Perls aus diesem Buch sind in dt. Sprache erschienen in: F. Perls. Gestalt, Wachstum, Integration: Aufsätze, Vorträge, Therapiesitzungen. Hg. von H. Petzold. Paderborn 1980: Junfermann.

Thompson, R. (1968). The Pelican History of Psychology. Middlesex, England: Penuin Books

Whitaker, C. / Bumberry. W. (1988). Dancing with the Family. A Symbolic-Experimental Approach. New York: Brunner/Mazel.

Willi, J. (1982). Couples in Collusion. New York: Jason Aronson.

Zinker, J. (1974). Gestalt Therapy is Permisson to be Creative. In: Voices, 9 (4).

Zinker, J. (1977). Creative Process in Gestalt Therapy. New York: Brunner/Mazel. Dt.: Gestalttherapie als kreativer Prozeß. Paderborn 1982: Junfermann.

Index

Edition Gestalt-Institut Köln / GIK Bildungswerkstatt im Peter Hammer Verlag

---

Erhard Doubrawa / Stefan Blankertz

EINLADUNG ZUR GESTALTTHERAPIE

Eine Einführung mit Beispielen

Dieses Buch bietet eine leicht verständliche Einführung in die Gestalttherapie; es zeigt, wie Gestalttherapie heilt und für wen diese Therapieform gut ist. In einem erzählenden, sehr persönlichen Stil zeigen die Autoren, wie das zugrundeliegende humanistische Menschenbild der Gestalttherapie ihre Ziele bestimmt: Mündigkeit und seelisches Wachstum der Klientin/des Klienten. Daß Heilung immer aus der dialogischen Praxis resultiert, gehört zu den Grundeinsichten der Gestalttherapie, und es ist die »provokative Einfühlsamkeit« der Therapeutin/des Therapeuten, die Heilungsprozesse in Gang bringt.

Zahlreiche Beispiele machen das Buch zu einer anschaulichen Einstiegslektüre.

104 Seiten / broschiert / ISBN 3-87294-847-4 / DM 19,80

Erving und Miriam Polster

GESTALTTHERAPIE

Theorie und Praxis der integrativen Gestalttherapie

Miriam und Erving Polster gehören zu den bekanntesten und profiliertesten Gestalttherapeuten der Welt. Vor fast 30 Jahren veröffentlichten sie ihr nun wieder – als erweiterte Neuauflage – vorliegendes Grundlagenwerk zur Einführung in die Theorie und Praxis der Gestalttherapie, das auch heute noch ein wichtigses Lehrbuch der Gestalttherapie ist.

Seit über 40 Jahren haben Erving und Miriam Polster Gestalttherapeutinnen und Gestalttherapeuten aus vielen Ländern ausgebildet und auf ihre besondere Weise geprägt: Immer wieder betonten sie, daß es Wohlwollen und Achtung der Therapeutinnen und Therapeuten sind, die es den Klientinnen und Klienten in der Gestalttherapie ermöglichen, sich angstfrei neuen Erfahrungen zu öffnen.

352 Seiten / ISBN 3-87294-872-5 / DM 36,90

Friedrich S. Perls

WAS IST GESTALTTHERAPIE?

Mit einer Einführung von Anke und Erhard Doubrawa

Gestalttherapie an ihren Wurzeln. Einfach und kraftvoll. Immer im Hier und Jetzt. Erlebnis- und erfahrungsbezogen. Denn das, was in der Psychotherapie wirkt, sind neue Erfahrungen und nicht einfach neue Erklärungen. Zum großen Teil erscheinen die hier veröffentlichten Texte von Fritz Perls, dem weltberühmten Mitbegründer der Gestalttherapie zum ersten Mal in Schriftform: Vorträge, Demonstrationen, ein wirklich außergewöhnliches Interview und schließlich seine autobiographischen Stichworte. Mit seltenen Fotos.

122 Seiten / broschiert / ISBN 3-87294-811-3 / DM 28,80

Herausgegeben von Anke und Erhard Doubrawa

Edition Gestalt-Institut Köln / GIK Bildungswerkstatt im Peter Hammer Verlag

---

Lore Perls im Gespräch mit Daniel Rosenblatt

DER WEG ZUR GESTALTTHERAPIE

Dieses Buch macht zum ersten Mal eine Reihe von Gesprächen zugänglich, die Daniel Rosenblatt mit Lore Perls – der Mitbegründerin der Gestalttherapie – führte: Sie erzählt über ihre Kindheit und Jugend, ihre Flucht aus dem Nazi-Deutschland und vor allem über den Weg von der Psychoanalyse zur Gestalttherapie.

139 Seiten / broschiert / ISBN 3-87294-758-3 / DM 19,80

James S. Simkin

GESTALTTHERAPIE

Minilektionen für Gruppen und Einzelne

Mit einem neuen Vorwort von Erving Polster

Ein historisches Dokument der Gestalttherapie, von einem der ersten Gestalttherapeuten. Ein kraftvolles Buch, leicht zu lesen, gut verständlich und voll mit Anregungen für die eigene Suche als KlientIn. Eine Pflichtlektüre für TherapeutInnen, und für solche die es werden wollen.

128 Seiten / broschiert / ISBN 3-87294-634-X / DM 23,00

Arnold Beisser

WOZU BRAUCHE ICH FLÜGEL?

Ein Gestalttherapeut betrachtet sein Leben als Gelähmter

Arnold Beisser hatte an der Stanford Universität Medizin studiert und gerade die Tennismeisterschaften gewonnen, als er mit 25 Jahren Kinderlähmung bekam und fast vollständig gelähmt wurde. In seinem Buch schildert Beisser eindrucksvoll seine Versuche, mit diesem radikalen Einschnitt in sein Leben fertig zu werden.

156 Seiten / broschiert / ISBN 3-87294-774-5 / DM 26,80

Stefan Blankertz

GESTALT BEGREIFEN

Ein Arbeitsbuch zur Theorie der Gestalttherapie

Dieses Buch will die Frage beantworten, wie gestalttherapeutische Praxis und gesellschaftskritische Theorie miteinander verzahnt sein müssen, damit aus GestalttherapeutInnen nicht AnpassungstechnikerInnen werden. Es ist die Quintessenz aus über 20 Jahren Studien zu Paul Goodman, dem Mitbegründer der Gestalttherapie, 15 Jahren Reflexion therapeutischer Theorie und 10 Jahren Erfahrung in der Ausbildung von GestalttherapeutInnen.

160 Seiten / A 5 / ISBN 3-87294-725-7 / DM 39,80

Herausgegeben von Anke und Erhard Doubrawa

Edition Gestalt-Institut Köln / GIK Bildungswerkstatt im Peter Hammer Verlag

---

Erhard Doubrawa / Frank-M. Staemmler (Hg.)

HEILENDE BEZIEHUNG

Dialogische Gestalttherapie

Die dialogische Philosophie Martin Bubers gehört zu den wichtigsten Quellen der Gestalttherapie. Dieses Buch gibt einen Eindruck von der Person Martin Bubers und befaßt sich eingehend mit jenen Dimensionen der Gestalttherapie, die durch sein Denken maßgeblich beeinflußt wurden.

Mit Beiträgen von Heik Portele, Gary M. Yontef, Rich Hycner, Lynne Jacobs, Frank-M. Staemmler, Stephen Schoen, Renate Becker und Erhard Doubrawa.

187 Seiten / A 5 / broschiert / ISBN 3-87294-820-2 / DM 38,80

Daniel Rosenblatt

GESTALTTHERAPIE FÜR EINSTEIGER

»Hier erfinde ich, was zwischen dir und mir geschehen könnte, damit du eine Ahnung davon bekommst, wie das Denken und wie die Techniken funktionieren, die womöglich benutzt werden, damit du wachsen, in Berührung mit deinen Gefühlen kommen und versteckte Seiten deiner selbst erforschen kannst, um du selbst zu werden.«

119 Seiten / broschiert / ISBN 3-87294-699-4 / DM 19,80

Daniel Rosenblatt

ZWISCHEN MÄNNERN

Gestalttherapie und Homosexualität

Der bekannte amerikanische Gestalttherapeut Daniel Rosenblatt, Schüler und Vertrauter von Lore Perls, der Mitbegründerin der Gestalttherapie, erzählt in seinem sehr persönlichen und lebendigen Buch über seine Erfahrungen aus mehr als 30 Jahren gestalttherapeutischer Arbeit mit schwulen Männern – in der Einzeltherapie und in der Gruppentherapie.

204 Seiten / broschiert / ISBN 3-87294-790-7 / DM 28,80

Stephen Schoen

WENN SONNE UND MOND ZWEIFEL HÄTTEN

Gestalttherapie als spirituelle Suche

Dieses Buch handelt von der spirituellen Dimension des Kontaktes zwischen TherapeutInnen und KlientInnen, besonders aus der Perspektive der Gestalttherapie. »Es könnte für Euch TherapeutInnen und KlientInnen verblüffend sein, wenn Ihr erkennt, daß Ihr in Eurer Therapie immer etwas Spirituelles tut.«

119 Seiten / broschiert / ISBN 3-87294-735-4 / DM 19,80

Herausgegeben von Anke und Erhard Doubrawa

Edition Gestalt-Institut Köln / GIK Bildungswerkstatt im Peter Hammer Verlag

Frank-M. Staemmler und Werner Bock

GANZHEITLICHE VERÄNDERUNG IN DER GESTALTTHERAPIE

Fritz Perls entfaltete sein therapeutisches Können mehr intuitiv als in theoretisch gesichertem Rahmen. Die Autoren dieses Buches folgen einer kritischen Revision der Entwicklung der Gestalttherapie und legen eine neue, systematische Beschreibung vor. Ein Buch, das aus mehr als einem viertel Jahrhundert der praktischen und theoretischen Beschäftigung mit Gestalttherapie erwachsen ist.

140 Seiten / A5 / brosch. / ISBN 3-87294-780-X / DM 38,80

Gordon Wheeler / Stephanie Backman (Hg.)

GESTALTTHERAPIE MIT PAAREN

International anerkannte PraktikerInnen der Gestalttherapie berichten über ihre Arbeit mit Paaren und gehen dabei auf wesentliche Themen wie Intimität, Scham und das Geben und Nehmen in Paarbeziehungen ein. Sie nehmen verschiedene Klientengruppen in den Blick und berichten u.a. über die therapeutische Arbeit mit heterosexuellen, schwulen und lesbischen Paaren, mit wiederverheirateten Paaren und mit Traumaüberlebenden und Mißbrauchsopfern. Ein Buch, nicht nur für TherapeutInnen, sondern ganz ausdrücklich auch für Interessierte und Betroffene.

376 Seiten / A 5 / brosch. / ISBN 3-87294-835-0 / DM 49,80

Stefan Blankertz

DIE THERAPIE DER GESELLSCHAFT

Perspektiven zur Jahrtausendwende

Das Vorhaben des Autors Stefan Blankertz ist mutig in seiner Zielsetzung, zurückhaltend in der Forderung nach Nutzanwendungen, eindeutig in seiner Grundhaltung zu Moral und Würde. Aus Einsichten von Mystik, Philosophie und Theologie der Vergangenheit Einsichten für heute und morgen gewinnen, Geschichte aus dem Blickwinkel zum Ende des Jahrtausends sehen, führt bei Stefan Blankertz nicht zu neuen Lehrgebäuden, sondern zu provisorischen Gedanken, knappen Argumentationen, Kurzgeschichten mit offenem Ausgang. So schreibt er nicht nur über die Therapie der Gesellschaft, sondern versucht sie auch praktisch voranzutreiben: Denn erst in der eigenen Stellungnahme der Leserinnen und Leser entsteht die wirkliche Einsicht.

226 Seiten / broschiert / ISBN 3-87294-781-8 / DM 29,80

Herausgegeben von Anke und Erhard Doubrawa

Barry Stevens / Carl R. Rogers

VON MENSCH ZU MENSCH

Möglichkeiten, sich und anderen zu begegnen

Dieses Buch stammt aus dem Jahre 1967. Fasziniert spüren wir beim Lesen die unbekümmerte Frische, die Aufbruchstimmung und die Hoffnung jener Zeit. Der Aufruf der Autoren – des Gesprächstherapeuten Carl Rogers und der späterem Gestalttherapeutin Barry Stevens – zu einem freien, selbstbestimmten und glücklichen Leben hat an Aktualität bis heute nichts verloren.

Schon die unvergleichliche Gestalt des Buches ist ein wirklich beachtliches Projekt: Barry Stevens sammelte einige grundlegende Artikel zur Gesprächstherapie von Carl Rogers, Eugene T. Gendline, John M. Schlien und Wilson van Dusen. Dazu beschieb sie ihren inneren Prozeß beim Lesen dieser Beiträge: ihre Reaktionen, Gedanken, Erinnerungen, Erfahrungen... So verbinden sich auf eine einzigartige Weise Wissenschaft und Lebenspraxis. Das Buch ist darum eine bereichernde Lektüre für alle, die auf der Suche nach ihrem persönlichen Weg sind – oder sich auf diese Suche begeben möchten.

261 Seiten / A 5 / ISBN 3-87294-873-3 / DM 36,90

Barry Stevens

DON'T PUSH THE RIVER

Gestalttherapie an ihren Wurzeln

Barry Stevens war bereits 65 Jahre alt, als sie 1967 Fritz Perls und der Gestalttherapie begegnete. Und als Fritz Perls 1969 die Gestaltgemeinschaft am Lake Cowichan in der Nähe von Vancouver in Kanada gründete, folgte sie ihm dorthin und begann, zusammen mit rund zwanzig Personen, ihre Gestalttherapie-Ausbildung.

Ihre Erfahrungen, Erlebnisse und Überlegungen aus dieser Zeit bilden die Grundlage des hier vorliegenden Buches, das mit Fug und Recht als Klassiker der Gestalttherapie bezeichnet werden kann.

261 Seiten / A5 / brosch. / ISBN 3-87294-863-6 / DM 34,80

Herausgegeben von Anke und Erhard Doubrawa